JN085643

板書で見る 数学

全単元・全時間の授業のすべて

中学校 1 年

池田敏和・田中博史 監修
藤原大樹 編著

東洋館
出版社

はじめに

　昨年の9月21日，「中秋の名月」の日でした。「あれ，去年は10月じゃなかったかな」と，ふとある疑問が浮かびました。一昨年は10月1日で，日付が1年でかなり違っていたのです。そこで調べてみると，中秋の名月は，旧暦（太陰太陽暦）の8月15日で，日付を設定するために，一度旧暦に変換していることがわかりました。ほとんどの祝日，記念日が新しい暦をもとに決められている中にあって，月見に関する記念日だけは，いまだ江戸時代の旧暦をもとに設定されていることに感慨を覚えました。時代が変化する中で，その変化に流されず固守されてきた伝統がそこにはあったわけです。

　教育もしかりではないでしょうか。我々は，社会が急激に変化する中において，次世代に向けて何を大切にしていくべきでしょうか。2021年の1月に，中央教育審議会より「令和の日本型学校教育」というキーワードのもとに答申が出され，「個別最適」「協働」がセットで取り上げられました。「個に応じた指導」という言葉が目を引きますが，この言葉だけが過大評価されてしまうと，教師が一人ひとりの生徒にいかに対応するかという論点だけに重きがおかれ，教育が後退していくのではないかという危惧を感じました。「協働」の視点に関連してくると思いますが，対話を中心とした「個を生かす指導」，すなわち，一人ひとりの考えをクラス全体に生かすことで，全体と個が共に成長していくという考え方こそ，我々が忘れてはいけない日本の学校教育の特徴ではないかと改めて感じたわけです。生徒同士の異なる考えから化学反応が起こることを体験する中で，みんなで学ぶということを学ぶことになります。ここには，日本の学校教育の伝統ともいうべき，「全体のためは個のため，個のためは全体のため」といった教育観が根底に横たわっているわけです。

　自分一人で考える時間，そこには，「○○さんなら，こう言うのではないか」「先生だったらこう言うかも」といった形で，自分の中に多様な人の考えがあらわれてきます。自分の思考の中で，友達や先生の言葉は生き続けているのです。対話を通して獲得した多様な見方があり，そのお陰で，今の自分があるのだという感謝の心につながっていくわけです。自分の成長を感じるとき，それは，人への感謝をかみしめるときでもあるわけです。

　本板書シリーズでは，まさにこの対話を中心とした「個を生かす指導」に焦点を当てて，執筆していただきました。先生方の個性が見事に発揮されています。対話を通した教材の奥深さを軸に進めていかれる先生，生徒同士の対話の連鎖を大切に進めていかれる先生，つまずきそうな生徒の手立てを大切に進めていかれる先生等，様々です。各々の先生方の個性を楽しんでいただきながら，読者の先生の心の中に多様な先生方の声が息づき，自分の個性を磨くきっかけにしていただければと願っております。

　最後に，本書のきっかけをいただいた田中博史先生，編集にご尽力いただいた藤原大樹先生，終始丁寧にご支援いただいた畑中潤氏，石川夏樹氏に，この場を借りて厚く御礼申し上げます。

2022年2月

池田　敏和

横浜国立大学

中学校数学 授業改善の羅針盤の誕生

　待望の板書シリーズの中学校数学版の誕生です。

　私が小学校算数の板書シリーズの企画をしたのは，今から19年前になります。

　子どもたちの豊かな学びを支えるために現場の先生方は毎日の授業の準備に苦労されていると思います。明日の授業づくりをデザインしようとしたとき，いわゆる表組の指導案形式のものではなく，板書というビジュアルな形で，しかも見開きですぐに展開のイメージがわかるように整理された紙面があれば役立つのではないかと考えたわけです。

　さらにそれが単発の時間だけではなく，全単元全時間がそろっていることは，当時としてはとても新しい発想でした。

　全国の優れた実践家のアイデアをここに結集しようと考えたのです。

　一単位の授業時間でどのように子どもの思考過程が展開したか，また身に付けてほしい知識や技能は，その思考方法とどのようにリンクしていくのかを視覚的に理解できるようにしていくという意味での「板書」の意識は，日本の教師特有のものだと諸外国の研究者に言われたことがあります。

　この板書シリーズは，小学校の算数版をきっかけにし，その後小学校全教科に広がっていきました。現場の先生方からは大きな支持をいただき，版を重ね，今では累計110万部になる，教育書としては異例のベストセラーとなりました。

　その後，いろいろな出版社から類似のシリーズが刊行されていますが，本板書シリーズがブームの先駆けとなった元祖であると自負しています。

　今回は，その中学校数学版に取り組んでいただいたというわけです。

　ただ，企画の段階では，50分の授業デザインを一枚の板書で読み取れるようにするということは，中学校の数学ではなかなか難しいのではないかという意見もありました。それは，小学校と比較すると週当たりの時間数が少ないこと，それなのに学ぶ内容がとても多いということから，一枚の板書には書ききれない日もあるのではないかという心配です。

　もちろん，時にはどうしても一度書いたものを消さなくてはならないことがあるのは承知しています。その上で，中学校の数学にもできるだけ板書の文化を活かそうとする取り組みを少しでも広げていくことが，遅れがちな生徒を救う一つの手立てとして有効になるのは確かだと思うのです。

　小中一貫の研究会では，中1プロブレムの話題と同様に，数学の苦手な生徒を救う手立てがいろいろと話し合われていますが，この板書文化の話題も取り上げられることが増えてきました。

　ICT機器などを駆使したり，またアナログな模造紙やミニ黒板なども取り入れるなど様々な工夫も用いながら，資質・能力ベースの授業づくりの大切な核となる，思考過程が残る授業デ

ザインの発想は今後，ますます大切になると考えるのです。

　執筆いただいた先生方には，様々な制約がある中で，とても苦労をおかけしたのではないかと思います。

　今回，さらに意識していただいたのは，前述したような時間数の少なさ，内容の多さからとかく伝達型になりがちと言われる中学校の授業づくりにおいても，どのように生徒との対話の時間を意識し取り入れていくことが大切なのか，中学校数学界の授業の達人と呼ばれる先生方の具体的な実現方法についても記述していただいたことです。

　ある数学の先生が，中学数学の実践書では内容の整理や教材論について記載された本はたくさんあるけれど，指導法について詳しく書かれたものが少ないと言われていました。授業の中での対話の位置づけは，指導法を考える上でも大切な視点になると考えます。

　また，授業構成の中核となる目標と評価の記述の改革にも踏み込んでいただきました。

　これは，小学校の板書シリーズのときには実はなかなか実現できなかったことでもあります。評価はもちろん目標と正対させることは必要ですが，目標の語尾を変えるだけの記述になってしまうことが多く，それではあまり役に立ちません。より具体的にした評価の観点の整理の意識が必要です。本書に記載された，数学の専門家の先生方ならではの評価の観点の具体化の例は，小学校の先生方にもきっと役立つものになっていると考えます。

　最後になりましたが，本シリーズの誕生に際して企画の段階から実質的な牽引者としてご尽力いただいた池田敏和先生，藤原大樹先生，さらに細かな配慮と共に根気強くシリーズの完成までの過程を支え続けていただいた東洋館出版社の畑中潤，石川夏樹両氏には，この場を借りて深く感謝申し上げる次第です。

　本書が，この国の数学好きな生徒を増やす授業づくりに少しでも役立つことを願ってやみません。

「授業・人」塾 代表　田中　博史
元筑波大学附属小学校副校長・元全国算数授業研究会会長

板書で見る全単元・全時間の授業のすべて

数学 中学校1年

目次

2 文字と式 17時間

5　平面図形　18時間

6 空間図形 18時間

本書活用のポイント

　本書は読者の先生方が，日々の授業を行うときに，そのまま開いて教卓の上に置いて使えるように
と考えて作成されたものです。1年間の数学授業の全単元・全時間の授業について，板書のイメージ
を中心に，展開例などを見開きで構成しています。各項目における活用のポイントは次のとおりです。

題　名

　本時で行う内容をわかりやすく紹介
しています。

目　標

　本時の目標を端的に記述しています。

本時の板書例

　50分の授業の流れが一目でわかる
ように構成されています。単なる知識
や技能の習得のためだけではなく，数
学的な見方・考え方の育成の視点から
つくられており，活動の中でのめあて
の変化や，それに対する見方・考え方
の変化，さらには友達との考え方の比
較なども書かれています。

　授業でポイントとなる箇所は板書を
青字にしています。また，板書する順
番や注意することは，黒板の枠付近に
青字で記載しています。

授業の流れ

　授業をどのように展開していくのか
を，4～5コマに分けて紹介していま
す。

　学習活動のステップとなるメインの
吹き出しは，生徒が主体的になった
り，数学的な見方・考え方を引き出す
ための発問が中心となっており，その
下に各留意点や手立てを記述していま
す。

　ICT は，電子黒板やタブレット端
末を使用していることを表していま
す。学校・クラスの実態に応じて活用
してください。

本時案

靴を
買い替えよう

本時の目標
・多数回の試行の結果をもとにして，不確定な
事象の起こりやすさの傾向を読み取り表現す
ることができる。

授業の流れ

1 皆さんは会計の担当者です

T：ボウリング場の靴を全て新しいものに買い
　替えてほしいと思います。
S：テキトーに決めてもいいですか。
S：上司に説明できるようにしなきゃ。
T：根拠を明らかにして決めましょう。
　過去のデータから未来の状況を予測して意思
決定することは，将来生徒が実際に行う可能性
が高い。ここではボウリング場の会計担当とい
う立場を明確にして，問題解決の必要性を感じ
させるようにする。

2 解決に向けて知りたい情報は？

S：元々何足あったのかが知りたいです。
S：サイズごとの使われた頻度。
T：このボウリング場には全部で200足ありま
　した。繁忙期の8月に各サイズが借りら
　れた回数のデータがあります。
S：各サイズが使われた割合…あ，相対度数を
　求めればいい。先生，パソコンのExcelを
　使っていいですか？　**ICT**
　多くの情報を生徒から引き出し，互いの関連
を確認したり，いくつかに焦点化したりして，
生徒が見通しをもてるようにする。

○/○（○）靴を買い替えよう

あなたはボウリング場の会計を担当しています。
貸し出し靴を全て新しいものに買い替えなくて
はなりません。あなたはどのサイズを何足買い
替えますか？

〈何がわかればよい？〉
元々あった足数　予算　収容人数
サイズごとの使われた頻度
今まで借りられた最小・最大サイズ

班で
考えよう

○貸し出し用の靴の総数　200足
○貸し出された回数の合計　7260回
○貸し出された靴のサイズの平均値 24.5cm
○靴のサイズごとの貸し出された回数のグラフ

問題とグラフを印刷した紙を
配り，ノートに貼らせる。

机間指導で根拠を確認する

　班活動中には，机間を回り，「どうやって小
数を自然数にしたの？」「ここはなぜ調整した
の？」「どうして？」などと声をかけること
で，生徒は自分たちの意思決定の根拠を一層明
確に表現しようとするようになる。
　全体では，求めた相対度数に200をかけて微
調整をしたA班とC班，「最低4足」を先に考
えたF班，幼い子に配慮して小さいサイズを多
めにしたG班を取り上げて発表させた。「似た
考えの班はある？」と問いかけることで他班の
考えにも触れられ，短時間で考えを共有できる。

単元冒頭頁

　各単元の冒頭には，「単元の目標」
「評価規準」「指導計画」を記載した頁
があります。右側の頁には，単元の
「基礎・基本」と育てたい「数学的な
見方・考え方」についての解説を掲
載。さらには，取り入れたい「数学的
活動」についても触れています。

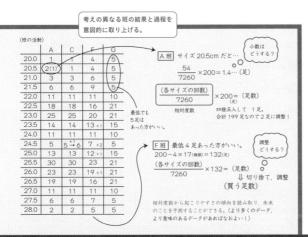

本時の評価

・過去のデータをもとにして意思決定する活動を通して，多数回試行の結果から求めた相対度数をもとに，未知の事象の起こりやすさの傾向を予測して意思決定することができたか。

準備物

・電卓（PC）

考えの異なる班の結果と過程を意図的に取り上げる。

〈班の活動〉

	A	C	F	G
20.0	1	1	4	5
20.5	2(1)	1	4	5
21.0	1	3	6	5
21.5	6	6	9	5
22.0	11	11	11	10
22.5	18	18	16	21
23.0	25	25	20	21
23.5	14	14	13+1	21
24.0	11	11	11	10
24.5	5	5→6	7+2	5
25.0	13	13	12	15
25.5	30	30	23	21
26.0	23	23	19+1	21
26.5	19	19	16	21
27.0	11	11	11	10
27.5	6	6	7	5
28.0	2	2	5	5

最低でも5足はあった方がいい。

A班 サイズ20.5cmだと…

小数はどうする？

$$\frac{54}{7260} \times 200 = 1.4\cdots（足）$$

$$\boxed{（各サイズの回数）}{7260} \times 200 = （足数）$$
相対度数

四捨五入して 1足。
合計199足なので2足に調整！

調整どうする？

F班 最低4足あった方がいい。
$200 - 4 \times 17（種類）= 132（足）$

$$\frac{（各サイズの回数）}{7260} \times 132 = （足数）$$

↓ 切り捨て，調整
（買う足数）

相対度数から起こりやすさの傾向を読み取り，未来のことを予測することができる。（より多くのデータ，より意味のあるデータがあればなおよい！）

3 買う足数をどう決めた？

S：小数になるので，困りました。
S：私は四捨五入して自然数にしました。
S：小さいサイズは最低5足にしました。
S：なんで最低5足なのですか。
S：足りなくなると困るので。
S：最低，何足くらいあるといいのかな。

　小数を自然数にする方法，実際の状況を加味する方法を意図的に取り上げるなど，論点を絞ると，考えの違いを明確に理解できる。

4 よりよい解決にするには？

S：もっと多くのデータが欲しい。
S：幼い子が1日にどのくらい来るか知りたい。
T：なぜそれを知りたいのですか？
S：増やす必要があったか確かめたい。
S：あと収容人数や予算も知りたいです。

　さらに必要な情報を問うことで，よりよい解決方法を考える機会が生まれる。過去のデータの相対度数に基づいて未来を予測していることの有効性と限界を実感させたい。

第11時
293

右側タブ：
1 正の数と負の数
2 文字と式
3 次方程式
4 変化と対応
5 平面図形
6 空間図形
7 データの活用

評 価

本時の評価について2〜3項目に分けて記述しています。

準備物

本時で必要な教具及び掲示物等を記載しています。

対話のポイント等

青線で囲まれたところは，本時における対話指導のポイントや，生徒が数学的な見方・考え方を働かせるための工夫等が記載されています。

机間指導で根拠を確認する

　班活動中には，机間を回り，「どうやって小数を自然数にしたの？」「ここはなぜ調整したの？」「どうして？」などと声をかけることで，生徒は自分たちの意思決定の根拠を一層明確に表現しようとするようになる。

　全体では，求めた相対度数に200をかけて微調整をしたA班とC班，「最低4足」を先に考えたF班，幼い子に配慮して小さいサイズを多めにしたG班を取り上げて発表させた。「似た考えの班はある？」と問いかけることで他班の考えにも触れられ，短時間で考えを共有できる。

対話指導や教材の工夫頁

　生徒の対話を活性化させるための指導の工夫や，単元全体あるいは特定の時間における教材の工夫や授業展開の背景について解説しています。問題提示の仕方や練り上げのポイント，ICTの活用の仕方や教材のつくり方などにも触れています。

本書活用のポイント
011

本書の単元配列／1年

単元（時間）	指導内容		時間
1　正の数と負の数	第1次	整数の性質	4時間
	第2次	正の数と負の数の性質	4時間
	第3次	正の数と負の数の計算	16時間
	第4次	正の数と負の数の活用	1時間
(26)	第5次	単元の振り返り	1時間
2　文字と式	第1次	文字を用いた式	7時間
	第2次	文字を用いた式の計算	6時間
(17)	第3次	文字を用いた式の利用	4時間
3　一次方程式	第1次	方程式とその解き方	9時間
(16)	第2次	一次方程式の利用	7時間
4　変化と対応	第1次	関数	2時間
	第2次	比例	6時間
	第3次	反比例	4時間
(17)	第4次	比例と反比例の利用	5時間
5　平面図形	第1次	平面図形の基礎	2時間
	第2次	作図	8時間
	第3次	図形の移動	4時間
(18)	第4次	円とおうぎ形の計量	4時間
6　立体図形	第1次	いろいろな立体	3時間
	第2次	空間図形の見方と調べ方	9時間
	第3次	立体の体積と表面積	5時間
(18)	第4次	空間図形の性質の利用	1時間
7　データの活用	第1次	データの分布	9時間
(13)	第2次	事柄の起こりやすさとデータの活用・説明	4時間

I

第1学年の
授業づくりのポイント

1　主体的な学びの根源となる生徒の問い

　授業づくりの出発点は，生徒が新たな疑問や問題に気付くことから始まる。活動の主体が生徒であるならば，その問題は，教師と生徒，あるいは，生徒と生徒のやり取りから，じわじわと徐々に見えてくるものでなければならない。すなわち，生徒から問いが引き出せるような授業の工夫をしていくとともに，生徒たちに問いを見いだす力を育んでいく必要がある。

　それでは，生徒自身の問いに着目したとき，その問いはどのようなものを想定しておけばよいだろうか。生徒の問いには，壁にぶつかったときに出てくる次の一歩が見えない問いもあれば，次の一歩を暗示してくれる問いもある。例えば，前者に関しては，「先生，忘れちゃったよ。全く手がつかないよ」「何を言っているのかチンプンカンプン」といったお手上げ状態の問いが挙げられ，後者に関しては，「どうしてこのやり方だとダメなの？」「こういう場合はどうするの？」といった次の一歩を方向づけてくれる問いが挙げられる。そして，このような2つの問いは，違いはあるものの，「そんなことは私には関係ない」といった無関心な思いとは一線を画するものであり，その背景には「もっと知りたい」といった生徒の内なる声が宿っている。それゆえ，このような「もっと知りたい」という思いが根底にある心のつぶやきを生徒の問いと捉え，その問いから始まる活動を生徒の主体的な活動として考えていきたいわけである。

⑴　生徒の問いの中にある数学的な見方・考え方

　前述の生徒の問いの中で，次の一歩を暗示する問いがあることについて述べた。そして，この次の一歩を暗示する問いには，数学を深めていく上で有効となる問いが潜んでいる。例えば，「根拠は何だろう？」「他の場合はどうなるのだろう？」「こうなることを仮定して考えてみると……」「もっとわかりやすい図はないかな？」といった具合の問いである。そして，生徒の発した問いの中でも，このような今後の数学学習を深めていく可能性のある問いは，生徒たちの主体的な活動を促すだけではなく，数学学習を深めていく上でも意味のあるものとして解釈できる。それ故，このような問いは，学習指導の中で教師が生徒自身の問いの中に見いだしていく重要な視点であり，このような問いを数学的な見方・考え方の顕れとして捉えていくことは自然である。

　数学の学習において，どのような視点で物事を捉え，どのような考え方で思考を進めるのかという，事象の特徴や本質を捉える視点，思考の進め方や方向性を意味する数学的な見方・考え方（文部科学省，2018）を，生徒の問いの中に見いだしていくわけである。生徒の主体性に着目するために目を向けるべき必要のある問いと，数学学習を深めていく契機となる数学的な見方・考え方，この両者は共に生徒の内なる問いであることを共有しておく必要がある。

　しかし，数学的な見方・考え方を働かせれば，問題が解決されるわけではない。例えば，「何か使えそうな既習はないかな？」という問いのもと，自分の中にある引き出しをいろいろと探してみたが，どの引き出しにも何も入っていなかったということがある。これは，生きて働く知識・技能が欠如しているからである。あるいは，見方・考え方を働かすことができても，「使えそうなんだけど，どのように使えばいいかわからない」で終わってしまうこともある。見方・考え方は，山登りにおける方位磁石のようなものである。最初の一歩を暗示してくれるきっかけに過ぎないことに留意しなければならない。されど，山登りで方向さえ全くわからない状況において，方位磁石は次の一歩を示唆してくれる強力な武器であることにも留意しておく必要がある。

　ここでもう一つ注目したい問いが，次の一歩が見いだせないお手上げ状態の問いである。これは次の一歩が暗示されていないことから，今後の数学学習を深めていく契機になる数学的な見方・考え方として捉えることは難しい。しかし，このような問いも，まずは子どもの知的正直さを表出しているものであることを忘れてはいけない。わからないことをわからないと真正面から自覚することによってのみ，次の一歩が見えてくるものである。そして，このような知的正直さの顕れである問いが共有されるからこそ，他の生徒を巻き込みお互いを生かし合う学び合いが可能になってくるのである。

　数学的思考力・判断力・表現力というものは，数学的な見方・考え方を対話的に働かせる中でこそ育っていくものである。例えば，「何を言っているのかわからないよ」といったお手上げ状態の問いも，「それじゃ，もっとわかりやすく図で表現できないかな」という次の一歩を暗示する問いを引き出すきっかけに成り得ることに注目したい。言い方を変えるならば，「いいですか」「いいですよ」という状態では，表現方法を変えて説明する必然性がないわけである。「わからないよ」という生徒がいるからこそ，「別の表現でわかりやすく伝えられないかな」といった数学学習を深めてくれる問いが引き出されるわけである。

2　対話的な学びの意図

　学校における授業の意味を考えたとき，家でパソコンで一人で学ぶより学校でみんなで学んだ方が，より深くより幅広く学習ができるということがある。対話的な学びを手段として捉えた立場からの意義である。授業研究会においても，「対話的な学びは手段である」ということがよく指摘されるが，それは，対話はしているが学習の深まりがないことを危惧しての言葉である。それでは，対話的な学びは，手段としての役割しかないのだろうか。否。対話的な学びは，目標にも成り得る。ここでは，対話的な学びが目標に成り得る点について，2つの側面から述べる（池田，2016）。

　一つ目は，対話的な学びは一人ひとりの生徒が自分で考えていけるように，思考の仕方のモデルとしての役割を果たしているという点である。思考とは，本来，対話的なやり取りの中で深まっていくものである。次の一歩が見えないお手上げ状態の問いも，対話を通して，次の一歩を暗示する問いにつながっていく可能性があるわけである。そして，授業の中での対話的なやり取りがモデルになり，個々の中で対話的思考ができるようになることを期待しているわけである。自分の中に，Aさんの考え，Bさんの考えが宿り，多角的・多面的な視点から考えられるようになるわけである。このような側面を十分に考慮に入れながら，授業中の生徒の問いを解釈・価値付けしていくことが肝要である。

　それでは，どのような思考の仕方のモデルになっているのだろうか。話を簡単にするために，2人の間での対話を特殊化して述べる。2人の中で全く共通の考えをもっていれば，これは，「あうんの呼吸」ということで，これ以上の対話はいらない。また逆に，両方に共通の考えがないとき，これも対話が成立するはずがない。対話が盛り上がっていくときは，両者の間に考えの食い違いがあるときである。例えば，Aさんの中にある考えがあって，Bさんの中にはそれがない場合は，BさんはAさんの知っていることを知りたいという思いが働くし，AさんはBさんにわかってもらえるように伝えようとする行為がなされる。あるいは，Aさんの中にある考えと，それに対応したBさんの考えとの間に対立が生じたとき，どうして考えが異なるのかが問題となる。問題を明確にするとともに，どうすれば共通理解になるのかを追究していくことになる。

　このように，両者の考えに食い違いがあることこそが，対話的な学びを深めていく原動力になるわけである。このような捉えをもとにすると，友達との間で意見の食い違いが生じたとき，「これは，さらに考えが深まるきっかけになるかもしれない」と思えるような生徒を育てていきたいわけである。そして将来的には，個々の中にある考えが生まれたとき，意図的に食い違った考えを見いだし，

それをもとにさらなる考えを見いだしていこうとする態度へと成長させていくことが期待されることになる。一方，教師にとっては，数学指導の中で，どのような食い違いに目を向けるかが，教材開発，生徒の理解のポイントになることに注目する必要がある。授業の中で偶然に生まれてくる食い違いだけを当てにするのではなく，教師から食い違いを意図的にしかけていくことが肝要である。

二つ目は，社会性の育成といった点である。数学の指導を通して人間形成を考える際，そのねらいにおいて，補完的な関係にある個と社会とをどのように考えるのか明らかにしておく必要がある。すなわち，個々の生徒が各々の個性・独創性を発揮したり，自分ひとりで問題が解決できるようになるという個人的なねらいと，集団の中で責任を果たしたり集団に対して奉仕したり，集団で協力して問題解決できるようになるという社会的なねらいとのバランスである。この2側面は，どちらか一方が最終目標として位置付けられるものではなく，両者を結び付けながらバランスよく授業の中に位置付けていく必要のあるものである（塩野，1970）。このような全体と個との相補性に焦点を当てると，対話的な学びにおいても，個々の成長だけに焦点を当てるのではなく，「全体のために何ができるか」といった社会性の成長が自然と論点になってくる。「自分はもう解決できているから，もうやることはないよ」とそっぽを向いている生徒，あるいは，「こんなことを言うとみんなに馬鹿にされるかもしれない。言うのはやめておこう」と恥ずかしがり屋の生徒，でもこれでは困るわけである。自分の考えたことを振り返りながら，相手の立場に立って考えられる生徒に育ってほしいわけである。すなわち，「自分にとってどうか」といった視点にとどまることなく，「全体にとってどうか」といった視点へと広げて考えていってほしいわけである。

3 授業づくりで留意したいこと

各授業の板書を構想していただくに当たり，下記の点に留意して執筆していただいた。

① 問題発見の場面について

生徒に「あれ？」「ちょっと待てよ」「どうすればよいのかな？」などと躊躇をもたせないまま，問題解決を強いてしまいがちになることが言われている。実践において，生徒が自分自身の問題として捉えられるようにするための具体的な展開，手立てを示していただいた。

② 個人やグループでの解決場面について

自力解決，あるいは，グループ活動を取り入れる場合，その解決活動がいわゆる「丸投げ」になりがちであると言われている。そこで，グループ学習を取り入れる場合，生徒同士の話し合いを深めるために行った手立て，個別の班への関わり方とそれを全体へ広げるための手立てについて具体的に示していただいた。

③ 全体での考えの共有の場面について

わかった生徒が発表して，できなかった生徒がそれを聞くだけで終わってしまったり，グループ学習を取り入れた後，班ごとの発表会で終わってしまいがちになったりすることが言われている。生徒同士の考えのずれから新たな考えや疑問が生まれたり，共通点から本質が見えてきたり，既習との関連が促されたりすることを期待して，どのような具体的な発問，展開を意識しているのかを示していただいた。

④ まとめの場面について

まとめでは，教師が大切である点を解説するだけで終わってしまいがちになることが言われている。板書を振り返りながら，生徒が鍵となる見方・考え方を明確にしたり，新たに獲得した知識・技能を明確にしたりすることが大切である。さらに，学習を深めていくことで，さらなる疑問を引き出し，あるときは棚上げして，次時への学習課題として位置付けていくことが大切である。問いから問いへとつないでいく授業をつくっていくための具体的な展開，手立てを示していただいた。

4　学べば学ぶほど個々が強く結ばれる教育へ

「個に応じた教育」，これを個別最適化だけを優先させて追い求めていくと，「生徒同士のつながりが希薄になっていないか」という点が気になりだす。生徒たちは，学べば学ぶほど個人差が加速し，クラスの生徒たちはどんどんバラバラに分けられていく。「こんなことを聞けば笑われるかも……」「こんなことも知らないのか……」等の思いが芽生え定着していく危険性がある。学べば学ぶほど，個々が離れていくという，なんとも皮肉な結果になってしまいかねない。

学べば学ぶほど個々が離れていく教育ではなく，学べば学ぶほど個々が強く結ばれる教育を目指していかなければならない。一人ひとりが授業を通して，自分だけに役立つ知識を獲得するのではなく，みんなのために貢献できうる知恵を獲得していけるような「個を生かす教育」を実現させていきたい。

[参考・引用文献]
池田敏和・藤原大樹（2016）．数学的活動の再考，学校図書．
文部科学省（2018）．中学校学習指導要領（平成29年告示）解説数学編，日本文教出版．
塩野直道（1970）．数学教育論，啓林館．

授業づくりに向けて各単元の授業に学ぶ

藤原 大樹

1　板書から学ぶ

　算数・数学の学習指導において，生徒が数学的な理解や思考などを深めるために学習の過程や結果を視覚的に共有するツールとして，「板書」は時代を超えて価値がある。近い将来，電子黒板に代わろうとも，生徒が資質・能力を身に付けられるように，黒板を効果的に活用して自身の授業を創ることが授業者には求められよう。

　しかし，それだけではない。「板書は授業を語る」と言われるように，板書は他者の授業を知るためにも活用できる。全国各地で行われている授業研究会では，その協議会で板書が貴重な事実として用いられている。また最近では，Facebook のグループ「板書 book ―算数・数学―」（5000人以上が登録）のように，各地の授業者から公開された板書と授業説明から教師が端末上で学び合う取組も活発になりつつある。板書は私たち教師が授業づくりについて研修する目的としても，とても価値が高い。

　本書は，各単元の全授業の板書を取り上げている。しかしそれだけではなく，授業における対話指導，単元の計画，ICT 活用などについて，各授業者が提案している。そこには，授業者一人ひとりの個性や工夫，こだわりが光っている。ここでは，各授業者から学ぶべき点について，筆者なりに概観したい。

2　本書の各授業者に学ぶ

1．正の数と負の数（赤本純基）

　単元の全体を見渡し，数直線や計算のきまりを根拠に，日々の授業を統合的・発展的に考えながら進める展開で構成している。各授業では，授業のねらいに即した対話を位置付け，生徒の反応を受け止めて，つぶやきや感嘆符，疑問符が構造的な板書に位置付けられている。

2．文字と式（池田純）

　計算の意味を考える授業，計算の練習をする授業など，単元における各授業の位置付けを明確にし，ねらい，教材，板書，学習活動の一貫性を大切にして授業づくりがなされている。単元末には「問題づくり」を位置付け，見方・考え方の深まりや自身の成長を実感できるように配慮されている。

3．一次方程式（関野真）

　方程式は得意，不得意が分かれやすい単元である。板書には，苦手な生徒にとって計算の過程や要点が視覚的にわかりやすい工夫が施されている。また，得意な生徒に向けて多様な解決や発展的な問いを準備し，資質・能力のいっそうの高まりを目指している。

4．変化と対応（大塚みずほ）

　学校での学習に基づいて，中学校の学習としていつどのように焦点を置いて授業を進めていくかがわかりやすい展開である。概ね教科書の流れにも沿っており，どのように教科書を活用するかという視点で読み進めることも有効である。

5．平面図形（菅原大）

　条件を満たす点を特定する際，円形マグネットを黒板に貼り付けて直観を働かせ，図形の対称性に着目して論理的に作図方法を見いだすなど，その指導の手立てがわかりやすい。生徒の対話を引き出す教師の発問や考えの取り上げ方についても授業の具体に沿って書かれている。

6．空間図形（小岩大）

　ほぼ毎時間，具体的な模型などの実物を観察，操作しながら，新たな知識を発見・獲得していく過程を大切にして単元が構成されている。各授業では，空間と平面を関連付けて考えたり表現したりする場面が位置付けられており，空間図形の見方の深まりが実感できるように配慮されている。

7．データの活用（藤原大樹　※筆者）

　統計的探究プロセスを通して，統計と確率を結び付けて考察し表現できるように，ICT活用を前提として単元を計画した。生徒の素朴な考えをもとに統計や確率の知識を獲得できるように，生徒同士の対話を重視して，生徒の声を板書へ構造的に位置付けた。

Ⅱ

第1学年の数学
全単元・全時間の板書

1 正の数と負の数 　26時間扱い

単元の目標

・素因数分解や正の数と負の数の四則計算をする技能を身に付ける。
・正の数と負の数の四則計算の方法について説明したりするとともに，正の数と負の数を具体的な事象の問題解決に活用することができる。
・正の数と負の数の必要性や意味を考え，整数の性質や正の数と負の数の四則計算について学んだことを学習に生かそうとする態度を身に付ける。

評価規準

知識・技能	①整数が素数かどうか弁別することができるとともに，素因数分解をすることができる。 ②正の数と負の数の必要性や意味を理解している。 ③正の数と負の数の四則計算をすることができる。
思考・判断・表現	①素因数分解を利用して整数の性質を説明することができる。 ②既習の四則計算と関連付けて，正の数と負の数の四則計算の方法を説明することができる。 ③正の数と負の数を具体的な事象の問題解決に活用することができる。
主体的に学習に取り組む態度	①整数の性質について学んだことを学習に生かそうとしている。 ②正の数と負の数の必要性と意味を考えようとしている。 ③正の数と負の数の四則計算について学んだことを学習に生かそうとしている。 ④正の数と負の数を活用した問題解決の過程を振り返って検討しようとしている。

次	時	主な学習活動
第1次 整数の性質	1	整数の性質を探る。
	2	素数の意味を知る。
	3	任意の自然数を素因数分解する。
	4	素因数分解を利用して，整数の性質を探る。
第2次 正の数と負の数の性質	5・6	負の数の意味を理解する。
	7・8	負の数を数直線に表し，数の大小関係を判断する。
第3次 正の数と負の数の計算	9〜13	正の数と負の数の加法や減法の意味を理解し計算する。
	14・15	正の数と負の数の加法と減法の混じった式を項の和とみて計算する。
	16〜20	正の数と負の数の乗法や除法の意味を理解し計算する。
	21・22	正の数と負の数の四則の混じった計算をする。
	23	数の範囲を拡張することによって，四則計算が拡大されたのか調べる。
	24	既習の四則計算の仕方を振り返る。
第4次 正の数と負の数の活用	25	平均を能率的に求めるために正の数と負の数を利用する。
第5次 単元の振り返り	26	単元全体の学習内容について振り返る。

単元の基礎・基本と見方・考え方

⑴正の数と負の数の四則計算の意味理解

　計算の仕方を教師が一方的に教えるのではなく，生徒が考え出せるように働きかけていく。まずは，新しい計算について生徒に考えさせる。その際，「知っていることをもとにして考える」ということを大切にし，数の範囲が拡張されても原理・法則が保存されること（形式不易の原理）に気付けるようにする。

⑵正の数と負の数の利用

　正の数と負の数を利用するには，まず基準を決める必要がある。基準の決め方次第で，事象をわかりやすく捉えたり，能率的に問題解決したりできるかどうかが決まる。例えば，第25時では，「より簡単に平均を求めるには基準をどこに設定すればよいか」という基準に焦点を当てて考えさせることが重要である。

⑶主に働かせたい見方・考え方

　この単元では，主に数の符号や絶対値，演算などに着目し，設定した基準や数直線，計算のきまりを用いて考えるように促していく。個々の計算方法などを個別の知識として学ぶのではなく，既習の事柄と新たに見いだした事柄を関連付けるようにしていくことで，確かな理解を目指したい。

1 正の数と負の数

2 文字と式

3 一次方程式

4 変化と対応

5 平面図形

6 空間図形

7 データの活用

本時案

数の見方を
ひろげよう

本時の目標

・1から25までの整数の中から自分が好きな
数を当てるクイズを解き合うことを通して，
整数に潜む性質を見つけることを楽しみ，整
数はどのように仲間分けできるのかという問
いをもつ。

問題提示と同時に板書する。

〇／〇　数の見方をひろげよう

1から25までの整数の中から，
どれか1つの数を思いうかべて，
その数が答えとなるクイズをつく
りました。

Q1　次のクイズの答えとなる数
はいくつでしょうか。

1　2　3　4　5　6　7　8　9　10
11　12　13　14　15　16　17　18　19　20
21　22　23　24　25

卓也さんのクイズ

約数の個数が最も多い数です。
それは，1から25までの整数
のうち，どの数でしょうか。

（Aさん）

1から25までの数の
約数をかければいいよ！

約数…ある整数を
わり切ることのできる
整数

小学校の学習を想起させながら，
約数を丁寧に確認し，板書する。

1	1
2	1, 2
3	1, 3
4	1, 2, 4
5	1, 5
6	1, 2, 3, 6
7	1, 7
8	1, 2, 4, 8
9	1, 3, 9
10	1, 2, 5, 10

授業の流れ

1　約数の個数が最も多い数はいくつかな?

S：約数って何だっけ？
S：小学校のときに「ある整数をわり切ること
のできる整数」って学んだ。
T：小5の教科書を見てみよう。
S：1から25までの整数の約数を書けばわか
りそう。
S：24は約数が8個で一番多いから，先生が
好きな数は24だ。
　小学校の学習とのつながりを意識させてい
く。

2　小学校ではどのように学習したかな?

　自然数の約数を求めることを通して，約数の
個数を求めさせる。この活動を通して，1を除く
自然数に，約数を2つもつ自然数（1とその数
自身だけを約数にもつ自然数）と約数を3つ以
上もつ自然数に分けられることに触れる。
　約数に対する理解が不十分な生徒に対して
は，1から25までの約数をそれぞれ確認する。
その際，小5の教科書を示し，小学校との学習
のつながりを意識させる。数学では，系統性が
重要であることに授業開きから触れさせたい。

1
正の数と負の数

2
文字と式

3
一次方程式

4
変化と対応

5
平面図形

6
空間図形

7
データの活用

本時の評価

・1から25までの整数の約数を調べて，約数の個数が最も多い数はいくつか見つけることができたか。

準備物

・なし

> 例えば，6という数では，「約数が4個である数」という見方だけではなく，「完全数」という見方もできるなど，数の見方をひろげていく。

```
11  1, 11
12  1, 2, 3, 4, 6, 12
13  1, 13
14  1, 2, 7, 14
15  1, 3, 5, 15
16  1, 2, 4, 8, 16
17  1, 17
18  1, 2, 3, 6, 9, 18
19  1, 19
20  1, 2, 4, 5, 10, 20
```

```
21  1, 3, 7, 21
22  1, 2, 11, 22
23  1, 23
24  1, 2, 3, 4, 6,
    8, 12, 24    8個
25  1, 5, 25
```

睦子さんのクイズ

その数自身を除く約数をたしたら，その数になる数です。
それは，1から25までの整数のうち，どの数でしょうか。

24

6
（Bさん）

$1+2+3=6$

完全数

完全数　他には？
$28=1+2+4+7+14$
$496，8128\cdots$

220，284 ← 友愛数

他にどんな数の見方ができるのかな？

6 は「約数が4個である数」
見方を変えると「完全数」でもある。　　見方がひろがった！

> 任意の4桁以下の数を選ばせる。⑴4個の桁数字を並べ替えてできる数のうち最大の数をつくる。⑵4個の桁数字を並べ替えてできる数のうち最小の数をつくる。⑶2つの数の差を求め，次の数とする。これを繰り返すと必ず6174になる。

3 その数自身を除く約数をたしたら，その数になる数はいくつかな？

S：4だったら，$1+2=3$で違う。
S：6だったら，$1+2+3=6$だ。
S：8だったら，$1+2+4=7$で違う。6の他にないのかな？
S：1から25までの中には，6以外なかった。不思議だ。
T：数学では，このような数を「完全数」といいます。6の他の完全数で一番小さい数は28，その次は496，8128……と続きます。

4 ユークリッドの「原論」について紹介する

　自然数のもついろいろな性質が最もよく系統的にまとめられた書として現在知られている最古のものはユークリッドの「原論」である。そのことを紹介し，「完全数」「友愛数」などの数学で，「〜数」といわれる数についても紹介する。さらに，時間があれば「自然数6174の不思議」について触れると，数の見方を豊かにすることにつながっていくであろう。

本時案

どのように
分けられるかな？

2/26

本時の目標

・1から9までの自然数を2つの仲間に分ける活動や1から100までの自然数の中で素数はどれか判断する活動を通して，素数の意味を理解している。

○/○　どのように分けられるかな？

> 問題を提示し，試行錯誤させた後，板書する。

ものの個数を数えたり，ものの順番を示したりするときに使われる数1，2，3，…を自然数という。

Q2　1～9までの自然数を2つに仲間分けしましょう。

（Aさん）

6／12345789

完全数かどうか

6の約数で6以外のもの

6→1＋2＋3
　＝6

（Bさん）

> 2でわったときあまりが1になる整数

奇数か偶数

奇数　　1，3，5，7，9

偶数　　2，4，6，8

> 2で割り切れる整数

（Cさん）

$\not{1}$，2，3，5，7／1，4，6，8，9

約数を2つだけもつ数かどうか

→素数

（Dさん）

8の約数かどうか

1，2，4，8

3，5，6，7，9

（Eさん）

9の約数かどうか

1，3，9

2，4，5，6，7，8

など

> 分けた数だけ共有し，「どのように考えて分けたのかな？」と問う。

授業の流れ

1 どのように考えて分けたのかな？

T：まだ分け方を見つけられない人に向けて，どんなヒントを伝えられるかな？

S：約数。

S：個数。

S：約数を2つだけもつ数かどうかか！

　小学校では，自然数が偶数と奇数との2種類に分けられることを学習しているが，ここでは新しい観点として，自然数が素数と素数ではない自然数（1と合成数）との2種類に分けられることを押さえる。

2 1はなぜ素数と言えないのかな？

　1を素数に入れない理由は，次のように説明することができる。

⑦　素数の定義を「素数とは約数を2つだけもつ数である」と捉えると，1の約数は1つだけなので，1は素数から省かれる。

⑦　素因数分解で，1を素数に含めると，18＝2×3×3＝1×2×3×3のように素因数分解が一意に定まらなくなる。

　指導者は，これらのことを押さえておく必要があると考える。

1 正の数と負の数

2 文字と式

3 一次方程式

4 変化と対応

5 平面図形

6 空間図形

7 データの活用

本時の評価

・1から9までの自然数を2つの仲間に分けたものを観察し，どのように仲間分けしたのか説明することができたか。
・1から100までの自然数の中の素数をあげることができたか。

準備物

・プリント①
（エラストテネスの篩）
・プリント②（数学通信）

> 2つの図を並べて提示し，横に6個の自然数を並べた図のよさを感得させることをねらう。

約数

2 1, 2
3 1, 3
5 1, 5
7 1, 7
1 1
4 1, 2, 4
6 1, 2, 3, 6
8 1, 2, 4, 8
9 1, 3, 9

1から100までの自然数のうち，素数をすべてあげましょう。

> エラストテネスのふるい

> 線を引いて…

> ふつうに見つけると大変！！

こっちの方が楽

（Fさん）

上の方が3の倍数がたてに，7の倍数が斜めに並ぶので消しやすい

① 2の倍数
② 5の倍数
③ 3の倍数
④ 7の倍数

---

3 どちらの方が素数を見つけやすかったかな？

S：横に6個の自然数を並べた図の方が見つけやすかった。
T：どうして？
S：3の倍数が縦に，7の倍数が斜めに並んで消しやすかったから。

　横に6個の自然数を並べた図では，2の倍数と3の倍数は縦に並び5の倍数と7の倍数は斜めに並ぶ。横に10個の自然数を並べた図でも素数を見つけさせて，横に6個の自然数を並べた図のよさを感得させることをねらう。

4 素数に関わるお話を読みましょう

　授業の最後に，「数学通信」を読む時間を設けて，「素数は無限に存在すること」「3と5，5と7，11と13のように，1つおきになった素数の組を双子素数といい，双子素数は無限にあるかどうかはまだ明らかになっていないこと」「素数ゼミと呼ばれるセミが存在すること」を紹介する。素数ゼミとは，地上に現れる周期の年数が13や17の素数であるセミのことである。素数は数学の世界だけではなく，自然界にもその存在を探すことができることを伝えたい。

本時案

素因数分解を しよう

本時の目標

・30を素数だけの積の形に表す活動を通して，素因数分解の方法を理解し，それを使って任意の自然数を素因数分解することができる。

（板書）

素因数分解という用語を押さえた後，板書する。

○／○ 素因数分解をしよう

Q3　30を素数だけの 積の形で表しましょう。

素因数分解…自然数を素因数だけの 積の形で表すこと

（Aさん）
△30 = 5 × 6
△30 = 3 × 10
△30 = 2 × 15
△30 = 1 × 2 × 3 × 5

（Bさん）　30 = 2 × 3 × 5

素数は，「1とその数しか約数がない自然数」だから，間違っている

方法

30 → 5, 6 → 2, 3

$30 = ⑤ × ② × ③$

なぜ × ？　　30 = ② × ③ × ⑤

素因数

「素因数」「素因数分解」の用語について板書し教える。

授業の流れ

1 30を素数だけの積の形で表しましょう

S：30 = 5 × 6，30 = 3 × 10，30 = 2 × 15
S：30 = 1 × 2 × 3 × 5
S：前の時間に素数は「1とその数しか約数がない自然数」と学習した。だから，6，10，15，1は素数ではない。
S：30 = 2 × 3 × 5

　前時の学習内容を振り返りながら，素数だけの積の形で表している式をつくり，素因数分解を学習することにつなげていく。

2 どのように考えて素因数分解したのかな？

S：まず，30を5 × 6にして，次に，6を2 × 3にした。30 = 5 × 2 × 3
S：まず，30を2 × 15にして，次に，3 × 5にした。30 = 2 × 5 × 3
T：素因数分解した結果の違いは何かな？
S：素因数を書き並べる順序が違う。
T：素因数分解して表される積の形は，素因数を書き並べる順序の違いを考えなければ，1通りに決まります。素因数分解はどんな順序で行っても同じ結果になります。

1 正の数と負の数
2 文字と式
3 一次方程式
4 変化と対応
5 平面図形
6 空間図形
7 データの活用

本時の評価

・素因数分解の方法を観察し，どのような方法なのか説明することができたか。
・任意の自然数を素因数分解することができたか。

準備物

・なし

180＝2×2×3×3を示し，間違いを補い合えるように対話を促す。

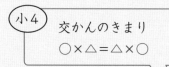

小4 交かんのきまり
○×△＝△×○

（Dさんの方法）

5	) 30
3	) 6
	2

素数でわっていく!!

↓

30＝⑤×②×③

（Cさん）素因数だけの積の形になるまで分解した

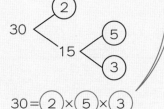

$$30＝②×⑤×③$$

素因数分解して表される積の形は，素因数を書き並べる順序の違いを考えなければ，1通りに決まる。素因数分解はどんな順序で行っても同じ結果になる。

（2）180

2	) 180
2	) 90
3	) 45
3	) 15
	5

×180＝2×2×3×3
○180＝2×2×3×3×5

練習問題
次の自然数を素因数分解しなさい。

（1）42

2	) 42
3	) 21
	7

$$42＝2×3×7$$

表し方が楽になった

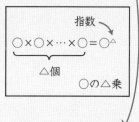

$$○×○×\cdots×○＝○^{△}$$

指数
△個
○の△乗

$$180＝2^2×3^2×5$$

取組の状況を把握し，練習問題の解き方について説明し合う場を設定する。

誤答を取り上げ，ポイントを確認する

練習問題に取り組んでいるときにも，机間を回り，生徒の考えを把握する。そして，誤りが多い場合や，ポイントとして押さえておきたい内容があるときには考えを取り上げることで，目標達成に近づけていくことができる。

ここでは，筆算の形で求める際に，あえて最後に現れる素因数が書かれていない誤答を取り上げ，「これで素因数分解できているのか」と問う。すると，**3**のようなやりとりが生まれ，対話を促すことができる。

3 これで素因数分解できているのかな？

S：180＝2×2×3×3
S：2×2×3×3＝36だからおかしい。
S：最後の素因数が書かれていない。
　　180＝2×2×3×3×5

この後，累乗の指数が使えないと，素因数分解した結果を，180＝2×2×3×3×5のように，同じ素因数が何度も続いてしまうことがあることを共有し，素因数分解の結果を簡潔に表せるよさを伝える。

本時案

素因数分解を利用しよう

本時の目標
・素因数分解を使って，最大公約数を求める方法を説明することができる。

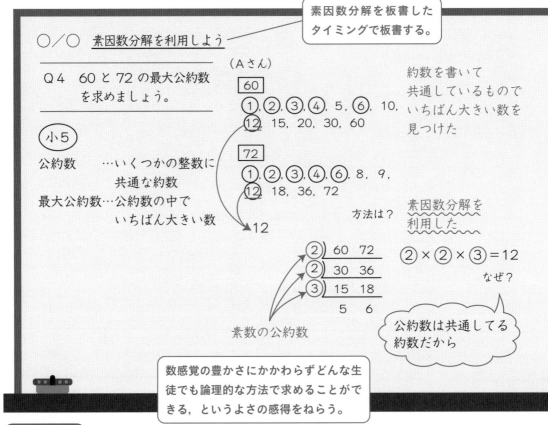

授業の流れ

1 60と72の最大公約数を求めましょう

S：小学校のときに，「最大公約数は公約数の中でいちばん大きい数」って学んだ。

T：小学校の教科書を見て確認しよう。

S：60と72，それぞれの約数を書き並べて，共通しているものでいちばん大きい数を見つけて12。

T：この方法以外で12と見つけた人は，どのように考えたのかな？

S：素因数分解を利用した。

2 どうしてこの方法で最大公約数が見つけられるのかな？

S：60と72の約数で，素数の公約数が2，2，3ってこと。

S：公約数は共通してる約数だから，2，2，3をかけて12。だから最大公約数は12。

S：60÷12＝5，72÷12＝6と計算できるから。この12は2×2×3のことで，これを素因数分解を利用して求めた。

　2×2×3，つまり，12が60と72の最大公約数になることを確認する。

1 正の数と負の数

2 文字と式

3 一次方程式

4 変化と対応

5 平面図形

6 空間図形

7 データの活用

本時の評価

・素因数分解を利用して，最大公約数を求める過程を観察して，その方法について説明することができたか。

・36と90の最大公約数を素因数分解を利用して求めることができたか。

準備物

・なし

> 生徒から，この素因数分解を引き出せない場合は，板書して考えを促す。

> 取組の状況を把握し，練習問題の取り組みが終わった生徒から，60と72の最小公倍数を求めさせる。

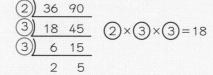

練習問題
36 と 90 の
最大公約数を求めなさい。

紹介
60 と 72 の
最小公倍数の求め方

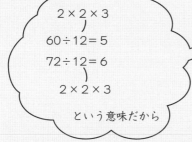

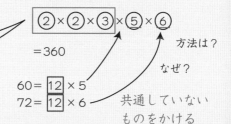

3 60と72の最小公倍数を求めましょう

　素因数分解を利用する場面として，60と72の最小公倍数を求める方法を紹介する。60の素因数分解した式に6をかけた式，72の素因数分解した式に5をかけた式を考えると，2つの式の値はともに360になるので，360は公倍数ということができる。また，360より小さい公倍数は存在しないので，360が最小公倍数になる。その際，60＝12×5，72＝12×6と書き表し，12が2×2×3の部分であることを確認すると理解を促すことができる。

4 60×72と12×360の計算結果を比べましょう

S：計算結果は同じになる。

T：他の数だったらどうかな？

S：36と90の場合でも同じ。

　時間に余裕があれば，「2つの整数の積は，その2数の最大公約数と最小公倍数の積に等しい」ことを紹介する。板書に，60＝12×5，72＝12×6を残しておくと，60×72＝（12×5）×（12×6）＝12×（12×5×6）という式変形につなげて考えることを促すことができる。

本時案

身の回りにある数を仲間分けしよう

5/26

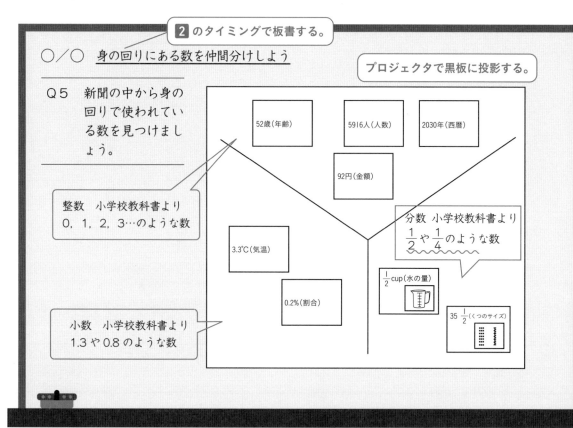

2 のタイミングで板書する。

○／○　身の回りにある数を仲間分けしよう

プロジェクタで黒板に投影する。

Q5　新聞の中から身の回りで使われている数を見つけましょう。

52歳(年齢)　5916人(人数)　2030年(西暦)

92円(金額)

整数　小学校教科書より
0，1，2，3…のような数

3.3℃(気温)

分数　小学校教科書より
$\frac{1}{2}$ や $\frac{1}{4}$ のような数

$\frac{1}{2}$cup(水の量)

0.2%(割合)

35 $\frac{1}{2}$ (くつのサイズ)

小数　小学校教科書より
1.3 や 0.8 のような数

授業の流れ

1 新聞の中から数を見つけましょう

T：プログラミング，システム，アプリに提出しよう。その際，何を表している数かも書こう。**ICT**

S：5916人（人数），52歳（年齢），92円（金額），2030年（西暦），0.2%（割合），3.3℃，−2℃（気温）など。

　負の数についての具体的なイメージをもたせるために，この活動を行う。「水の量」と「靴のサイズ」は，教師が示す。

2 見つけた数をグループ分けしましょう

T：見つけた数を3つのグループに仲間分けするとしたら，どのように分けられるのかな？カードを動かして分けよう。**ICT**

S：整数，小数，分数に分けられると思う。

T：うまく分けられないカードはあったかな？

S：−2℃（気温）はどこに分ければよいのかわからない。

　見つけた数をプログラミング，システム，アプリで仲間分けをさせ，全体で共有する。

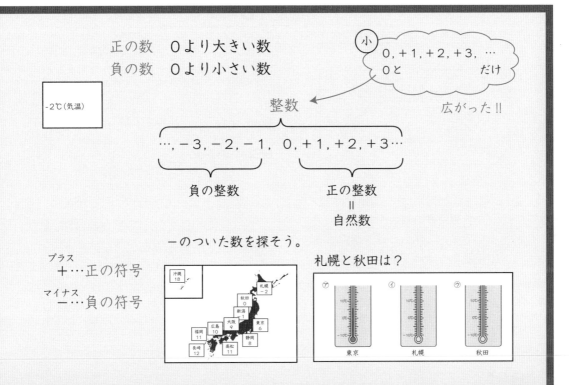

本時の評価

・新聞の中から身の回りで使われている数を見つけていたか。
・いくつかの数を仲間分けしていたか。

準備物

・端末
・小学校算数教科書

1 正の数と負の数

2 文字と式

3 一次方程式

4 変化と対応

5 平面図形

6 空間図形

7 データの活用

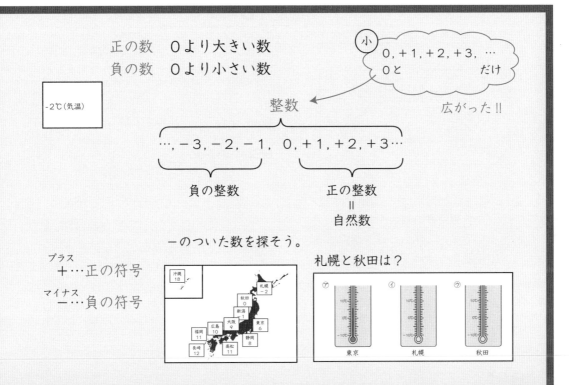

---

3 札幌と秋田の気温を表しましょう

S：札幌の気温は東京の気温と比べると，どうなっているのかな？

S：－2℃は0℃より2℃低いってことだから，東京の6℃より低い。

　温度計に気温を図示することは，正の数と負の数を数直線上の点として表現することにつながる活動であるので，大切にする。

　温度は0℃を基準にして，基準より高い温度を正の符号，低い温度を負の符号を使って表していることを確認する。

4 －のついた数を探しましょう

T：インターネットを使って，－のついた数が使われている画像を探し，プログラミング，システム，アプリに提出しよう。**ICT**

S：

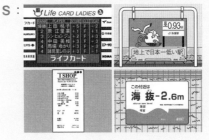

本時案

基準を決めた
ときの量を表そう

6/26

・基準を決めたときの量の表し方を理解している。

---

❸のタイミングで板書する。

○/○ 基準を決めたときの量を表そう
※

```
3000 ┤     富士山 □ m
   0 ┤              海面 0m
-5000 ┤  伊豆・小笠原海溝 □ m
-10000┤
```

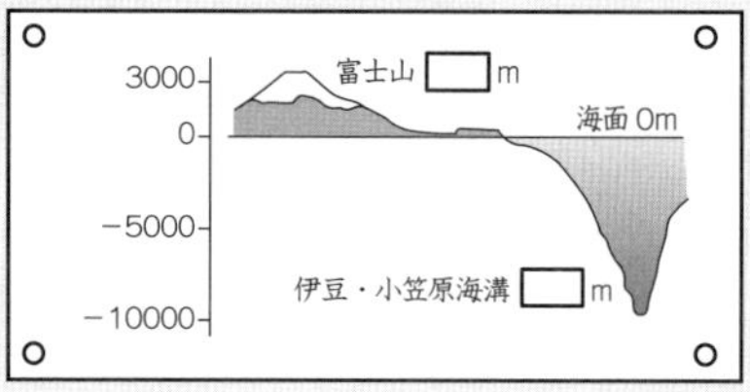

Q6 富士山の標高は3776m，伊豆・小笠原海溝の最大水深は9780mです。これらの値を図のように基準を決めて表すとき，正の符号，負の符号を使うと，それぞれどのように表すことができるでしょうか。

（Aさん）

富士山 … +3776m

> プラス
> 0より高い→＋だから

伊豆・小笠原
　　海溝 … −9780m

> マイナス
> 0より低い→−だから

どこを基準としたのかな？

海面の高さを基準の0mとした

授業の流れ

1 正の符号，負の符号を使うとどのように表すことができるでしょうか？

S：富士山は海面0mより3776m高いから，+3776m。

S：伊豆・小笠原海溝は海面0mより9780m低いから，−9780m。

T：どこを基準として考えているのかな？

S：海面0mを基準として考えている。

　0を基準を表す数として捉え直すことをねらう。

2 どこを基準にして考えているのかな？

　小学校段階から，生徒は0の意味について「何もないもの」として学習している。基準を表す数とする学習が全くなかったわけではないが十分とは言えない。

　本時の問題場面では，正の数と負の数を使って数量を表す際には，正の符号や負の符号を使って表した数が何を表しているのか，基準0が何を表すのか確認することが重要である。

1 正の数と負の数

2 文字と式

3 一次方程式

4 変化と対応

5 平面図形

6 空間図形

7 データの活用

本時の評価

・基準を決めたときの量を，正の符号や負の符号を使って表すことがで
きたか。

準備物

・プリント

「羅臼岳の頂上に行ったとして，
そこを基準にするとします」と
伝えて，3 の活動に入る。

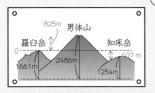

羅臼岳の高さ 1661m を基
準にして，それより高い地
点の高さを正の符号，低い
地点の高さを負の符号を使
って表すとします。このと
き，次の山の高さを，正の
符号，負の符号を使って表
しましょう。

（1）男体山 2486m

（Bさん）

2486 − 1661 = 825

答　+825m

どうしてプラスにしたの
かな？
基準の羅臼岳の 1661m
よりも男体山の 2486m
の方が 825m 高いから。

（2）知床岳 1254m

（Cさん）

答　−407m

式　1661 − 1254

どうしてマイナスに
したのかな？

基準の羅臼岳の 1661m
よりも 407m 低いから。

※を表すときのポイントは？

・基準を決めて0とする。
・一方を正の符号を使って
表し，もう一方は負の符
号を使って表す。

※について振り返り，まとめ
として板書する。

3 羅臼岳の高さ1661m を基準に
すると？

S：知床岳は−407m。

T：どうして，そのように表せるのかな？

S：知床岳の高さは1254m で，基準の羅臼岳
よりも407m 低いから。

　海面以外を基準にするとき，その基準との差
を使って表せばよいことに気付かせる。理解で
きない生徒には，図を使って説明し合うように
働きかける。

4 身の回りの反対の意味をもつ言
葉の組を探しましょう

　板書にはないが，練習問題では，正の符号，
負の符号を使って表した数量を移動量として捉
える問題を設定する。

　指導の際には，位置と移動量の違いを明確に
して指導すると，加法，減法，乗法の学習の際
につなげていくことができる。

　最後に，身の回りの反対の意味をもつ言葉の
組を見つけ，それを正の符号，負の符号を使っ
て表現させるようにする。例えば，「重いと軽い」
「増加と減少」などを生徒から引き出していく。

本時案

数の大小を考えよう①

本時の目標
・正の数と負の数が数直線上にどのように表されるのか理解している。
・正の数と負の数の大小を不等号を使って表すことができる。

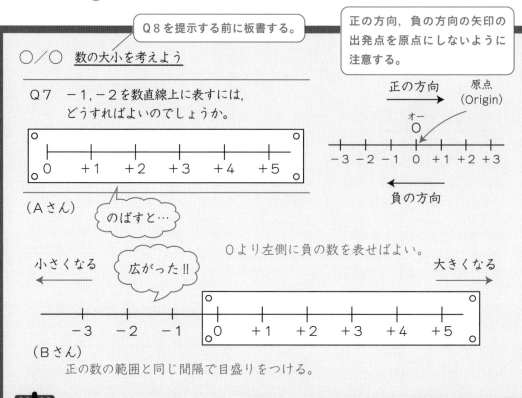

> **Q8を提示する前に板書する。**

> 正の方向，負の方向の矢印の出発点を原点にしないように注意する。

○／○　数の大小を考えよう

Q7　－1，－2を数直線上に表すには，どうすればよいのでしょうか。

0　＋1　＋2　＋3　＋4　＋5

（Aさん）

> のばすと…

正の方向　　　原点（Origin）

オー
○

－3 －2 －1 0 ＋1 ＋2 ＋3

負の方向

0より左側に負の数を表せばよい。

小さくなる

> 広がった‼

大きくなる

－3　－2　－1　0　＋1　＋2　＋3　＋4　＋5

（Bさん）

正の数の範囲と同じ間隔で目盛りをつける。

授業の流れ

1　－1，－2を数直線上に表すには，どうすればよいのかな？

S：左に直線をのばせばいい。
T：どうして？
S：数直線は左に行くほど小さくなるから，0より小さい負の数を表すには0の左側をのばせばいいと思ったから。
S：－1はこの辺りかな。
T：間隔せまくなったりしないの？
S：0から1ずつ小さくなるのだから，正の数の範囲と同じ間隔で目盛りをつけて0の左側に1の間隔の目盛りを－1にした。

> **数直線は動かせるように紙にかいて提示する**
>
> 　－1，－2を数直線上に表すには，どうすればよいのか問いかけ，教室の中を自由に動いて考えるように伝える。すると，数人の生徒が黒板の模造紙を動かそうとする姿が現れることが期待される。そうした姿が見えたら，すかさず全体で共有し，主体的に考えようとする姿の価値を伝える。このように，負の数に拡張した数直線を与えるのではなく，正の数の範囲の数直線をもとに，負の数の数直線をつくるという経験を生徒にさせる。

1
正の数と負の数

2
文字と式

3
一次方程式

4
変化と対応

5
平面図形

6
空間図形

7
データの活用

本時の評価

・負の数は数直線を左側にのばして新しい数直線上に表すことができることや，その数直線上では右にある数ほど大きく，左にある数ほど小さいことを説明することができたか。

・正の数と負の数の大小を数直線を用いて判断し，不等号を使って表すことができたか。

準備物

・数直線の掲示物
・プリント

この数直線は，拡大印刷した掲示物で提示する。

数直線上で，点A，B，Cに対応する数を言いなさい。
（Cさん）

1めもり0.5

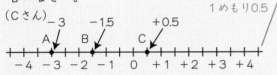

逆に…

数直線上に ＋3，－2，＋4.5，$-\frac{1}{2}$ に対応する点をしるしなさい。

（Dさん）

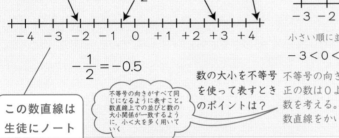

$-\frac{1}{2}=-0.5$

この数直線は生徒にノートに書かせる。

数の大小を不等号を使って表すときのポイントは？

不等号の向きがすべて同じになるように表すこと。数直線上での並びと数の大小関係が一致するように，小＜大を多く用いていく

Q8　3つの数0，＋2，－3の大小を不等号を使って表しましょう。

×0＜＋2＞－3

どうして？

（Eさん）0と－3の大小がわからないから。

数直線をかいて考える！

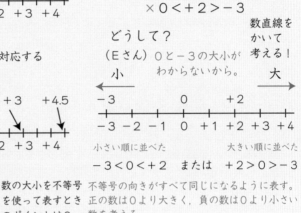

小さい順に並べた　　　　大きい順に並べた
－3＜0＜＋2　または　＋2＞0＞－3

不等号の向きがすべて同じになるように表す。
正の数は0より大きく，負の数は0より小さい数を考える。
数直線をかいて大小関係を調べる。

教科書を使って練習する時間を設定する。

---

2 数直線上に点Aに対応する点をしるしましょう

S：数直線をかくときは，1目盛りどのくらいの長さにすればいいの？

S：別に何cmでもいい。自分で決めればいい。

T：原点は真ん中にする必要はあるのかな？

　生徒にノートに実際に数直線をかかせる活動を取り入れる。この際，次の点を押さえる。

・1目盛りの長さを1cmにする生徒が多いが，目盛りの単位は自由にとってよいこと。

・原点の位置も，必ずしも中央ではなく，都合のよい位置にとればよいこと。

3 0＜＋2＞－3でもいいよね？

S：ちゃんと＋2が最も大きいことを表せているからいいと思う。

S：おかしい。これでは，0と－3どっちが大きいのか示せていない。

T：どうすればよいのかな？

S：数直線で表すと，左から小さい順に－3，0，＋2だから，－3＜0＜＋2とする。

S：大きい順なら，＋2＞0＞－3。

T：不等号を使って表すときのポイントは何かな？

本時案

数の大小を考えよう②

8/26

本時の目標
・絶対値の意味を知り，それをもとに負の数の大小を判断することができる。
・第1～7時までの学習を振り返って，正の数と負の数の意味について考えようとしている。

前時とのつながりから，はじめに板書する。

6つの数が数直線上のどこの数なのか指し示させながら，板書する。

○／○　数の大小を考えよう

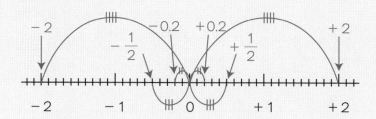

Q9　数直線を利用して，6つの数
$+2, -2, +0.2, -0.2, +\dfrac{1}{2}, -\dfrac{1}{2}$ の
大小を，不等号を使って表しましょう。

授業の流れ

1 6つの数の並び方には，どんな特徴があるのかな？

S：＋と－を取った数が対称に並んでいる。

S：符号を取った数とも言える。

S：数直線を0のところで折ると，符号が違うけど同じ数字の数同士が重なる。

　数直線をもとに，「ある数に対応する点と原点との距離を絶対値という」ことを扱い，原点からの距離は符号を取った数と一致するから，「絶対値は符号を取った数で考えればよい」と理解させる。

2 数と数直線を関連付けて，負の数の大小を判断するためには，どうすればよいのかな？

　数直線を使いながら，負の数では絶対値が大きいほど，原点からの距離が大きく，左にいくため，数は小さくなるというように数直線と結びつけて，判断する方法をまとめていく。絶対値を使うことによって，数直線に戻って考えることをしなくても，符号と絶対値に着目すれば数の大小を判断できることを押さえて，練習させる。

本時の評価

- 絶対値の意味を知り，負の数の大小を，絶対値に着目して判断し，不等号を使って表すことができたか。
- 第1時〜7時までの学習を振り返って，わかったことや疑問などを記述することを通して，その後の学習を見通すことができたか。

準備物

- 端末
- プリント

$$-2 < -\frac{1}{2} < -0.2 < +0.2 < +\frac{1}{2} < +2$$

6つの数の並び方には，どんな特徴があるのかな？

（Aさん）

<u>プラス マイナス</u>
<u>＋と－</u>をぬいた数が
対称に並んでいる。

↓

符号

数直線上で，ある数に対応する点と原点との距離をその数の絶対値という。

「絶対値」の用語について，教科書でも確認し押さえた上で板書する。

数直線を使わずに，負の数の大小を判断するためにはどうすればよいのかな？

（Bさん）

- 負の数は，絶対値が大きいほど小さくなることを使って判断する。

練習問題

次の各組の数の大小を，不等号を使って表しなさい。

(1) $-46, -59$
$46 < 59$ より $-46 > -59$

(2) $-0.2, -0.12$
$0.2 > 0.12$ より $-0.2 < -0.12$

(3) $-1, -\frac{7}{6}$
$1 < \frac{7}{6}$ より $-1 > -\frac{7}{6}$

小単元2の振り返りは，プログラミング，システム，アプリで提出させる。

---

3 第1〜7時を振り返りましょう

T：次の2点について書きましょう。

① 「わかったこと・大切な考え方」（ただし，負の符号のついた数はどのような数なのか，これまでの数とどう違うのか考えるときに，どのようなことがわかったり大切だと思ったりしたかの具体例とその理由も含めること）

② 「よくわからないこと・もっと知りたいこと」

小単元の学習の過程を振り返り，各生徒への指導や次の小単元の指導展開に生かしていく。ICT

---

①マイナスのついた数は0よりも小さいということだと思いながら取り組みました。特に例えば，－3よりも－4の方が小さい数である。マイナスでは，絶対値が大きいほど数が小さくなるということが大切だと思いました。なぜなら，今までの正の数だと絶対値が大きいほど数も大きくなっていたからです。

②もっと知りたいことは，どのようにしてマイナスの概念が生まれたのかを知りたいです。また，それがいつできてきたのかも知りたいです。なぜなら，いまあるのは当たり前になっているけど，そうじゃなかったらということを知りたいからです。

①正の数や負の数のことがわかった。理由は，教科書の図でわかりやすく書いているから。また，負の数は0より小さい数で，算数では0より小さい数が出てこなかったけど数学では出てきて変わったのがわかった。
②いろいろな建物の高さだったり，地下にある建物の深さを負の数を使って表してみたい。

2 文字と式
3 一次方程式
4 変化と対応
5 平面図形
6 空間図形
7 データの活用

本時案

加法の意味について考えよう

9/26

2 のタイミングで板書する。

○/○ 加法の意味について考えよう

ルール
右下のような13枚のカードをよく混ぜ、裏返しにして重ねる。スタート0にコマを置き、順番にカードを取って、出た数だけ動かす。コマが先にゴールに着いた人が勝ちとなる。

コマの動かし方
+2 が出たら、ゴールの方向へ2動かす。
−3 が出たら、ゴールと反対の方向へ3動かす。
0 が出たら、そのまま動かさない。

Q10 太郎さん, 花子さんのそれぞれのコマの位置を計算で求めるには, どうすればよいのでしょうか。

（Aさん）

太郎さん | 1回目の動き　2回目の動き　動いた結果

太郎さん ● 1回目に＋4, 2回目に＋2のカードが出たよ。 ・・・・・・・・・・ $(+4)+(+2)=+6$ ・・・・・・・・・・

花子さん ● 1回目に＋4, 2回目に−2のカードが出たわ。

花子さん （Bさん）
・・・・・・・・・・ $(+4)+(-2)=+2$ ・・・・・・・・・・

授業の流れ

1 コマの位置を計算で求めるには, どうすればよいのでしょうか?

S：$(+4)+(+2)=+6$と求められる。

T：＋4, ＋2ってどういう意味なのかな?

S：＋4は1回目の動きで, ＋2は2回目の動き。

T：＋6は?

S：動いた結果。

この場面での加法の意味は, （1回目の移動）と（2回目の移動）の合計と考えることができる。2つの移動の合計として, 生徒が加法の意味を捉えられるようにしていく。

2 Dさんのコマの位置だったら?

S：Dさんだったら, さっきと同じように考えて, $(-4)+(-2)=-6$と求められる。

T：数直線を使うと, どのように考えられるのかな?

S：0から負の向きへ4動いて, さらに負の向きに2動く。動いた結果は−6。

T：結局, コマの位置を計算で求めるには, どうすればよかったのかな?

S：たし算の式をつくればよかった。

1

正の数と負の数

2

文字と式

3

一次方程式

4

変化と対応

5

平面図形

6

空間図形

7

データの活用

本時の評価

・数直線を使って，２数の加法の計算の意味について説明することができたか。

準備物

・掲示物
・プリント

計算の根拠となる移動の考えと数直線を使った考えを行き来し，理解を促していく。

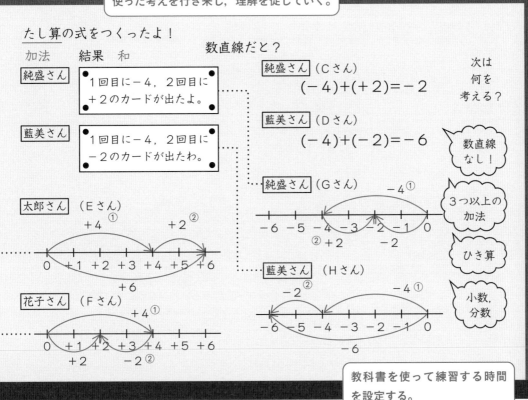

教科書を使って練習する時間を設定する。

3 たし算のことを加法といいます

　たし算の定義については，「２回の移動の結果を求める計算をたし算で表す」というように，問題場面に合わせて約束する程度にする。

　教材として取り扱うコマの移動（移動の合成）は，次のようなよさを持ち合わせている。

・減法や乗法も同じような場面で扱うことができる。

・数直線に結び付けることができる。

・扱い方が簡単である。

4 次は何を考えるかな？

S：数直線を使わずに加法の和を求める方法を考える。

S：２つの数だけじゃなくて，３つ以上の数の加法の計算について考える。（など）

　なお，ここからは，＋，－が演算記号と符号の両方で使われることになる。演算記号「たす」（第９時）「ひく」（第12時）と符号「プラス」「マイナス」について，その意味を区別して読ませるようにしていく。

本時案

加法の計算の きまりを考えよう

10/26

本時の目標

・正の数と負の数の2数の加法の計算規則を理解し，それをもとに正の数と負の数の2数の加法の計算ができる。

Q11について試行錯誤させた後，板書する。

同符号，異符号の囲みの色と，計算規則のまとめの囲みの色を合わせる。

○/○ 加法の計算のきまりを考えよう

$$(+4)+(+2)=+6$$
$$(+4)+(-2)=+2$$
$$(-4)+(+2)=-2$$
$$(-4)+(-2)=-6$$

同符号 の数だったら

（Cさん）どんなきまりが隠れているのかな？

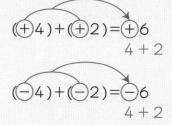

$$(+4)+(+2)=+6$$
$$4+2$$

$$(-4)+(-2)=-6$$
$$4+2$$

Q11
正の数と負の数の加法を数直線を使わずに計算するには，どうすればよいのでしょうか。

（Aさん）
絶対値を見て…

（Bさん）
同符号と異符号に分けて考える…

符号を見ると…共通の符号
絶対値を見ると…絶対値の和

授業の流れ

1 どこに着目すればよさそうかな？

S：2数の絶対値を見ればよい。

S：2数の符号を見れば，2数が同符号，異符号で分けて考えることに気付く。

T：「絶対値を見る」「2数が同符号，異符号で分けて考える」という考えを生かして考えられないかな？

　試行錯誤させた後，計算規則に気付いた生徒に着目点を全体に伝えさせることで，問題解決の見通しをもてるようにする。

2 どんなきまりが隠れているのかな？

　形式的な計算の方法とその根拠である前時で学習した移動の考えや矢線図を行き来する。加法の計算の意味理解を大切にする。

　3について，同符号の数の加法の方が異符号の数に比べて，規則が見つけにくい。前時で学習した移動の考えや矢線図により答えを導いた例を多く示したり，同符号の数についての学習から絶対値と符号に着目することを想起させたりして考えさせる。

1
正の数と負の数

2
文字と式

3
一次方程式

4
変化と対応

5
平面図形

6
空間図形

7
データの活用

本時の評価

・いくつかの 2 数の加法の計算をもとに，正の数と負の数の 2 数の加法の計算規則を説明することができたか。
・正の数と負の数の 2 数の加法の計算規則をもとに，正の数と負の数の 2 数の加法の計算ができたか。

準備物

・なし

異符号 の数だったら？

$(\widehat{(+4)}) + (-\underline{2}) = \widehat{(+}2$
　　　　　　　　$4-2$

$(\widehat{-4}) + (+\underline{2}) = \widehat{-}2$
　　　　　　　　$4-2$

$(+\underline{2}) + (\widehat{-\underline{6}}) = \widehat{-}4$
　　　　　　　　$6-2$

$(-\underline{2}) + (\widehat{+\underline{7}}) = \widehat{+}5$
　　　　　　　　$7-2$

（Cさん）？　　　（Eさん）
　→（Dさん）

適宜，計算の根拠である移動の考えや矢線図を行き来し，理解を促していく。

符号をみると…絶対値の大きいほうの符号
絶対値をみると…絶対値の大きいほうから小さいほうをひいた差

□　$(+2) + (+7)$　　$(-4) + (-8)$
　$= +(2+7)$　　　$= -(4+8)$
　$= +9$　　　　　$= -12$

□　$(+9) + (-4)$　　$(-5) + (+5)$
　$= +(9-4)$　　　$= 0$
　$= +5$

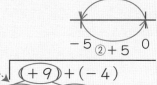

小　こうみることもできる！！

$\quad (+9) + (-4)$
$= (+5) + (+4) + (-4)$
$= (+5) + 0 = +5$

打ち消し合って0になる。

教科書を使って練習する時間を設定する。

---

3 異符号の 2 数だったら，どうすればよいのかな？

（S：停滞）

T：まずは，同符号のときと同じように，絶対値に着目するとどんなきまりがありそうかな？

S：絶対値は大きい方から小さいほうをひいた差だ。

S：符号の方はどうなりますか？

T：（板書のように符号に〇をつける）

S：符号は，絶対値の大きいほうの符号になっている。

4 こんな計算の仕方もあるよ！

S：＋9を＋5と＋4に分けた。

T：どうしてこのように分けたのかな？

S：＋4と－4で打ち消し合って0になるから。

　2 数を互いに打ち消し合い，効率よく計算することができるという正の数と負の数のよさにつながる考え方である。単元を通して，こうした見方も適宜取り扱い，正の数と負の数のよさの感得をねらう。最後に，加法の単位元としての 0 のはたらきを扱う。

本時案

3数以上の加法の計算をしよう

本時の目標

・正の数と負の数の3数以上の加法でも，交換法則や結合法則が成り立つことを理解し，それを利用して3数以上の加法の和を求めることができる。

> 問題の式を見せて，これまで学習したことと何が違うのか明らかにしたタイミングで，板書する。

> 「左から順に計算」「同符号同士で計算」は，生徒から工夫を引き出した後，板書する。

○/○　3数以上の加法の計算をしよう

Q12
$(+3)+(-9)+(+7)$
を計算しましょう。

（Aさん）
左から順に計算

$(+3)+(-9)+(+7)$

$=(-6)+(+7)$

$=+1$

どうして？

いれかえた

> 同符号どうしだと計算が楽だから

（Bさん）
同符号どうしで計算
$(+3)+(-9)+(+7)$

$=(-9)+(+3)+(+7)$

$=(-9)+\{(+3)+(+7)\}$　先に

$=(-9)+(+10)$

$=+1$

結果は同じ

授業の流れ

1 $(+3)+(-9)+(+7)$ を計算しましょう

T：$(+3)+(-9)$ の計算はできるかな？

S：簡単，やったことある。

T：これならどう？（$+(+7)$ を板書加筆）

S：数が3つに増えた。

T：何が変わったのかな？

S：今まで2数の加法だったけど，3数の加法に変わった。

T：（「3数以上の加法の計算をしよう」を板書加筆）

　　このような文脈で問題提示する。

2 どんな工夫をしたのかな？

S：小学校のときに学んだから，数を入れ替えて，後ろから先に計算した。

T：入れ替えたり，先に計算するところを変えても結果は同じになるのかな？

S：計算すると結果が同じになった。

S：数直線を使うとやっぱり＋1になる。

T：小学校のときと同じきまりが使えて，計算結果は同じになることがわかったけど，中学校では何が変わったのかな？

S：負の数が入った。それでも使えそう。

本時の評価

・正・負の数の3数以上の加法でも，交換法則や結合法則が成り立つことを説明することができたか。
・交換法則や結合法則を利用して3数以上の加法の和を自分なりの工夫をして求めることができたか。

次の計算をしなさい。　　　　　　　　　　　（Cさん）

（1）（Cさん）
　　（＋3）＋（−8）＋（＋7）＋（−5）　　①②
＝｛（＋3）＋（＋7）｝＋｛（−8）＋（−5）｝
＝（＋10）＋（−13）
＝−3

どうしてそうしようと思ったのかな？

> 号符号どうしだと計算が楽だから

（2）（Dさん）
　　（＋6）＋（−18）＋（−6）　　①②
＝｛（＋6）＋（−6）｝＋（−18）
＝0＋（−18）
＝−18

何かよいことがあるのかな？

> ＋6と−6で符号がちがうけど絶対値が同じだとたすと0になる。これを使うと楽！

小4から広がった！

正の数と負の数の計算では，次の法則が成り立つ。

> ここでの文字は負の数もふくめたすべての数

$a+b=b+a$……加法の交換法則①
$(a+b)+c=a+(b+c)$……加法の結合法則②

> 教科書を使って練習する時間を設定する。

> 小学校6年で，文字を使って関係を表すこと学習しているため，ここでも2つの法則を，文字を使って表現する。

3 どうしてそうしようと思ったの？

「同符号同士だと計算が楽だから」といった計算の効率性につながる生徒の考えを引き出し全体で共有する。このように，計算を工夫するよさと，工夫の根拠となる法則を確認することが，自ら進んで計算を工夫しようとする態度の育成につながる。

なお，交換法則や結合法則は，小学校4年で，■や●などの記号を用いて表現し，学習している。用語は小学校では学習していないことに留意する。

4 あなたなりに工夫して計算しましょう

T：（プログラミング，システム，アプリで生徒の計算過程を共有）
S：(2)は，2つの法則を使って，−18と−6を入れ替えて，＋6と−6を先に計算している。
T：こういう工夫をすると何かよいことあるのかな？
S：(2)は，＋6と−6が打ち消すことができて，計算が簡単になる。

2 文字と式

3 一次方程式

4 変化と対応

5 平面図形

6 空間図形

7 データの活用

本時案

減法の意味について考えよう

12/26

本時の目標
・正の数と負の数の減法の計算の意味を理解している。

減法を引き出したタイミングで，板書する。

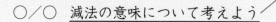

○／○　減法の意味について考えよう

薫音さん

−のついた数を探そう。札幌と秋田は？

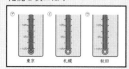
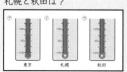
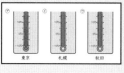

2回目が終わったとき+5の位置にいたよ。1回目に出たカードは「+3」だったんだけど，2回目に出たカードは何だったかな…。

薫音さん
（さと）

1回目の動き	2回目の動き	動いた結果

$(+3)+\boxed{(+2)}=+5$ ……

$(+5)-(+3)=\boxed{+2}$ ……

動いた結果　1回目の動き　2回目の動き

桐基さん

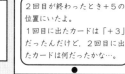

2回目が終わったとき+3の位置にいたよ。1回目に出たカードは「−1」だったんだけど，2回目に出たカードは何だったかな…。

桐基さん

$(-1)+\boxed{(+4)}=+3$ ……

$(+3)-(-1)=\boxed{+4}$ ……

差を求めた！

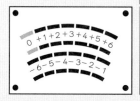

Q13
　薫音さん，桐基さんの2回目に出たカードは何だったかを計算で求めるには，どうすればよいのでしょうか。

ひき算を使って求める！

減法

結果　差

授業の流れ

1 Bさんの2回目に出たカードは何かな？

S：Bさんの2回目に出たカードは+4だ。
T：頭の中で，どのように考えたのかな？
S：1回目に−1の位置に動いて，2回目にいくつ動いたら，+3の位置にくるのか考えて+4。
T：頭の中で考えたことを式に表すとどうなるのかな？
S：$(-1)+\boxed{}=+3$
　まずは□に入る数を考える文脈としていく。

2 □に何が入れば式が成り立つのかな？

S：+4が入ればよい。
T：□はどんな計算で求められるのかな？
S：$(+3)-(-1)=+4$って計算できるはず。
T：どういう意味になるのかな？
S：2回目の動きは，2回目が終わったときにいた位置の+3と1回目の動き−1の差になるってこと。2回目は正の向きへ4動いた。
　既習の正の数と負の数の加法をもとに減法も考えられそうだという流れに促す。

1 正の数と負の数

2 文字と式

3 一次方程式

4 変化と対応

5 平面図形

6 空間図形

7 データの活用

本時の評価

・すごろくゲームにおける動きについて考えることを通して，減法の計算方法を数直線を用いて説明できていたか。

準備物

・プリント

> 「2回目は，正の向きへ2動いた」という2回目の動きに関わる部分は，同じ表現で板書する。

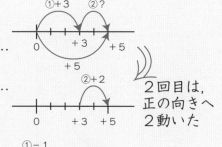

2回目は，
正の向きへ
2動いた

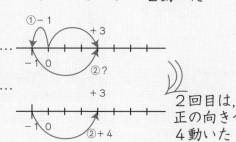

2回目は，
正の向きへ
4動いた

数直線を使って，次の計算をしよう。

(1)　(－5)－(＋2)　2回目は，負の向きへ7動いた

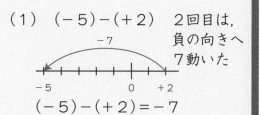

(－5)－(＋2)＝－7

(2)　(－6)－(－2)　2回目は，負の向きへ4動いた

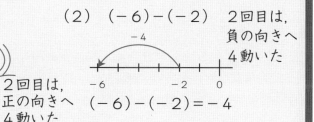

(－6)－(－2)＝－4

練習問題　数直線を使って，次の計算をしなさい。
(1)　(＋2)－(＋4)　(2)　(＋3)－(－6)
(3)　(－1)－(＋3)　(4)　(－4)－(－5)

> 取組の状況を把握し，練習問題の解き方について説明し合う場を設定する。

---

3 減法の式の計算をしましょう

T：数直線では，1回目に動いた位置の－1から＋3の位置へ動くためには，＋3と－1の差を求めればよいから，2回目の動きは，(＋3)－(－1)＝＋4で＋4と求められます。同じように数直線を使って，次の計算をしよう。
(1)　(－5)－(＋2)
(2)　(－6)－(－2)
2回目の動きは，2回目が終わったときにいた位置と1回目の動きの差になるってこと。

4 これまでのことを生かすと，どのように考えられるかな？

S：(1)では，2回目は負の向きへ7動いたから－7。
T：－5や＋2ってどういう意味だったかな？
S：2回目が終わったときにいた位置の－5と1回目の動き＋2って意味。
S：－7は2回目の動きってこと。
　練習問題では，被減数の絶対値より減数の絶対値が大きくなる計算を位置付け，減法についての意味理解を促す。

本時案

減法の計算の きまりを考えよう

本時の目標

・正の数と負の数の2数の減法の計算の仕方 を理解し、それをもとに正の数と負の数の 2数の減法の計算ができる。

○/○　減法の計算のきまりを教えよう

（Aさん）
符号がちがうけど、
同じ数字が並んでる

前時の減法　　　　　　　　　　　　　　　加法

$(+5)-(+3)=+2$　　　　　　　　　　$(+5)+(+3)=+8$
と計算結果が同じになる
式はあるかな？

$(+5)-(-3)=+8$　　　　　　　　　　$(+5)+(-3)=+2$
他の場合はどうかな？

$(-5)-(+3)=-8$　　　　　　　　　　$(-5)+(+3)=-2$
$(-5)-(-3)=-2$　　　　　　　　　　$(-5)+(-3)=-8$

Q14
計算結果が同じになる
式はどれかな？

授業の流れ

1 計算結果が同じになる式はどれ かな？

S：前の時間に計算した式だ。減法の計算結果 は、上から、＋2，＋8，−8，−2になる。

S：加法の方は、上から＋8，＋2，−2， −8になる。

T：減法と加法、それぞれどんな式が並んでい るのかな？

S：符号が違うけど、同じ数字が並んでいる。

　前時に数直線を使って求めた計算結果をもと にして考えるように促す。

2 答えが同じになる式は、どんな 関係があるのかな？

T：どこを見れば気付きそうかな？

S：（黒板を指し示しながら）ここを見ると関 係が見えてくると思う。

S：「ひく」が「たす」に変わったら、後ろの 数の符号が変わっている。

T：正の数、負の数をひくことは、その数の符 号を変えて加えることと同じなのですね。

　正の数をひく減法の仕方、負の数をひく減法 の仕方を統合してまとめる。

1 正の数と負の数

2 文字と式

3 一次方程式

4 変化と対応

5 平面図形

6 空間図形

7 データの活用

本時の評価

- 4組の減法の式の計算と4組の加法の式の計算を見比べて、答えが同じになる式の間にどんな関係があるのか説明することができていたか。
- 正の数と負の数の2数の減法の計算ができたか。

準備物

- なし

どんな関係ありそうかな？
（Bさん）

「ひく」が「たす」に変わったりうしろの数の符号が変わる。

$$(-5)-(+2)$$
$$=(-5)+(-2)$$
$$=-7$$

$$(-5)-(-2)$$
$$=(-5)+(+2)$$
$$=-3$$

↓

正の数，負の数をひくことは，その数の符号を変えて加えることと同じ

$$(+5)-(+2)$$
$$=(+5)+(-2)$$
$$=+3$$

$$(+5)-(-2)$$
$$=(+5)+(+2)$$
$$=+7$$

$$(-3)-0$$
$$=-3$$

$$0-(-6)$$
$$=0+(+6)$$
$$=+6$$

ある数から0をひいても差ははじめの数になる。

「0からある数をひく」ことは，「その数の符号を変える」ことと同じ。

教科書を使って練習する時間を設定する。

計算の仕方に気付けるように生徒の表現を引き出す

計算の仕方を引き出すなど，生徒に気付きを促すときには，「気付いたか」「気付いていないか」の立場を明らかにし，気付いていない生徒が，気付いた生徒と同じ感動を味わえるように，教師が演出していくことも重要である。

例えば，気付いた生徒に「気付いていない生徒にも，あなたと同じ『わかった！』という感動を味わってもらいたいんだけど，どんなヒントが言えそうかな？」などと尋ね，気付きを大切にする学級風土をつくっていくように働きかける。

3 次の事柄は正しいのかな？

教科書の問題などで計算練習をした後に，次のようなことを問う。

「隆之さんは，次のように考えています。『ある数からどんな数をひいても，その差はもとの数よりいつでも小さくなる』。隆之さんの考えは正しいでしょうか。理由もあわせて説明しましょう」

隆之さんの考えは，数の範囲が正の数のときには成り立つ。数の範囲を負の数へ拡張したときは，小学校で学習したことが広がっていることの実感をねらいたい。

本時案

式を項の和と
みよう

本時の目標

・正の数と負の数の加法と減法の混じった式
　を，項の和とみることができる。

---

3 の後のタイミングで板書する。

○／○　式を項の和とみよう

Q15
　$(+5)-(+2)+(-9)-(-4)$
を計算しましょう。

左から順に…
$(+5)-(+2)+(-9)-(-4)$
$=(+5)+(-2)+(-9)-(-4)$
$=\quad(+3)\quad+(-9)-(-4)$
$=\qquad\qquad(-6)\qquad+(+4)$
$=\qquad\qquad\qquad-2$

3つ以上の数の加法と減法の
混じった式はどのように計算
すればよいのかな？

$(+5)-(+2)+(-9)-(-4)$
$=(+5)+(-2)+(-9)+(+4)$
$=\{(+5)+(+4)\}+(-9)+(-2)$
$=\{(+9)\qquad\quad+(-9)\}+(-2)$
$=0\qquad\qquad\qquad\qquad+(-2)$
$=-2$

授業の流れ

1　前と何が違うのかな？

T：前の時間より数を増やして……この計算は
　　できるかな？（問題を提示する）
T：前と何が違うかな？
S：加法と減法が混じっている。
S：どうやって計算すればよいのかな……。

　前時の計算から条件を変えた問題として提示
する。このような発展的に考察する視点を示す
ことも大切である。

2　どのように計算すればよいのかな？

S：左から順に計算した。計算結果は－2になる。
S：はじめに加法だけの式にした。計算結果は
　　－2になる。
T：はじめに加法だけの式にすると，何かよい
　　ことがあるのかな？
S：加法の交換法則や結合法則が使える。
S：加法の方が数直線の動きが考えやすい。

　生徒には，加法だけの式に直すと，これらの
法則を使うことができ，計算が手際よく処理で
きることを実感させる。

1 正の数と負の数

2 文字と式

3 一次方程式

4 変化と対応

5 平面図形

6 空間図形

7 データの活用

本時の評価

・正の数と負の数の加法と減法の混じった式を，加法だけの式に直し，その式をもとに，式の項を記述したり，口述したりすることができたか。

準備物

・なし

3 の説明をしながら板書する。

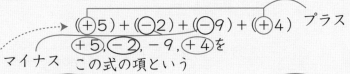

プラス

$(+5)+(-2)+(-9)+(+4)$

$+5，-2，-9，+4$ を

マイナス　この式の項という

負の項　　　　　　　　　　　　　　　　正の項

はじめに加法だけの式にする

加法の交換法則，結合法則が使えるから

1行ずつどのように考えて計算したのか確認しながら板書していく。

練習問題

次の式の正の項，負の項を言いなさい。また，その式を計算しなさい。

$(+3)+(-4)-(+6)-(-2)$
$=(+3)+(-4)+(-6)+(+2)$
$=\{(+3)+(+2)\}+\{(-4)+(-6)\}$
$=(+5)+(-10)$
$=-5$

正の項は $+3，+2$　負の項は $-4，-6$

取組の状況を把握し，練習問題の解き方について説明し合う場を設定する。

3 項についての説明

T：加法だけの式で，加法の記号＋で結ばれたそれぞれの数を，その式の項といいます。例えば，$(+5)+(-2)+(-9)+(+4)$ では，$+5，-2，-9，+4$ が項です。

2 の学習における計算の処理を生かして，項の見方につなげる。式を声に出して読ませて，記号と符号の区別を確認しながら指導する。なお，ここからの学習では，用語「項」を積極的に使い，生徒に項を意識づけていく。

4 次の式の正の項，負の項を言いましょう

S：まず加法だけの式にする。
S：加法の交換法則，結合法則を使う。
S：正の項の和と負の項の和をそれぞれ求めてから計算する。

　項の見方の初期なので，項の和の形に表し，個々の数が項であることを確認する。この問題は，計算結果まで求めているが，生徒の実態によっては，正の項と負の項を言うだけにすることも考えられる。

項を並べた式に
表して計算しよう

本時の目標
・正の数と負の数の加法と減法の混じった式を
項を並べた式に表して計算する方法を理解し
ている。

2 の後のタイミングで板書する。

○／○　項を並べた式に表して計算しよう

Q16
$(+8)+(-6)-(-7)-(+5)$ を計算しましょう。　長くて大変だから…

$(+8)+(-6)-(-7)-(+5)$

プラス　たす　マイナス　たす　プラス　たす　マイナス
$=(+8)+(-6)+(+7)+(-5)$
$=\{(+8)+(+7)\}+\{(-6)+(-5)\}$
$=\quad(+15)\quad+\quad(-11)$
$=+4$

項を並べた式に表す

$(+8)+(-6)+(+7)+(-5)$ ）「たす+」と「かっこ」を省略
$=\quad+8\quad-6\quad+7\quad-5$ ）先頭の符号「プラス+」を省略（してもよい）
$=\quad8\quad-6\quad+7\quad-5$
$=\quad8\quad+7\quad-6\quad-5$ ）正の項と負の項をまとめる
$=\quad\quad15\quad\quad\quad-11$ 計算結果が正の数なら符号「プラス+」
$=\quad4$ を省略（してもよい）

授業の流れ

1 加法だけの式は次のように表せます

T：$(+8)+(-6)+(+7)+(-5)$
　　$=+8\quad-6\quad+7\quad-5$
　　何が変わったかな？
S：たすがなくなった。かっこがなくなった。
T：$=\quad8\quad-6\quad+7\quad-5$
S：先頭の符号プラスがなくなった。
T：$=\quad8\quad+7\quad-6\quad-5$
　　$=\quad\quad15\quad\quad\quad-11$
S：正の項と負の項をまとめた。
T：$=4$，項を書き並べた式で計算できます。

2 項だけを並べた式に表しましょう

T：$(+1)+(-6)+(-3)+(+2)$
S：$1\quad-6\quad-3\quad+2$
T：逆に，次の項だけを並べた式を，「たす+」と
　　「かっこ」を省略しないで表せるかな？
　　$-1+2-3$
S：$(-1)+(+2)+(-3)$
　　全体で確認しながら，丁寧に指導する。

1 正の数と負の数

2 文字と式

3 一次方程式

4 変化と対応

5 平面図形

6 空間図形

7 データの活用

本時の評価

・正の数と負の数の加法と減法の混じった式を項を書き並べた式に表して計算することができたか。

準備物

・端末

Q17
　5−2−9+4を計算しましょう。

　　5／− 2／− 9／+ 4

＝5／+ 4／− 2／− 9

＝9 − 11／　　　同符号の項をまとめた
＝− 2　　　　　（しみ）

練習問題
　（1）　次の式を項だけを並べた式に
　　　　表しなさい。
　　　　（＋1）＋（−6）＋（−3）＋（＋2）
　　＝　　1　　　−6　　　−3　　　＋2
　（2）　次の項だけを並べた式を，「＋（たす）」
　　　　と「かっこ」を省略せずに表しなさい。
　　　　　−1+2−3
　　　＝（−1）＋（＋2）＋（−3）

教科書を使って練習する時間
を設定する。

Q18
　（−5）−（−10）+（−3）−10を項
を並べた式に表して計算しましょう。

「−」を「+」に
かえて…。

−10 は−10 の
ママ

　　（−5）−（−10）+（−3）−10
＝（−5）+（+10）+（−3）−10
＝−5+10−3−10
＝−5−3−10+10
＝−18+10
＝−8

−10+10 を
先に計算でも
よいネ！

1 行ずつどのように考えて計算し
たのか確認しながら板書していく。

7−3 ＝（＋7）− （＋3）
　　＝（＋7）＋（ − 3）＝7 − 3 ＝4 を見せる。
「式「7−3」を読めるかな？」と問いかける。

---

3 どのような手順で計算すればよいのかな？

　項の指導の目的は，代数和の考えを理解させ，Q18のような計算をできるようにすることである。はじめのうちは，2 行目や 4 行目の式を書くようにする。慣れてきたら省略して書くようにする。また，どのように式を変形しているのかわかるように，式を縦に並べ，「＝」の位置をそろえて書くようにする。いろいろな計算過程を，比較・検討することを通して，新しい式の表し方で加法の交換法則や結合法則を使っても計算結果が同じになることを確認する。 ICT

4 式「7−3」を読みましょう

　最後に，小学校で学習した符号のつかない数でつくられた式と，項を並べた式の関係を考え，どちらも 4 になることを確認する。このことから，式の見方によって「7 ひく 3」とも「7 マイナス 3」とも読むことができること，さらに，その計算は同じ結果になることを押さえる。また，この式の変形を通して，記号＋，−と符号＋，−の意味や役割を再確認する。

本時案

乗法の意味や計算のきまりについて考えよう

本時の目標

・正の数と負の数の乗法の計算の意味を理解している。
・正の数と負の数の2数の乗法の計算の仕方を理解している。

> かけ算のことを乗法ということを押さえたタイミングで板書する。

○/○　乗法の意味や計算のきまりについて考えよう

花子さんは 東に向かって 分速70mで歩いています。現在の地点を0mとして，東の方向を正の向きとします。また，1分後を＋1分とします。

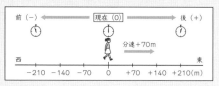

Q19
　花子さんが，1分後，2分後，1分前，2分前にはどの地点にいるかを計算で求めるには，どうすればよいのでしょうか。

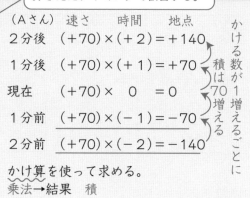

（Aさん）　速さ　　時間　　地点
2分後　（＋70）×（＋2）＝＋140
1分後　（＋70）×（＋1）＝＋70
現在　　（＋70）×　0　＝0
1分前　（＋70）×（－1）＝－70
2分前　（＋70）×（－2）＝－140

かける数が1増えるごとに積は70増える

かけ算を使って求める。
乗法→結果　積

太郎さんは，西に向かって分速70mで歩いています。現在の地点を0として，西の方向を負の向きとします。また，1分後を＋1分とします。

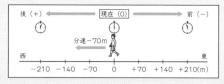

授業の流れ

1 計算で求めるには，どうすればよいのでしょうか

S：どの地点にいるかは，（速さ）×（時間）とかけ算で求められる。
S：2分後は，（＋70）×（＋2）で＋140。＋140mの地点にいる。
T：実際の動きで伝えられるかな？
S：（実際に黒板の前で）こちらを東，こちらを西とすると，東に向かって分速70mで歩いていて，2分後はこのように動くので，＋140mの地点にいるってこと。

2 正の数と負の数の乗法はどのように考えればよいのかな？

　東への移動を正，現在より未来の時間を正とし，速さの意味をもとに「東へ分速70mで歩いた場合の2分後の位置」を考えると，式は（＋70）×（＋2）になり，その結果は「東へ140m」すなわち＋140になる。このように移動の考えによって得た（＋70）×（＋2）＝＋140という結果は，小学校での70×2＝140と一致しており，このように移動をもとにして正の数と負の数の乗法を考えればよいことを押さえていく。

本時の評価

・数直線を使って，2数の乗法の計算をする方法について説明することができたか。
・いくつかの2数の乗法の計算をもとに，正の数と負の数の2数の乗法の計算規則について説明することができたか。

準備物

・プリント

1 正の数と負の数

2 文字と式

3 一次方程式

4 変化と対応

5 平面図形

6 空間図形

7 データの活用

Q20

太郎さんが，1分後，2分後，1分前，2分前にはどの地点にいるかを計算で求めるには，どうすればよいのでしょうか。

	速さ	時間	地点
2分後	$(-70) \times (+2) = -140$
1分後	$(-70) \times (+1) = -70$
現在	$(-70) \times \ 0 \ = 0$
1分前	$(-70) \times (-1) = +70$
2分前	$(-70) \times (-2) = +140$

かける数が1増えるごとに積は70減る

広がった！
移動をもとにして正の数と負の数の乗法を考えればよい。

同符号の計算規則は赤，異符号の計算規則は青で囲み，色の違いによっても，場合分けしていることを強調する。

Q21

正の数と負の数の乗法を数直線を使わずに，2数の積を計算するにはどうすればよいのでしょうか。

同符号だったら…
$(+70) \times (+2) = +140$

符号…正の符号
絶対値…絶対値の積

$(+) \times (+) = (+)$

${}^{70 \times 2}$
$(-70) \times (-2) = +140$

$(-) \times (-) = (+)$

異符号だったら
${}^{70 \times 2}$
$(+70) \times (-2) = -140$

符号…負の符号
絶対値…絶対値の積

$(+) \times (-) = (-)$

${}^{70 \times 2}$
$(-70) \times (+2) = -140$

$(-) \times (+) = (-)$

教科書を使って練習する時間を設定する。

3 条件を変えるとどうなるのかな？

T：花子さんのときとは条件を変えて，太郎さんは，「西に向かって」歩いています。太郎さんが，問題場面でどの地点にいるかを計算で求めるには，どうすればよいのかな？

S：2分後は，$(-70) \times (+2)$ で，実際の動きで考えると，-140m の地点にいるから，計算結果は-140。

中略

T：かける数が1増えるごとに，その積はどのように変化しているかな？

4 数直線を使わずに2数の積を計算するにはどうすればよいのだろうか？

T：どんな場合に分けられそうかな？

S：加法や減法のときと同じように，同符号同士か異符号同士で分けて考えられそう。

S：同符号同士だったら，2数の積の符号は正の符号，絶対値は2数の絶対値の積になる。

Q19，20の活動で見つけた式の2数の積を，符号と絶対値の視点から振り返る。

本時案

乗法の計算を
しよう

本時の目標

・正の数と負の数の 2 数の乗法の積の性質や
正の数と負の数の 3 数以上の乗法でも，交
換法則や結合法則が成り立つことを理解し，
それを利用して 3 数以上の乗法の積を求め
ることができる。

> 問題提示の後のタイミングで板書する。

○／○　乗法の計算をしよう

Q22
　次の(1)から(4)の計算をしましょう。

(1)
(＋3)×(－1)
＝－(3×1)
＝－3

(2)
(＋5)×(－1)
＝－(5×1)
＝－5

(3)
(－3)×(－1)
＝＋(3×1)
＝3

(4)
(－5)×(－1)
＝＋(5×1)
＝5

正の数や負の数に -1 をかけ
ると積はどうなるのか？
（むら）

積はもとの数の符号を変えた数になる。

0 だったら？

(＋3)×0
＝0
(－3)×0
＝0

0×(＋5)
＝0
0×(－5)
＝0

どんな数に 0 をかけても 0 にどんな数
をかけても積は 0 になる。

授業の流れ

**1　正の数や負の数に－1をかける
と積はどうなるのかな？**

S：もとの数の符号を変えた数になっている。
T：どういうことかな？
S：＋3だったら－3になるし，－3だった
　　ら3になる。
T：では，0をかけるとどうなるのかな？
S：積は0になる。
T：前の移動のお話だとどういう意味になるの
　　かな？
S：現在の地点を求めたということになる。

2　どのように計算すればよいのかな？

S：左から順に計算した。
T：この計算をした人はどのように考えている
　　のかな？
S：数を入れ替えて計算している。
T：どうしてそんなことしたのかな？　何かよ
　　いことがあるのかな？
S：－6と－5を先に計算すると，同符号同
　　士の積はプラスになるし，30というキリ
　　のよい数が出てきて，計算が楽になる。

乗法の計算をしよう

本時の評価

・正の数と負の数の2数の乗法で，ある数に－1をかけた場合や0を
かけた場合の積の性質を説明することができたか。
・正の数と負の数の3数以上の乗法で，交換法則や結合法則を利用して
工夫して積を求める方法を説明することができたか。

準備物

・なし

1 正の数と負の数

2 文字と式

3 一次方程式

4 変化と対応

5 平面図形

6 空間図形

7 データの活用

Q23
$(-6) \times (+9) \times (-5)$
を計算しましょう。

3つの数の乗法は
どのように計算すれば
よいのかな？

どうしてそう
しようと思っ
たのかな？

入れかえて

左から順に
$(-6) \times (+9) \times (-5)$

$= (-54) \times (-5)$

$= 270$

$(-6) \times (+9) \times (-5)$

$= (+9) \times \{(-6) \times (-5)\}$

$= (+9) \times (+30)$

$= 270$

先に

・同符号どうし
の積は先に＋
になる。
・30という楽
になるキリの
いい数が出て
くる！！

結果は同じ

正の数と負の数の計算では，
次の法則が成り立つ。
$a \times b = b \times a$ ……乗法の交換法則
$(a \times b) \times c = a \times (b \times c)$ ……乗法の結合法則

小学校との違いを明らかにした
上で，法則をまとめていく。

教科書を使って練習する時間を
設定する。

3 多様な考えを引き出す理由

　はじめに式を見て，これまで学習した乗法と
は違い3数の乗法について考えることを確認
する。いくつかの数をかけるとき，数の順序や
組み合わせを変えて計算してよいことは小学校
で学習している。ここでは，数の範囲を負の数
へ拡張しても，加法と同じように，乗法の交換
法則，結合法則が成り立つことを調べる。普通
に計算した場合と，工夫をした場合を比較して
調べさせることで，工夫をした場合のよさを学
級全体で共有していく。

式をよませて工夫の方法やよさを問う

　生徒の考えを取り上げる際には，工夫した計
算過程のみを生徒に発表させ，板書し共有す
る。そして，他の生徒に「どのように工夫をし
ているのかな？」「この工夫のよいところは何
かな？」と工夫の方法とそのよさを問い，式か
ら考えをよみ取らせる場面を設定する。
　このように逆思考（解析的思考）を促すこと
は，考える楽しさの実感につなげるために有効
な教師の働きかけと考える。

本時案

3 数以上の乗法の計算をしよう

18/26

本時の目標

・負の数が含まれたいくつかの数の乗法を工夫して計算することができる。
・正の数と負の数の累乗の計算ができる。

授業の流れ

1 最も計算結果が大きくなる式はどれでしょうか？

S：多分，(1)と(3)。
T：どうやって確かめればよいのかな？
S：全部計算する。
　（個人ごとに計算，その間規則を見いだしている生徒の様子を見て「もうできたの!?」と学級全体に伝える）
S：全部計算したら，やっぱり(1)と(3)。
S：きまりがわかれば，いちいち全部計算しなくてもいいよ。
S：どういうこと？
T：そのきまりを見つけたときの驚きをみんなに味わってほしいな。ヒントが言えるかな？
S：負の数の個数，奇数個か偶数個か，符号。

前時の学習とつなげて本時の問題を提示し，そのタイミングで板書する。

○／○　3 数以上の乗法の計算をしよう

Q24
　次の(1)から(4)の式で最も計算結果が大きくなる式はどれでしょうか。

(1)
　$1 \times 2 \times 3 \times 4$
$=24$

(2)
　$1 \times 2 \times 3 \times \underline{(-4)}$
$=-24$　　　1個

(3)
　$1 \times 2 \times \underline{(-3)} \times \underline{(-4)}$
$=24$　　　2個

(4)
　$1 \times \underline{(-2)} \times \underline{(-3)} \times \underline{(-4)}$
$=-24$　　　3個

いちいち全部計算する？

答え(1)，(3)

発見する喜びを共有する

　数学では，新しい考えに出合い感動するような知的な楽しさを味わわせることができる。授業の中では，目標達成に向けて「ここだけは生徒から引き出すようにしよう」と考えている部分になることが多い。学級集団の中で考えを引き出すときには「何か新しいものを見つけて得意げになっている生徒」「まだ見つけられなくて悩んでいる生徒」が混在していることが多い。そこで，教師は「その見つけたときの喜びをこの学級の一人でも多くの生徒に味わってほしいんだ。ヒントくれる？」と問うようにする。

---

2 (－4)×(－4)の積を累乗の指数を使って表しましょう

T：皆さんのノートに書いてある様子を見ると，-4^2 と書いてある人がいたのだけれど，よいのかな？
S：違う。ノートとタブレット端末に残っている黒板の様子を見て振り返ると，3時間目に右のように学習した。-4^2 だと，4を2回かけるという意味になってしまう。 ICT

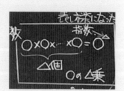

1

正の数と負の数

2

文字と式

3

一次方程式

4

変化と対応

5

平面図形

6

空間図形

7

データの活用

本時の評価

・絶対値が 1，2，3，4 の 4 つの数の積について，負の数を 1 つずつ増やしたときに，積の絶対値は等しいが，その符号が負の数が偶数個か奇数個かによって変わることを説明することができたか。

・累乗の指数が何を示しているかを判断し，累乗の計算ができていたか。

準備物

・端末

「何を何回かけているのか」生徒から引き出し板書に残す。

いくつかの数の積
負の数が奇数個……負の符号
負の数が偶数個……正の符号
絶対値……それぞれの数の絶対値の積

0 が 1 つでもあれば積は 0 になる

逆に

Q26
　-3^2 を計算しよう。

-3^2
$=(-3)\times(-3)$
$=9$

3 を 2 回かけているという意味

-3^2
$=-(3\times3)$
$=-9$

Q25
　次の (1) から (4) の積を，累乗の指数を使って表しましょう。

(1)
　$7\times7\times7\times7$
$=7^4$

(3)
　$(-0.1)\times(-0.1)$
$=(-0.1)^2$

9 を 5 回かけているという意味

(2)
　$(-4)\times(-4)$
$=-4^2$
$=(-4)^2$

(4)
　$-9\times9\times9\times9\times9$
$=-9^5$

(-4) を 2 回かけているという意味

2^{-3} はいくつなのかな？
$2^2=1\times2\times2$
$2^1=1\times2$
$2^0=1$
$2^{-1}=1\div2$
$2^{-2}=1\div2\div2$

3 この 2 って何を 2 回かけているのかな？

T：$-3^2=(-3)\times(-3)=9$ でよいのかな？
S：いや，違う。-3^2 の 2 は 3 を 2 回かけるという意味。
T：では，どのように計算すればよいのかな？
S：$-3^2=-(3\times3)=-9$。
T：だったら，$(-3)^2$ はどのように計算すればよいのかな？
S：この 2 は -3 を 2 回かけているという意味だから，$(-3)^2=(-3)\times(-3)=9$。

4 2^{-3} はいくつなのかな？

T：前に教えていた生徒が累乗の指数が負の数になるときもあるのかと考えていたのだけれど，あるのかな？
S：ある気もする。
T：たとえば，2^{-3} だったらいくつなのかな？
S：$2^3=8$，$2^2=4$，$2^1=2$ で，2^0 はいくつかがわからない。
S：指数が 1 減るごとに $\div2$ になっている。
T：数を 1 ずつ減らして考えたんだね。この考え，前にもやったね。どこだったかな？

本時案

除法の計算の
きまりについて考えよう

本時の目標

・正の数と負の数の除法の計算の仕方を理解
し，それをもとに正の数と負の数の2数の
除法の計算ができる。

> わり算という生徒の表現を引き
> 出したタイミングで板書する。

○/○ 除法の計算のきまりについて考えよう

$(+3) \times (+2) = +6 \cdots\cdots (+6) \div (+2) = \boxed{+3}$

$(-3) \times (+2) = -6 \cdots\cdots (-6) \div (+2) = \boxed{-3}$

$(-3) \times (-2) = +6 \cdots\cdots (+6) \div (-2) = \boxed{-3}$

$(+3) \times (-2) = -6 \cdots\cdots (-6) \div (-2) = \boxed{+3}$

⑨

Q27

□ にあてはまる数
はどんな計算で求められ
るでしょうか。

$\boxed{2} \times 3 = 6$
$6 \div 3 = \boxed{2}$
だった

⑨のときと
同じだ！

わり算で
求められる。

授業の流れ

1 □ に当てはまる数はどんな
計算で求められるでしょうか？

S：小学校のときと同じように，$(+6) \div (+2)$
$= +3$ と求められるから $+3$。

S：$+3$ を □ に当てはめても，$(+3) \times$
$(+2) = +6$ だから成り立つ。

T：□ $\times (+2) = -6$ の □ に当てはまる
数は何かな？

S：-3 が入ればよい。

T：では，□ に入る数はどんな計算で求めら
れるのかな？

S：$(-6) \div (+2) = -3$ と求められそう。

2 正の数と負の数の除法はどのよう
に計算すればよいのでしょうか？

S：乗法のときと同じように，2数の符号が同
符号か異符号かで分けて考えるとよさそう。

T：分けて考えると，どのように計算すればよ
さそうかな？

S：絶対値の商に，プラスの符号をつければよ
い。

S：異符号だったら，絶対値の商にマイナスの
符号をつければよい。

T：どうして乗法と同じになるのかな？

S：除法は乗法の逆だから。

1 正の数と負の数

2 文字と式

3 一次方程式

4 変化と対応

5 平面図形

6 空間図形

7 データの活用

本時の評価

・正の数と負の数の除法を，乗法の逆算をもとにして考え，計算する方法を説明することができたか。

・正の数と負の数の2数の除法の計算ができたか。

準備物

・なし

> 同符号の計算規則は赤，異符号の計算規則は青で囲み，色の違いによっても，場合分けしていることを強調する。

Q28 正・負の数の除法はどのように計算すればよいのでしょうか。

> 乗法のときと同じように…

> 符号に着目して…
> 絶対値に着目して…

符号… 正の符号　負の符号

絶対値… 絶対値の商

同符号だったら？

$6 \div 2$
$(+6) \div (+2) = +3$
$(+) \div (+) = (+)$

$6 \div 2$
$(-6) \div (-2) = +3$
$(-) \div (-) = (+)$

異符号だったら？

$6 \div 2$
$(-6) \div (+2) = -3$
$(-) \div (+) = (-)$

$6 \div 2$
$(+6) \div (-2) = -3$
$(+) \div (-) = (-)$

結果
→ 除法→商

では次の(1), (2)の計算をしなさい。

(1)
$(-2) \div 0 = \square$
$\square \times 0 = -2$

□に入る数はないから計算できない。

(2)
$0 \div 0 = \square$
$\square \times 0 = 0$
すべての数

□にはすべての数が入る可能性がある。

どんな数も0でわることはできない。

3 除法の計算についての指導

　生徒は小3で，$\square \times 3 = 6$ の □ を求める式は，$6 \div 3 = \square$ であることを学んでいる。このことを踏まえて，本時では，除法が乗法の逆の計算であることをもとに，除法を正の数と負の数の範囲にひろげていくことをねらう。

　計算練習をする際には，はじめは，$(+12) \div (-4) = -(12 \div 4) = -3$ のように途中の式を入れるようにし，慣れてきたら，途中の式がなくても商を求められるように働きかけていく。

4 $(-2) \div 0$ の計算結果は何になるのかな？

S：0？

T：本当かな？ $(-2) \div 0 = \square$ とすると $\square \times 0 = -2$ になりますが，□に入る数は何かな？

S：どんな数に0をかけても，積は0になるから □ に入る数はない。

S：同じように考えて，$0 \div 0 = \square$ とすると $\square \times 0 = 0$ で，どんな数に0をかけても，積は0になるから □ にはすべての数が入る可能性がある。

除法の計算を
しよう

本時の目標
・負の数における逆数の意味を知る。
・正の数と負の数の除法を，逆数を使って乗法に直して計算する方法を理解している。

Q30を提示するタイミングで板書する。

○／○　除法の計算をしよう

$\boxed{} \times \dfrac{3}{4} = 1$

$\boxed{-\dfrac{4}{3}} \times \left(-\dfrac{3}{4}\right) = 1$

Q29
$\boxed{}$ にあてはまる数は何でしょうか。

$1 \div \dfrac{3}{4}$

$= 1 \times \dfrac{4}{3}$

$= \dfrac{4}{3}$

$1 \div \left(-\dfrac{3}{4}\right)$

$= 1 \times \left(-\dfrac{4}{3}\right)$

$= -\dfrac{4}{3}$

負の数でも逆数にしてよいのか？

正の数のときと同じように，負の数でも2つの数の積が1のとき，一方の数を他方の数の逆数という。

次の数の逆数を求めなさい。

(1) $-\dfrac{15}{4}$　(2) $-\dfrac{1}{5}$

　　　$-\dfrac{4}{15}$　　　-5

(3) -6　(4) -1

　　$-\dfrac{1}{6}$　　　-1

(5) 0

　　なし

0とどんな数との積も0になるから

どうして「なし」なのかな？

－6と＋6のように，絶対値が同じで符号が反対である2数を互いに「反数」ということに触れる。

注　逆数にするとき，分母と分子を入れかえるが，符号は入れかえない！

授業の流れ

1 $\boxed{}$ に当てはまる数は何でしょうか？

T：$\boxed{} \times \left(-\dfrac{3}{4}\right) = 1$ の $\boxed{}$ に当てはまる数は何かな？

S：$-\dfrac{4}{3}$ が入ればよい。

T：$\boxed{}$ に入る数はどんな計算で求められるのかな？

S：$1 \div \left(-\dfrac{3}{4}\right)$ で計算結果は $-\dfrac{4}{3}$ になるから，わる数が負の数でも，今までと同じように除法はわる数を逆数にして乗法に直してから計算するはず。

2 負の数の逆数を求めましょう

T：正の数と同じように，負の数でも，2つの数の積が1のとき，一方の数を他方の数の逆数といいます。次の数の逆数を求めよう。

S：0の逆数は何になるのかな。

S：0とどんな数との積も0になって，1にはならないから，0の逆数はないはず。

T：教科書でも確認しましょう。

本時の評価

・正の数と負の数の除法を，逆数を使って乗法に直して計算することができたか。

準備物

・なし

Q30 次の(1),(2)の式の計算結果は，どんな関係になるのでしょうか。

(1) $10\div(-2)$ 　　(2) $10\times\left(-\dfrac{1}{2}\right)$

$=-(10\div2)$ 　　$=-\left(\dfrac{\overset{5}{10}\times1}{1\times\underset{1}{2}}\right)$

$=-5$ 　　　　　　$=-5$

符号は同じだし，
計算結果は同じ

負の数でわることは，その数の
逆数をかけることと同じ

Q31

$4\div\left(-\dfrac{6}{7}\right)\times(-9)$ を計算しよう。

$4\div\left(-\dfrac{6}{7}\right)\times(-9)$

$=4\div\left\{\left(-\dfrac{6}{7}\right)\times(-9)\right\}$ ✕

$=4\div\left(+\dfrac{54}{7}\right)$

$=\overset{2}{4}\times\left(+\dfrac{7}{\underset{27}{54}}\right)$ 　どうアドバイスする？

$=\dfrac{14}{27}$

教科書を使って練習する時間
を設定する。

3 　除法はわる数を逆数にして乗法に直してから計算してよいのかな？

T：$10\div(-2)$ だったら，わる数を逆数にして乗法に直すとどんな計算になるのかな？

S：$10\times\left(-\dfrac{1}{2}\right)$。

T：それぞれ計算して，計算結果が等しくなるのか確かめよう。

S：計算すると両方とも計算結果は−5になった。

S：他の計算でも試してみたら，結果は同じになった。

4 　皆さんだったら，どんなアドバイスをするかな？

S：小学校のときと同じように，乗法と除法の混じった式は，わる数を逆数に変えると乗法だけの式で表せる。

S：除法が混じっているときには乗法の結合法則を使えない。

　このことが腑に落ちない生徒がいた場合，「$6\div3\times2$」と「$6\div(3\times2)$」といった簡単な数の例を示し，考えることを促す。

2 文字と式
3 一次方程式
4 変化と対応
5 平面図形
6 空間図形
7 データの活用

本時案

四則の混じった計算をしよう

本時の目標
・正の数と負の数の四則の混じった計算手順を理解し，それをもとに正・負の数の四則計算ができる。

> 授業の最後に，小学校でも四則計算はしてきたけど，何が新しいことだったか問う。負の数が含まれたことが，新しいことであったことを確認し板書する。

○／○　四則の混じった計算をしよう

加法，減法，乗法，除法　→　四則

Q32　次の四則の混じった計算をしましょう。

（Aさん）

(1) $3+2\times(-4)$　　　　　$3+2\times(-4)$
　　　　　　　　　　　　　　　→ $=3+(-8)$

$= 5 \times(-4)$　　　　　　　$=-5$

$=-20$

> 負の数が入っても，加法，減法より，乗法，除法を先に計算する。

> 「この計算はこのように計算します！」ととぼけながら板書し，生徒の対話を促す。

（Bさん）

ひく　　　　　　　　　　マイナス

(2) $7-16\div(-8)$　　　　$7-16\div(-8)$

$=7-\{16\div(-8)\}$　　　$=7+2$

$=7-(-2)$　　　　　　　$=9$

$=7+(+2)$

$=9$

（Cさん）

(3) $60\div(-6+2)$　　　　$60\div(-6+2)$

$=(-10)\ +2$　　　　→ $=60\div(-4)$

$=-8$　　　　　　　　$=-15$

> 負の数が入っても，かっこのある式はかっこの中を先に計算する。

授業の流れ

1 どのように計算すればよいのかな？

　小学校では，四則の混じった計算の手順について次のことを学習している。
・普通は左から順に計算する。
・かっこのある式は，かっこの中を先に計算する。
・乗除は，加減より先に計算する。
　(1)から(3)では，負の数でも同じように計算することを確認し，(4)では累乗がある場合は，累乗を先に計算することを確認する。1つ1つの計算手順を確実に進めていくことが必要になるため，途中の式を丁寧に書く。

2 この計算手順で合っているのかな？

S：((1)について) 間違っている。
S：「たす」より「かける」を先に計算だった。
T：小学校との違いは何かな？
S：中学校では，負の数が入った。
　初めから手順を教えるのではなく，まずは生徒に計算させる。そして，あえてよくある誤りを提示する。すると，多くの生徒は小学校での経験から，乗除やかっこの中を先に計算する。そうした生徒の計算を受けて，計算手順のきまりを押さえていく。

本時の評価

・正の数と負の数の四則の混じった計算の誤りのある手順に対して，誤りを指摘しようとしていたか。
・正の数と負の数の四則の混じった計算をすることができたか。

準備物

・なし

「この途中式を書いた人って間違いかな？」と問いながら板書し，生徒の見方を広げていく。

あなただったら，どのように
アドバイスするかな？

(4)　$18 \div (-3)^2 + (-4)$
　$= 18 \div \underline{(-3)^2} + (-4)$
　$= 18 \div \underline{(-6)} + (-4)$
　$= \underline{(-3)} \quad + (-4)$
　$= -7 \qquad$（Dさん）

$\times \rightarrow$

$18 \div (-3)^2 + (-4)$
　$= 18 \div (-3)^2 + (-4)$
　$= \underline{18 \div 9} + (-4)$
　$= \quad 2 \quad + (-4)$
　$= -2$

-3 を 2 回かけるという意味
（累乗のある式では，累乗を先に計算する）

(5)　$\underline{(-4)^2 - (-3^2)} \div 9$
　$= \underline{(+16) - (-9)} \div 9$
　$= (+16) - \underline{(-1)}$
　$= (+16) + (+1) = 17$

(4)のことが理解できたかどうか確認するために，(5)を提示し，各自で取り組ませ，全体で確認する。

3 これらの途中式を書いた人は，それぞれどのように考えているのかな？

(2)について
S：左は，16の前の「−」を「ひく」とみた。
S：右は，「−」を「マイナス」とみた。
T：この場合，式の見方は2通りあるんだね。両方の見方でみることができるようにすることが大切だね。

　$7 - 16 \div (-8)$ の式の見方は2通りある。16の前の「−」を，減法の記号とみるか，負の符号とみるかである。生徒の考えから2つの途中式を比較させて考えさせる。

4 どのようにアドバイスする？

S：$(-3)^2$は $(-3) \times 2$ という意味じゃない。
S：$(-3)^2$の2ってどういう意味だっけ？
S：-3 を2回かけるという意味だよ。

　累乗の計算はしっかりと理解できていない生徒が少なくない。そこで，あえてよくある誤りを提示し，誤りに対するアドバイスを求め，対話を促しつつ，その習得を確実にするように働きかける。その際，累乗の指数がどの数にかかっているかを再確認する。

2 文字と式

3 一次方程式

4 変化と対応

5 平面図形

6 空間図形

7 データの活用

分配法則を使って四則の混じった計算をしよう

・正の数と負の数の四則の混じった計算でも分配法則が成り立つことを理解し，それを利用して計算することができる。

分配法則についてまとめた後で板書する。

この計算をしている生徒がいない場合は，教師が計算過程を示し，「どのように計算したのかな？」と問う。

○／○　分配法則を使って
　　　　四則の混じった計算をしよう

Q33　次の四則の混じった
　　　計算をしましょう。

どのように計算したのかな？

（Aさん）

(1)　$\left(-\dfrac{1}{4}+\dfrac{2}{3}\right)\times 12$

$=\left(-\dfrac{3}{12}+\dfrac{8}{12}\right)\times 12$

$=\dfrac{5}{12}\times 12$

$=5$

通分した

（Bさん）

$\left(-\dfrac{1}{4}+\dfrac{2}{3}\right)\times 12$

$=\left(-\dfrac{1}{4}\right)\times 12+\left(+\dfrac{2}{3}\right)\times 12$

$=-3+8$

$=5$

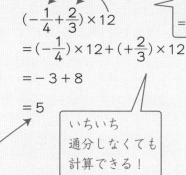

（小）

$(■+●)\times▲$
$=■\times▲+●\times▲$

いちいち通分しなくても計算できる！

計算結果は同じ

---

1 次の四則の混じった計算をしましょう

　ここでは，分配法則が負の数でも成り立つことを確認することがねらいとなる。(1)では，2つの計算の仕方で，結果が同じになることを確認した上で，両方の式を比べ，小学校で学習したきまりを想起させる。そして，計算結果の一致を根拠に，分配法則が負の数でも成り立つことを押さえていく。交換法則や結合法則は，加法や乗法についての規則であったが，分配法則は加法と乗法を結ぶ規則であることにも触れる。

2 どのように計算したのかな？

S：12を$-\dfrac{1}{4}$と$\dfrac{2}{3}$に，それぞれかけた。

T：どうしてそうしようと思ったの？

S：小学校のときに（■＋●）×▲＝■×▲＋●×▲って勉強したから。

S：約分されて計算が楽になるから。

T：小学校のときと何が違うのかな？

S：負の数が含まれていること。

　この後分配法則を使って計算した場合と，使わずに計算した場合を比較させる。工夫することで計算が容易になることを実感させる。

本時の評価

・正の数と負の数の四則の混じった計算でも分配法則が成り立つことを説明することができたか。

・分配法則を利用して，正の数と負の数の四則の混じった計算をすることができたか。

準備物

・端末

「どうしてこうしようと思ったのかな？」と発想の源を問い，切りのよい数をつくるアイデアを共有する。

正の数と負の数の計算では，次の法則が成り立つ。

$$(a+b) \times c = a \times c + b \times c$$
$$c \times (a+b) = c \times a + c \times b$$

分配法則

分配法則を使えばもっとかんたんにできる！

(2) $53 \times (-4) + 53 \times (-6)$ → $53 \times (-4) + 53 \times (-6)$

$= (-212) + (-318)$

$= -530$

$= 53 \times \{(-4) + (-6)\}$

$= 53 \times (-10)$

$= -530$

⑨
$$\blacktriangle \times \blacksquare + \blacktriangle \times \bullet$$
$$= \blacktriangle \times (\blacksquare + \bullet)$$

切りのよい
－10 という数をつくれるから，かんたんになる！

あなたなりの計算問題をつくろう！

2

文字と式

3

一次方程式

4

変化と対応

5

平面図形

6

空間図形

7

データの活用

3 この計算方法をした人は，どのように考えているのかな？

S：53が1つになっている。

S：分配法則の右から左に計算している。

T：どうしてこうしようと思ったのかな？

S：大きい数の乗法をしなくていいから。

S：切りのよい－10がつくれると暗算で計算できるから。

$c \times a + c \times b = c \times (a+b)$ とみて，計算を工夫している。この考え方は文字を使った式で同類項をまとめる計算につながる内容であるので，大切に扱う。

4 あなたなりの計算問題をつくりましょう

S：分配法則を使うと簡単に計算できる問題をつくろうかな。

S：切りのよい数がつくれるように数値を工夫しよう。

「あなたなりに，分配法則を使った正の数と負の数の四則の混じった計算問題をつくろう」と伝え，「自作の問題」と「解答解説」をセットにしてプログラミング，システム，アプリで提出させる。これを全体共有することで，オリジナルの問題集とすることもできる。ICT

本時案

数の範囲のひろがりについて考えよう

本時の目標
・数の範囲を拡張することによって，四則計算の可能性が拡大されたことを理解している。

○／○　数の範囲のひろがりについて考えよう

自然数を整数の範囲にひろげた際に板書する。

Q34　次の⑦〜①で，○，△にいろいろな 自然数 をあてはめたとき，計算結果がいつでも 自然数 であるものはどれでしょうか。

1, 2, 3, …

問題文を板書したときに，自然数 を空欄にしておき，「これまで学んできた数にはどのような数があったか」を問う。

（Aさん）
⑦　○＋△ ◯
たとえば
$1 + 2 = 3$
$10 + 8 = 18$

（Bさん）
④　○－△ ✕
たとえば
$5 - 2 = 3$
$6 - 8 = -2$

○より△の自然数のほうが大きい値のときならない

（Cさん）
⑦　○×△ ◯
たとえば
$10 × 10 = 100$
$9 × 5 = 45$

（Dさん）
①　○÷△ ✕
たとえば
$3 ÷ 2 = \dfrac{3}{2}$
$3 ÷ 10 = \dfrac{3}{10}$

引き出した数の種類から自然数を取り上げ，空欄に書き加えて，問題提示する。

授業の流れ

1 いつでも自然数になるとはいえないものは？

S：自然数にならないのは減法と除法かな。
S：どういうこと？
S：例えば，○－△だったら，5－2は3で計算結果が自然数になるけど，6－8は－2で自然数にならない。

　事柄が成り立たないことを示すためには，成り立たない例（反例：2年生）をただ1つあげればよいことを紹介する。

2 自然数 が 整数 だったら？

T：問題文の 自然数 が 整数 に変わったら，できるようになる計算はあるかな？
S：さっきは減法ができなかったけど，整数に範囲がひろがったら，減法もできる。
S：6－8＝－2で，－2は自然数ではないけど，整数だからできる。

　ここで減法ができるようになるためには，0と負の数が必要であることを確認する。そして，ベン図の自然数の集合の外側に数を加えて，集合をひろげていく。

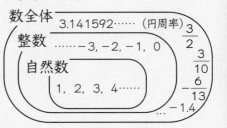

1	正の数と負の数
2	文字と式
3	一次方程式
4	変化と対応
5	平面図形
6	空間図形
7	データの活用

本時の評価

・数の範囲を拡張することによって，できなかった演算ができるように
なることに気付き，四則計算の可能性が拡大していることを説明する
ことができたか。

準備物

・なし

> 自然数の集合から外に広げていくように板書
> し，数がひろがっていく過程を，視覚的に示す。

自然数 が 整数 だったら？

（Eさん）　　　たとえば

ア ○＋△ ○ $(+4)+(-5)=-1$
　　　　　　　　$6-8=-2$

イ ○－△ ○ $(+10)-(-5)=15$

ウ ○×△ ○ $(-3)×(-20)=60$

エ ○÷△ ✕ $(-6)÷(+13)=-\dfrac{6}{13}$

　　　自然数全体の集まりを
　　　自然数の集合という。

　　数の集合がひろがると，
　　その集合の中でできる計算もひろがる！

集合の中だけでいつでも計算
できるのは？

数全体
　3.141592……（円周率）　$\dfrac{3}{2}$
　整数 ……$-3, -2, -1, 0$　$\dfrac{3}{10}$
　　自然数　　　　　　　　　$-\dfrac{6}{13}$
　　　1, 2, 3, 4……
　　　　　　　　　　…-1.4

	加法	減法	乗法	除法
自然数の集合	○	✕	○	✕
整数の集合	○	○	○	✕
数全体の集合	○	○	○	○

ココを○にするには？

---

3 集合の中だけでいつでも計算できるのは？

　これまでの活動を振り返りまとめていく。用
語としての「集合」は「ある条件を満たすもの
の集まり」のことであるが，ここでは集合の意
味は厳密に定義せず「ものの集まり」と押さえ
学習に必要な程度にとどめる。また，「いつで
も計算できる」とは，「答えがその数の集合に
必ずある」ということを確認する。自然数から
整数，有理数へと数が広がっていく過程を，ベ
ン図を使って視覚的に示すことにより，数のひ
ろがりをより捉えやすくなるように働きかける。

4 除法がいつでもできるようにするためには？

S：整数の他に分数を含めればよい。

S：小数も含めればよい。

T：整数の集合に加えて，分数や小数まで含め
　た数の集まりを，数全体の集合ということ
　にします。

　ここでの数は，分数で統一することができる
有理数と無理数のことであるが，3年で扱う
ため深入りしない。

本時案

これまでの四則計算を振り返ろう

24/26

本時の目標
・既習の四則計算の仕方を振り返り，自分の計算の仕方を改善しようとする態度を身に付ける。

> （1）から（8）の計算の仕方を確認した後，板書する。

○／○　これまでの四則計算を振り返ろう

Q35　次の計算をしよう。

(1) $(-4)+(-2)$
　$=-(4+2)$
　$=-6$

(2) $(+5)-(-2)$
　$=(+5)+(+2)$
　$=7$

(5) -3^2
　$=-(3\times3)$
　$=-9$

(3) $(-5)-(-10)+(+3)-10$
　$=(-5)+(+10)+(+3)-10$
　$=-5+10+3-10$
　$=5-7$
　$=-2$

(4) $(-5)\times(-1)$
　$=+(5\times1)$
　$=5$

(7) $7-18\div(-8)$
　$=7-\left(-\dfrac{\overset{9}{\cancel{18}}}{\underset{4}{\cancel{8}}}\right)$
　$=7+\left(+\dfrac{9}{4}\right)$
　$=\dfrac{28}{4}+\dfrac{9}{4}$
　$=\dfrac{37}{4}$

> これまでの授業の板書の問題部分だけを提示しながら，（1）から（8）の問題を提示する。

授業の流れ

1　どんな計算を学習してきたかな？

S：四則の計算を学習してきた。

T：次の（1）から（8）の計算は，これまで授業で取り扱った計算だけどできるかな？

S：ちょっと苦手なところがあったかも。

S：すべてできそう。

　本時までに学んだ既習の四則計算に取り組ませて，計算の仕方を振り返り，よくある間違いや自分自身が計算する際に気を付けるべきことを整理する。

2　気を付けるポイントは何かな？

S：（7）みたいなとき，$18\div(-8)$ は分数にしておくとよかった。

S：小数にするとそれで時間がかかることがあった。

　全体で注意点を共有する。その際，具体的にはどんな四則計算なのか引き出していく。生徒に具体例を尋ねることで，様々なポイントを引き出すことができる。

本時の評価
・正・負の数の四則計算をすることができたか。
・四則計算について学んだことを学習に生かそうとしていたか。

準備物
・端末
・プリント

2 文字と式

3 一次方程式

4 変化と対応

5 平面図形

6 空間図形

7 データの活用

「努力を要する」状況になりそうな生徒に対して，机間指導の際に，黒板やノートを見て振り返るように促す。

これからの計算で気を付けるポイントはどれ？
（具体例と理由もかこう！）
アプリへ提出

これまでの学習を振り返って自分自身にとっての四則計算をするときに気を付けるポイントは何かな？

他の具体例は？

(6) $(+6) \div (-2)$
$= -(6 \div 2)$
$= -3$

(8) $53 \times (-4) + 53 \times (-6)$
$= 53 \times \{(-4) + (-6)\}$
$= 53 \times (-10)$
$= -530$

他にどんな具体例を考えたのか問い返し，生徒の考えを広げ深める。

・(7)みたいなとき分数にする

小数にすると，面倒なことがあった。

・どこを先に計算するか
（　），×，÷，指数

・除法のときの符号

$(-3) \times (-8) \times (-5)$ だったら，$(-8) \times (-5)$ を先に計算する。

・加法の計算，きまり
・累乗を含む計算
・問題よみまちがい
・(8)のように切りのよい数をつくること!!

$5 - 9 + 11 + 9$ だったら，$-9 + 9$ を先に計算したら打ち消し合って0になるから計算が楽になった。

---

3 他の具体例は？

S：(8)のように切りのよい数をつくること。
T：同じポイントを考えた人がいるみたいだけど，(8)以外の具体例を考えていた人はいるかな？
S：$(-3) \times (-8) \times (-5)$ を考えた。
S：$(-8) \times (-5)$ の計算結果が切りがよい数だった。
S：$5 - 9 + 11 + 9$ みたいな計算だったら，$-9 + 9$ を先に計算したら打ち消し合って0になるから計算が楽になった。

4 あなたなりのポイントは？

　共有したポイントのうち「自分自身にとって一番気を付けておきたいもの」を選ぶ場面を設定する。ここでは，他者の考え方によさを見いだし，自分に取り入れようとするかどうかを評価して記録に残し，総括するための資料とする。

ICT ↓生徒の資料の様子

・簡単に計算する方法を考える
例）$41 \times (-36) + 41 \times (-64)$
$= 41 \times \{(-36) + (-64)\}$
$= 41 \times (-100)$
$= -4100$

計算を一つずつやるのは大変だから

どこを先に計算するかを決める！理由は，計算の順番を守らないと，答えが違くなってしまうからです。

例）
先にやっちゃだめ！
$(-6) - (-5) \div (-5)$
先に

平均を工夫して求めよう

25/26

動画→桜中学校→東中学校の順に板書に示し，問題把握につなげていく。

○／○　平均を工夫して求めよう

東中学校　バレーボール部

（Aさん）　6人の身長の合計　人数
(166+176+170+174+175+165)÷6
=1020÷6　　=1026÷6
=170　　=171　171cm

（cm）
$\begin{array}{ccc} -4 & +6 & 0 \\ 166 & 176 & 170 \\ +4 & +5 & -5 \\ 174 & 175 & 165 \end{array}$

平均
身長高い　170

Q56　バレーボール部員6人
の平均の身長を求めよう。

もっとかんたんにできる！

工夫して求める方法を説明しよう。

（Bさん）
数を小さくすれば…

（Cさん）
基準を100cmにして差の部分をみた

（Dさん）
全員100こえてるし消しても変わらないあとでたせばいい

(66+76+70+74+75+65)÷6
=426÷6
=71　　差の平均
基準　100+71
=171

説明するためには，第26時に示したことに気を付けて書くことが大切であることにも触れる。

授業の流れ

1　このチームはどんなチームかな？

H.29「全国学力・学習状況調査」小算B3(2)は，趣旨が「仮の平均を用いた考えを解釈し，示された数値を基準とした場合の平均の求め方を，言葉や式を用いて記述できるかどうかをみる。」であるが，正答率は26.3％であり，指導の改善が必要である。このことを踏まえ，次の点に留意した教材を選ぶ。
・仮平均を多様に設定する姿が引き出せるか
・グラフと式を相互に関連付けて理解させる際のグラフが想起しやすいか

2　平均を工夫して求める方法を説明しよう

グラフ，式，言葉などを関連付けて式の中の数の意味を解釈し，説明する活動となるようにし，効果的な「集団思考」となるように指名計画を構想する。目標達成のために，「100を基準にした考え」をはじめに取り上げる。すべての数の百の位の数が1だから，100を基準にして差の平均を求めて，あとで100にたすという素朴な考えである。そこで，「66や76は何を表しているのかな？」と問い，グラフと関連付けることで，仮平均の考えの概念的な理解を促す。

本時の評価

・平均を能率的に求めるために基準との差が正の数と負の数になるように設定された数値を基準とした場合の平均の求め方を，言葉や式を用いて説明することができたか。

準備物

・端末
・プリント

「どうして〇cmを基準にしようと思ったのかな？」と発想の源を問い，生徒の考えを板書に残す。

桜中学校　バレーボール部

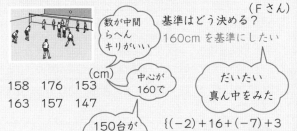

基準はどう決める？（Fさん）
160cmを基準にしたい

数が中間らへんキリがいい

(cm)
158　176　153
163　157　147

中心が160で

150台が多いし

だいたい真ん中をみた

$\{(-2)+16+(-7)+3 +(-3)+(-13)\}÷6$
$=(-6)÷6=-1$
$160+(-1)=159$

159cm

正の数と負の数で打ち消すと計算が楽！
(Eさん)
基準を170cmにして差の部分をみた

$\{(-4)+(+6)+0+(+4) +(+5)+(-5)\}÷6$
$=6÷6$
$=$①　差の平均
基準 $170+$①$=171$

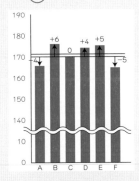

振り返ると…

(Gさん)平均を工夫して求めるときには，基準を決めて差の部分を求めて計算するとよい。
(Hさん)差がプラス，マイナスにしておくと計算が楽！

3 基準はどのように考えて決めればよいのかな？

S：数の中間あたりでキリのいい数にする。
T：どうしてそう考えたのかな？
S：中間あたりにしておけば，正の数と負の数で差を計算したときに打ち消し合うし，キリのいい数だと差を求めるときの計算が楽。

　生徒の考えを取り上げる際には，「どうして〇cmを基準にして考えようと思ったのかな？」と発想の源を問い，素朴な発想のよさを共有することができるように働きかける。

部分提示により集団思考を活性化させる

　生徒の考えを取り上げる際には，意図的に途中までの考えを取り上げたり，式や答えなど結果を先に取り上げたりして問題解決過程について考えさせる。「個人思考」と「集団思考」を段階的に捉えず，「自分なりの考えを暫定的にもち，集団で考え合い，問いが生まれたときに，要所で立ち止まり，個人やペアで考え，また集団で練り合う」など，よりよい考えに高めたり，事柄の本質を明らかにしたりするように適切に働きかける。

1 正の数と負の数
2 文字と式
3 一次方程式
4 変化と対応
5 平面図形
6 空間図形
7 データの活用

第25時
073

本時案

単元の学習を振り返ろう

本時の目標

・単元全体の学習内容についてのテストに取り組み、単元で学習したことがどの程度身に付いているかを自己評価することができる。

○/○　単元の学習を振り返ろう

「問題」は印刷物を掲示する。

問題　ある陸上競技部の 1500m 走の 8 人の生徒の記録は次のとおりです。

> 1500m 走の 8 人の生徒の記録
> 358 秒，314 秒，282 秒，340 秒，406 秒，295 秒，363 秒，330 秒

太郎さんは，1500m 走の 8 人の生徒の記録の平均の求め方について，次のように考えました。

　基準を 330 秒と決めて，基準との差の部分に着目して平均を求めることができます。

基準を 330 秒と決めて，基準との差の部分に着目した平均の求め方を，言葉や式を使って書きなさい。

正答の条件
次の①，②，③の全てまたは①，②を書いているかどうか。
① 330 秒との差の部分の平均を求める式や言葉
② 基準にした 330 秒に，求めた差の部分の平均の 6 秒をたすことを表す数や言葉
③ 1500m 走の 8 人の生徒の記録の平均が，336 秒になることを表す数や言葉

> △　330＋6＝336
> 6 をどのように求めたかの説明がない！

授業の流れ

1 単元末テストに取り組もう

T：次の流れで授業を進めます。
① 単元末テストに取り組む
学習状況をプログラミング，システム，アプリで提出（25分）ICT
② 生徒の取組の様子を見取り，1，2題，学級全体で確認する（15分）
③ 自己評価する（10分）
まずは単元末テストに取り組み，終了次第アプリで提出しましょう。

2 正答の条件を確認しよう

T：皆さんの取組状況から，次の 2 題についてみんなで確認します。アプリに同じ問題に対する 4 つの回答をお見せします。どの回答が適切と思うかな？
S：これはここが間違っている。
S：もうちょっと言葉を増やさないと見た人に伝わる説明になっていない。　　　　など
　誤りのある回答や不十分な回答と正答の回答を比較させて，正答の条件をまとめていく。ICT

本時の評価

・素因数分解や正の数と負の数の四則計算をすることができたか。
・正の数と負の数を具体的な事象の問題解決に活用することができたか。
・整数の性質や正の数と負の数の四則計算について学んだことを学習に生かそうとしていたか。

準備物

・端末
・プリント

2 文字と式

3 一次方程式

4 変化と対応

5 平面図形

6 空間図形

7 データの活用

問題 2009年から2018年までのひろしまフラワーフェスティバルの各年の観覧者数は次のとおりです。

2009年から2018年までのひろしまフラワーフェスティバルの各年の観覧者数

年	2009	2010	2011	2012	2013	2014	2015	2016	2017	2018
観覧者数（万人）	161	168	169	169	180	172	160	141	154	158

基準を決めて，基準との差の部分に着目して各年の観覧者数の平均を求めなさい。

正答の条件
次の①，②，③の全てまたは①，②を書いている。
① 自分で決めた基準の値との差の部分の平均を求める式や言葉
② 基準にした値に，求めた差の部分の平均をたすことを表す数や言葉
③ 各年の観覧者数の平均が，163.2万人になることを表す数や言葉

基準を160万人にした。 → 全体の数値を見たら，だいたい平均160万人になりそうだと思った。

基準を141万人にした。 → 基準との差が全部同じ符号になった方が計算しやすいと思った。

3 どうしてその値を基準にしようと思ったのかな？

S：全体の数値を見たら，だいたい平均が160万人になりそうだと思ったから160万人を基準にした。

S：基準との差が全部同じ符号になった方が計算しやすいと思ったから，一番小さい値の141万人を基準にした。　　　など

　正の数と負の数を利用するとき，目的に応じてどこを基準にするかが，問題を効率的に解決する上で重要であることをまとめていく。

4 単元の学習を振り返ろう

　単元の学習を振り返り，これまでの学習で「わかったこと・大切な考え方」と「まだはっきりしないこと・知りたいこと」を，ノートを開いて見直したり，端末に残っているメモや板書データを見直したりしながら記述させるようにする。それにより，整数の性質や正の数と負の数のよさを実感しているか，それらについてこれから何を学びたいと思っているかについて評価し，総括するための資料として記録に残す。 ICT

「生徒の停滞」「困り方」を対話につなげる方策

1 問題解決過程における「生徒の停滞」を解消する方策を位置付ける

　問題を解決する過程では，スムーズに解決できないことも多い。特に，解決するための個人思考・集団思考の場面では，解決のきっかけをつかめないこともある。このような場面で停滞してしまっても，教師から示された考えの一部や全部，誤答や不十分な解答から考え始め，既習の内容が使えるのではないかと考え，ノート等を見直し，解決のきっかけを見いだそうとする様子を観察し評価する。また，生徒の「納得できる」「納得できない」や「わかる」「わからない」といった授業の内容についての立場の表明や他者との対話から，「納得できなさ」「わからなさ」について，ノートや板書等を使ってこれまでの学習の内容と関連付けて説明しようとする姿を引き出す。ここでは，図のような問

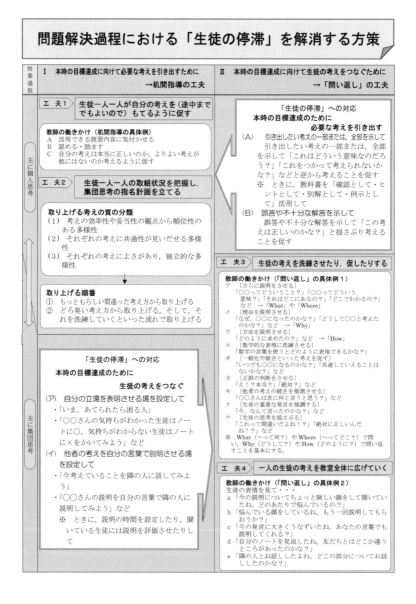

1 正の数と負の数

2 文字と式

3 一次方程式

4 変化と対応

5 平面図形

6 空間図形

7 データの活用

題解決過程における「生徒の停滞」を解消する方策を位置付けることも重要と考える。

　特に，第25時の指導に当たっては，生徒の考えを取り上げる際には，意図的に途中までの考えを取り上げたり，式や答えなど結果を先に取り上げたりして問題解決過程について考えさせる。「個人思考」と「集団思考」を段階的に捉えず，「自分なりの考えを暫定的にもち，集団で考え合い，問いが生まれたときに，要所で立ち止まり，個人やペアで考え，また集団で練り合う」など，よりよい考えに高めたり，事柄の本質を明らかにしたりするように適切に働きかける。個人思考の時間に考えの一部を「部分提示」として板書させ，考えた生徒と違う生徒に「他者説明」させることが「集団思考」の充実につながると考える。ここでは，「課題　バレーボール部員6人の身長の平均を工夫して求める方法を説明しよう。」に対して，様々な生徒の反応が想定される。すべての考えを取り上げたいところだが，限られた時間の中で，目標達成に近づけるためには，取り上げる考えを精選し，どのように取り上げるのかについて事前に構想しておく必要がある。平成29年度の「全国学力・学習状況調査」小学校算数B3の結果から，小学校段階の学習内容が十分に理解できていない生徒も一定数いることから，式のどこが何を表しているのか，グラフも用いながら丁寧に確認していく。基準を170cmと決めて，基準との差の部分に着目して平均を求めることができることのみを引き出し続きを考えさせる。こうした経験が，目標達成に近づく契機になるものと考える。

2 生徒の「困り方」に寄り添う問いかけをする

　授業の目標達成に関わる表現を引き出す場面では，特に生徒の「困り方」に寄り添う問いかけをするようにする。具体的には，次のような2つのフレーズである。

「今，当てられたら困る人？」→「何に困っているの？」

　その意図は，次の田中（2011）の主張のとおりである。

　　わかる人と聞くと，わかる子だけ，手を挙げた子だけが頭を回転させていて，手を挙げずにいる子は一日中休憩ができるんです。この一日中安全地帯に住んでいる子どもたちと，手を挙げて脳みそをフルに活用している子どもたちとの能力に差がつくのは当たり前です。こうして，子どもたちを一日中安全地帯に住まわせ，休憩をさせ続けているのは，教師の形式的な発問，ワンパターンの指導方法に要因があるのかもしれません。

　生徒が説明した後に「この説明がわかる人」と問いかけた場合，教室には，「自らすすんで手を挙げ，発言はしたくないけれど，わからないわけではない生徒」や「わからない生徒」は手を挙げない。そこで，「今，当てられたら困る人？」と問いかける。すると，前者の生徒にとっては手を挙げないことでわかっているという立場を表明することになる。後者の生徒にとっては，普段は手を挙げなければよかったのに，わからないときには手を挙げて立場を表明せざるをえない状況になる。また，手を挙げた経験の少ない生徒は，手を挙げるという動作自体に慣れていない。こうした生徒を巻き込んでいくためにも，生徒が説明した後に「今，当てられたら困る人？」と問いかける対応は有効と考える。さらに，「何に困っているの？」と問いかけることで，目標達成に向けて，「どこがわからないのか」明確になる。それに，その後の説明し合う活動の必要性もグッと高まる。このような教師の生徒の「困り方」に寄り添う問いかけが重要と考える。

引用・参考文献
田中博史（2011）．田中博史の楽しくて力がつく算数授業55の知恵─おいしい算数授業レシピ〈2〉．文渓堂．p.79.
赤本純基（2018）．問題解決過程における「子供の停滞」を解消する方策に関する研究─数学科における問題解決的な学習の日常化を目指して─．日本数学教育学会誌 100(11)．pp.2-9.

2 文字と式 （17時間扱い）

単元の目標

- 文字のもつ意味を理解し，文字を用いて数量の関係や法則などを式に表現したり，式の意味を読み取ったりすることができる。
- 文字式の計算や処理を具体的な場面における問題解決に活用することができる。

評価規準

知識・技能	①文字式を用いることの必要性と意味を理解している。 ②文字式における乗法と除法の表し方を知っている。 ③項や係数の意味を理解している。 ④簡単な一次式の加法と減法の計算をすることができる。 ⑤数量の関係や法則などを，文字を用いて等式や不等式で表したり，文字式から読み取ったりすることができる。
思考・判断・表現	①具体的な場面と関連付けて，一次式の加法と減法の計算の方法を考察し表現することができる。
主体的に学習に 取り組む態度	①文字を用いることの必要性と意味を考えようとしている。 ②文字式について学んだことを生活や学習に生かそうとしている。 ③文字式を用いた問題解決の過程を振り返り検討しようとしている。

指導計画 全17時間

次	時	主な学習活動
第1次 文字を用いた式	1	文字を用いることのよさや必要性について考える。
	2	いろいろな数量を文字式で表す。
	3・4	文字式の積や商の表し方の約束を知る。
	5	文字式の約束に従って数量の関係を式で表す。
	6	文字式の表す数量を読み取る。
	7	代入して式の値を求める。
第2次 文字を用いた式の計算	8	項や係数，一次式の意味を理解する。
	9	項をまとめて計算する。
	10	一次式同士の加法・減法を行う。
	11	一次式と数との乗法を行う。
	12	一次式と数との除法を行う。
	13	いろいろな一次式の計算を行う。
第3次 文字を用いた式の利用	14	数量の関係を等式に表す。
	15	数量の関係を不等式に表す。
	16・17	いろいろな事象を文字式で説明する。

1 正の数と負の数

2 文字と式

3 一次方程式

4 変化と対応

5 平面図形

6 空間図形

7 データの活用

単元の基礎・基本と見方・考え方

⑴ 文字式の計算・処理を概念的に理解する

　文字や文字式のよさは，それらを用いることによって，数量やその関係を簡潔・明瞭かつ一般的に表現することができるところにある。そして，文字式に表現できれば，目的に合うよう形式的に処理をすることも可能となり，そうすることで具体的な事象の考察や問題解決に活用することができる。あわせて，形式的な処理を施して得られた結果やその過程から新たな関係を見いだそうとする態度の育成も期待できる。

　本単元の学びは，次単元「方程式」や，第2学年以降の「数と式」領域の基本となるだけでなく，「関数」領域において，文字式で変化と対応の様子を捉えたり比べたりすることなど，数学の学習全般に関わる基礎的な知識及び技能として，重要な位置付けと言える。特に，文字式の計算や処理は，これからの様々な領域や場面における代数処理の基礎となる。それゆえ，確実な定着を目指し丁寧な指導を心がけるべきであるが，多量の問題にひたすら取り組ませたり，必要以上に複雑な計算を無目的で行わせたりするばかりでは，それらの処理が生徒の中で「手続き的な技能」として認知され，単純な操作方法の習得が目的化されてしまう恐れがある。

　それを踏まえ，同類項をまとめる操作や一次式と数との乗除の計算の仕方を考察する際などでは，既習の計算法則を用いた代数的な処理で終わらせず，反例を挙げて誤った処理方法を指摘したりする場面を設けたり，面積図や線分図などを用いて幾何的な説明を通して意味理解を図ったりして，概念的な理解が伴ったものとしての習得へとつなげたい。具体的には，「$3x+2x=5x^2$になるだろうか？」という問いに対し，「$x=2$のとき右辺と左辺の式の値が等しくならない」などの反例をもとに正しくないことを説明し合ったり，右のような分配法則を用いた説明とともに面積図からそうなることを考察したりする場面を設定する。

$$3x+2x=(3+2)x=5x$$

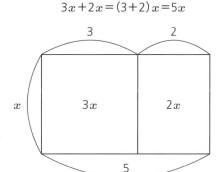

⑵ 「問題づくり」を通して見方・考え方を働かせる

　第1時で扱う「マッチ棒の問題」を第16時でも再度扱う単元構成としている。第1時では，マッチ棒を正方形状に並べた際，500個の正方形をつなげるのに必要なマッチ棒の本数の求め方を複数考える場面を設定する。ここで，同じ事象を複数の考え方で表現できることの理解とともに，具体的な数で処理することの難しさを実感させ，文字を用いて事象を考察することのよさを味わわせたい。そして，単元末では，三角形や五角形へと問題の条件を変えた「問題づくり」を行う。それにより，複数の場合を比較することで事象のもつ性質や規則性を帰納的に導けることや，問題で与えられている条件を変えても不変な部分に着目することから，事象のもつ本質を見いだせることを経験則として得られることが期待できる。

　「問題づくり」から，常に他の条件や別の場面でも成り立つかどうかを統合的・発展的に考察する視点を養うことにもつなげ，数学的な見方・考え方を働かせる素地の形成を促していきたい。

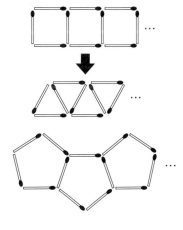

正方形を
たくさんつくろう

1/17

授業の流れ

1 マッチ棒は何本必要だろう?また, どのように求めればよいだろう?

S：31本です。

T：どうやって求めましたか？

S：数えたら，そうなりました。

S：いや，数えなくてもわかります。

T：なぜですか？

S：この増え方には規則性があるからです。

　はじめから大きな数を扱うのではなく，数えられる程度のものから始める。そうすることで，数えることで答えは導けるが，それより簡単な方法がないかどうかを，必要感をもって探究しようとする姿が期待できるからである。また，解決に向けた見通しがもてるように，結果の予想とともに，どのような求め方があるかもあわせて問う。

正方形をたくさんつくろう

問題1 マッチ棒を並べて図のように正方形をたくさん連ねていく。

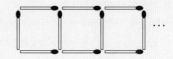

正方形を 10 個つくるときに必要なマッチ棒の本数は？

いろいろな考え方を紹介する際，同様の考え方をした生徒がいれば，板書した生徒とは別の生徒を指名し，その生徒に説明をさせるのも可。

---

2 どのような規則があるのか, あなたの見つけた考え方を説明しよう

　机間を回りながら，どのような考え方を用いているか確認する。規則性を見いだせていない生徒には，「かけ算を用いれば数えるよりも簡単に求められそうですね」「1つ分をどのような形にするかがポイントですね」などの声掛けを行い，かたまりの繰り返しに着目しかけ算を用いて求められることを気付かせたい。

　全体共有では，実際に生徒に黒板を用いて説明してもらう方法や，タブレット端末を用いて生徒の記述を投影する方法などが考えられる。

3 500個の正方形をつくるには？

S：例えば【考え方1】を使えば，コの字型の3本のかたまりが正方形の個数分あって，最後にフタをするために1本加えるから，3×500＋1＝1501になります。

T：この考え方を使えば，正方形が何個の場合でも求められそうですか？

S：500をその数に置き換えれば求められます。

　クラスで挙がった別の【考え方】でもマッチ棒の本数を求められるかを全体に問いかけ，どの方法でも可能であることを確認する。

1	正の数と負の数
2	文字と式
3	一次方程式
4	変化と対応
5	平面図形
6	空間図形
7	データの活用

本時の評価

・文字を用いた式で表せれば，正方形の個数がいくつの場合にも使える
　ことに気付けたか。
・文字や文字を用いた式のもつよさについて，自分の考えをもち，表現
　できたか。

準備物

・なし

マッチ棒を板書するのは時間がかかるため，板書の際は(1)のように単純化を図って「まっすぐな棒」にしたり，または問題自体を「同じ長さのまっすぐな棒」や「ストロー」などに変えたりしてもよい。

（1）求め方を考えよう

【考え方1】

 … $3 \times ⑩ + 1 = 31$
$3 \times ⑤⓪⓪ + 1 = 1501$

【考え方2】

 … $4 \times ⑩ - 9 = 31$（小さい）
$4 \times ⑤⓪⓪ - 499 = 1501$

【考え方3】

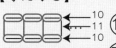 $⑩ + ⑩ + 11 = 31$（1大きい）
$⑤⓪⓪ + ⑤⓪⓪ + 501 = 1501$

☆500個の正方形をつくるには？

（2）マッチ棒の本数を求める式は…

$3 \times （正方形の数）+ 1$（→a）
$= 3 \times a + 1$

$4 \times a - (a - 1)$

$a + a + (a + 1)$

文字式のよさ

・スッキリしている。
・文字を数に置き換えれば他の場合も求められる。
・関係性が見やすくなる。

---

4 マッチ棒の本数を求める式は？

S：【考え方2】は，$4 \times$（正方形の数）$- \{$（正方形の数）$- 1\}$ となります。
S：（正方形の数）を何度も書くのは面倒です…。
S：【考え方3】は，3回も書く必要があります。
T：何かもっとよいアイデアはありませんか？
S：小学校の学習で文字を使って表すことを学びました。

　小学校での既習内容に触れ，文字を用いれば正方形の個数が増えても必要なマッチ棒の本数を一般的に表すことができることを振り返らせる。

5 文字を用いた式のよさとは？

S：言葉や文章で表したものと比べると，文字を使った式の方がスッキリしていて見やすいです。
S：500個のように，文字の部分を数に置き換えればすぐ計算できる点も，よさの一つです。
T：自分の考えやクラスメイトの考えをノートにまとめましょう。

　文字や文字を用いた式で数量を表すよさや必要性について隣同士で語り合わせたり記述したことを全体で共有したりして，実感を促す。

本時案

いろいろな数量を文字式で表そう

・いろいろな数量を，文字を用いた式で表すことができる。

> 全体の重さを文字を用いて表現した後で，今日の授業のめあて（テーマ）を設定する。

授業の流れ

1　全体の重さは何gだろう？

S：求められません。

T：どのようなことがわかれば求められそうですか？

S：ショートケーキ1個分の重さがわかれば求められます。

T：では，1個あたり120gならば，全体の重さはどうなるでしょうか？

　文字式の学習の導入段階では，文字に対する抵抗感を示す生徒を考慮して，いきなり文字で考えるのではなく，まずは具体的な数を扱って，問題場面を考察する。その後，言葉を用いて式を整理して，式が表す意味の理解を図った上で，文字の導入へとつなげていく。その際，この式が「計算の仕方」と「計算した結果」を表したものであることにも触れる。

いろいろな数量を文字式で表そう

問題1　ショートケーキを5個，50gの箱に入れたときの全体の重さは何g？

1個あたりの重さを知りたい！

（1）1個あたり120gならば…
120×5＋50＝650
1個あたりの重さ×個数＋箱の重さ
　　　　a
　　　　↓
a×5＋50

（2）1個あたり150gならば…
aを150に置き換える
150×5＋50＝800

2　箱の重さがわからない場合は，どのように表せばよいだろう？

S：ショートケーキ1個分の重さと同じように，文字を用いて表せばよいと思います。

T：では，a×5＋aと表しましょう。

S：ショートケーキと箱は同じ重さですか？

T：いや，わかりません。

　同じ文字を用いることが，未知数であっても同じ値を指すことを感覚的に意識させたい。そのため，ショートケーキ1個分の重さと箱の重さが違う場合の具体例を挙げ，別の文字を用いて表すことの必要性を確認する。

3　いろいろな数量を式で表そう

　練習1の目的は，(1)文字が1つの場合，(2)文字が2つの場合，(3)減法を用いた文字式の場合と，全て異なるパターンを行い，適切な立式を行ってその数量を適切に表せるかを確認することである。

　なお，数量を式で表した際に，式と単位の境目がわかるよう（　）を用いて表すことが望ましいことや，「6」と「b」の違いがわかるように注意して書くことなどの留意点もここで確認する。

1 正の数と負の数

2 文字と式

3 一次方程式

4 変化と対応

5 平面図形

6 空間図形

7 データの活用

本時の評価

・重さや代金，図形の面積や周の長さなどの数量を，文字を用いた式で表すことができたか。

・数量の関係を文字を用いた式で表現しようとしたり，文字式の文字の部分を数に置き換えて式の意味を理解しようとしたりしたか。

準備物

・なし

練習1では，問題文から板書を行っているが，教科書の問題を扱い，黒板で答え合わせをする程度でも可。

（3）箱の重さが分からなければ…

$$a×5+b$$

練習1 次の数量を式で表しなさい。

（1）1枚 x 円のカードを4枚買うときの代金

$$x×4（円）$$

（2）5 m のリボン b 本と3 m のリボン c 本の合計の長さ

$$5×b+3×c（m）$$

（3）1本80円の鉛筆を x 本買い，500円出したときのおつり

$$500−80×x（円）$$

練習1（2）で，例えば「cm」が c（m）なのか，単位のセンチなのかの見分けがつきにくくなることに触れ，単位に（ ）をつける必要性の実感を促す。

問題2 縦が a cm，横が5 cm の長方形の面積と周の長さを式で表そう。

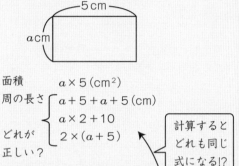

面積　　$a×5$（cm²）

周の長さ　$a+5+a+5$（cm）

　　　　　$a×2+10$

どれが正しい？　$2×(a+5)$

計算するとどれも同じ式になる!?

$3+5+3+5=16$
$3×2+10=16$
$2×(3+5)=16$

どの式も長方形の周の長さを表している。

---

4 長方形の周の長さは？

S：$a+5+a+5$ になります。

S：私は違います。a の辺が2つ，5の辺が2つあるので，$a×2+10$ にしました。

S：$a+5$ は長方形の周の半分だから，それを2倍して $2×(a+5)$ と表せます。

T：では，どれが正しい答えでしょうか？

S：どれも間違っていない気がします。例えば a が3とすると，どの式も16になり，長方形の周の長さになるからです。

S：計算するとどれも同じ式になるのかな？

教師自らが「つまずく」

2 のショートケーキと箱の重さを同じ文字で表す場面では，わざとらしさが出ないよう自然な流れで進めることを心がける。また，4 で挙がった3つの式から正しいものを選ばせる場面でも，答えがどれかに定められそうな雰囲気で発問をする。そうすることで，自分の考えとのズレから問いが生成され，教師に質問したり，自然と周囲と対話を始めたりするような，「主体的な姿」が期待できる。教師自らがつまずくことにより，つまずきやすいポイントに光を当てるような展開を意識したい。

本時案

式を書くときの約束を学ぼう①

本時の目標

・文字を用いた式の積の表し方の約束を理解し，その約束にしたがって，文字を用いた式を表すことができる。

授業の流れ

1 正方形の面積と周の長さを式で表そう

　個人で検討させる時間をとり，教師は机間を回りながら，個別に声掛けを行う。その際，立式できていない生徒には，前時の長方形の面積と周の長さの問題を見返すよう促す。

　全体で答えを確認する際は，式だけでなく，どうしてそのような式になったのかも答えさせる。文字を扱うことへの抵抗感を抱く生徒を考慮し，言葉による式を確認した上で，文字を用いた立式へと丁寧につなげていきたい。

　また，周の長さを $a \times 4$ で表した生徒と $4 \times a$ で表した生徒がいることに触れ，どちらも正しいことを確認した上で，表し方を一つにするために積の表し方の約束があることを紹介する。

式を書くときの約束を学ぼう①

問題1 下の図の正方形の面積と周の長さを式で表そう。

面積　　　$a \times a \,(\text{cm}^2) \Rightarrow a^2 \,(\text{cm}^2)$

周の長さ　$a + a + a + a \,(\text{cm})$

どちらが正しい？ $\begin{cases} a \times 4 \,(\text{cm}) \Rightarrow 4\,a \,(\text{cm}) \\ 4 \times a \,(\text{cm}) \end{cases}$

表し方を1つにすると同じかどうかがわかりやすい！

2 積の表し方の約束を確認しよう

　積の表し方の約束1〜3を板書し（もしくは，事前に画用紙などに書いておき，貼り付ける），例を示しながら内容の確認を全体で行う。また，それ以外の約束事①〜④を順に指導する。

　ここでは，多くの約束を一方的に伝えて終わりにならないように，導入で扱った正方形の面積と周の長さの問題に戻り，自分の立てた式を約束にしたがった表し方に書き直させ，どう簡潔に表せるかを確認させる。

　その際，本時は積の表し方の学習であることを強調し，加法でつながっている $a + a + a + a$ については，後日扱うことに触れる。

3 ③ $a \times 2 + 3 \times b$ はどうなる？

T：（2＋3を計算し，$5\,ab$ と板書する）
S：間違っています。$a = 1$，$b = 2$ だと等しくなりません。
S：四則の優先順だと，加法より乗法が先なので，$a \times 2$，$3 \times b$ を先に行います。

　誤った誘導に対し，生徒からの指摘を引き出したい。また，正答 $2\,a + 3\,b$ を確認した後で，「$5\,ab$ にするにはどうすればよいか？」を問い，（2＋3）とすれば乗法より優先順位が高まり，$5\,ab$ になることもあわせて確認する。

1 正の数と負の数

2 文字と式

3 一次方程式

4 変化と対応

5 平面図形

6 空間図形

7 データの活用

本時の評価

・文字を用いた式の積の表し方の約束にしたがって，乗法のみの式，加法や減法を含む式において，適切な形で表すことができたか。

準備物

・なし

~積の表し方~

┌─ 文字式の表し方のきまり（積）─
1. 乗法の記号×を省いて書く
$a × b = ab$
2. 文字と数の積では，数を文字の前に書く
$x × 7 = 7x$
3. 同じ文字の積は，累乗の指数を使って表す
$y × y = y^2$
└─────────────────

★その他の約束

① $1 × a = a$ → $1a$としないで1は省略

② $y × 5 × x = 5xy$ → 文字はアルファベット順

③ $a × 2 + 3 × b = \cancel{5ab}$
$\qquad = 2a + 3b$ → ＋やーは
$\qquad\qquad\qquad$ 省略しない

④ $(x + y) × (-5) = -5(x + y)$
$\qquad → (x + y)$のかっこは外さない

┌─ 前回の授業より
│ 問題2
│ 面積 $a × 5 = 5a$　　同じ式にならない!?
│ 周の長さ $a + 5 + a + 5$
│ $\qquad\qquad a × 2 + 10 = 2a + 10$
│ $\qquad\qquad 2 × (a + 5) = 2(a + 5)$
└─────────────────

練習1 次の式を，式を書くときの約束にしたがって表しなさい。

(1) $x × (-1)$

(2) $0.1 × a$

(3) $n × m × (-3) × m$

(4) $5 + 5 × x$

(5) $a × (-4) × a - b × 1$

答 (1) $-x$ (2) $0.1a$ (3) $-3m^2n$
(4) $5 + 5x$ (5) $-4a^2 - b$

4　長方形の式はどうなるだろう？

T：（前時の長方形の式に注目させる）
S：面積は，$5a$になります。
S：周の長さは，×を省略して$2a + 10$です。
S：$2 × (a + 5)$は，$2(a + 5)$です
T：約束にしたがって表しても，表し方が異なっていますね。
S：同じ式になると思ったのにな…。
　ここでは，式の形が異なっていることを確認した上で，加法でつながっている式とともに今後の授業で扱うことを約束する。

誤答を「学びどころ」にする

　練習1で，文字式における積の表し方の約束が身に付いているかを確認する。机間を回る中で，例えば(2)でつまずく姿があれば，「(1)はなぜ1が省略できるのだろう？」や(4)においては，「＋と×では，どちらを先に行うべき？」など，その問題のポイントとなる部分に目を向けられるような声掛けを意識したい。

　答え合わせでは，(2)$0.a$や(4)$10x$など，想定される誤答を取り上げ，1にどのような数をかけても積はその数自身になることや，四則の優先順位に則った表し方を確認する。

本時案

式を書くときの約束を学ぼう②

本時の目標

・文字を用いた式の商の表し方の約束を理解し，その約束にしたがって，文字を用いた式を表すことができる。

授業の流れ

1 商も除法の記号 ÷ を使わないで表せないだろうか?

S：小学生のときに，分数で表せることを学習しました。

T：三角形の面積の求め方で教えてください。

S：例えば底辺が 5，高さが 3 の三角形の面積は，$5 \times 3 \div 2 = \frac{15}{2}$ になります。

S：ならば，$ab \div 2 = \frac{ab}{2}$ となります。÷ を使わずに商を表すことができます。

S：逆数のかけ算の考え方を使えば，三角形の面積は，底辺 × 高さ × $\frac{1}{2}$ だから $\frac{1}{2}ab$ になります。

T：除法の記号 ÷ は使わないで，分数の形で表せますね。また，$\frac{ab}{2}$ と $\frac{1}{2}ab$ は同じであることもわかりましたね。

式を書くときの約束を学ぼう②

問題1 下の図の三角形の面積を式で表そう。

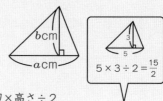

$$5 \times 3 \div 2 = \frac{15}{2}$$

底辺 × 高さ ÷ 2

$$a \times b \div 2 = ab \div 2$$

$$= \frac{ab}{2} (cm^2)$$

底辺 × 高さ × $\frac{1}{2}$

$$a \times b \times \frac{1}{2} = \frac{1}{2}ab (cm^2)$$

同じ

---

2 商の表し方を確認しよう

　商の表し方における「その他の約束」①では，$(-7) \div a = \frac{-7}{a} = -\frac{7}{a}$ や，$(-a) \div (-7) = \frac{-a}{-7} = \frac{a}{7}$ のような場合についても補足し，符号の扱いに注意するよう指導する。また②では，$x - 5$ のひとかたまりを 9 でわる式であることを捉えさせ，$x - 5$ のひとかたまりがそのまま分子側になることや，分子側には $x - 5$ しかないのでかっこが外せることを確認する。また，かっこがない $x - 5 \div 9$ との違いを比較し，演算の優先順位によって式の表し方が異なることを改めて指導する。

3 $6 \times x \div 5$ の表し方はどうなる?

S：$\frac{6x}{5}$ になります。

T：$\frac{ab}{2}$ と $\frac{1}{2}ab$ のように，$\frac{6x}{5}$ も $\frac{6}{5}x$ と表せます。ならば，分数部分を帯分数に直すと「$1\frac{1}{5}x$」となりますね。

S：その表し方は間違いです。1 と $\frac{1}{5}$ の間は ＋ が省略されています。× は省略できますが＋は省略できません。

　「$1\frac{1}{5}x$」は＋と × が同時に省略された表現になってしまうことから，文字を含む分数は帯分数にしないことを全体で共有する。

本時の評価

・文字を用いた式の商の表し方の約束にしたがって，除法のみの式，四則の混じった式において，適切な形で表すことができたか。

準備物

・なし

～商の表し方～

文字式の表し方のきまり（商）
除法の記号÷は使わないで
分数の形で表す。

$$x \div 5 = \frac{x}{5}$$

★その他の約束

① $a \div (-7) = \frac{a}{-7} = -\frac{a}{7}$

→ －は先頭に書く

② $(x-5) \div 9 = \frac{x-5}{9}$

→ かっこは省略

補充問題として教科書（や問題集）の問題に取り組ませ，演習の機会を多く設定する。その際に見直せるよう板書は消さずに残しておく。

問題2 四則の混じった式の表し方を考えよう。

(1) $a + b \div 3 = a + \frac{b}{3}$ ✕ $\frac{a+b}{3}$

(2) $7 \times m - n \div 9 = 7m - \frac{n}{9}$

(3) $6 \times x \div 5 = \frac{6x}{5}, \frac{6}{5}x$ ✕ $1\frac{1}{5}x$

帯分数にしない！！

(4) $a \div b \div c = a \times \frac{1}{b} \times \frac{1}{c}$ ✕ $\frac{a}{\frac{b}{c}}$

$= \frac{a}{bc}$

問題3 記号 ×，÷ を使って表そう。

(1) $4xy^2 = 4 \times x \times y \times y$ ✕ $x - 3 \times y \div 5$

(2) $\frac{x-3y}{5} = (x - 3 \times y) \div 5$

(3) $\frac{ab}{7} = a \times b \div 7, \ a \div 7 \times b$ → ÷を使わない $\frac{1}{7} \times a \times b$

(4) $\frac{b}{2a} = b \div 2 \div a, \ b \div (2 \times a) \times b \div 2 \times a$

---

4 $a \div b \div c$ の表し方はどうなる？

S：$a \div b = \frac{a}{b}$ になりますが，それを ÷c すると「c 分の b 分の a」になります。

S：でも，逆数の乗法に書き換えれば $a \times \frac{1}{b} \times \frac{1}{c}$ になるので，$\frac{a}{bc}$ となります。

S：$a = 6$，$b = 3$，$c = 2$ で，正しいことが確認できます。

T：「ある数でわる」ことは，「わる数の逆数をかける」ことと同じですね。これを用いれば，適切な形に式を表すことができますね。

5 $\frac{ab}{7}$ を，記号 ×，÷ を使って表すとどうなる？

S：$a \times b \div 7$ です。

S：私の答えは，$a \div 7 \times b$ です。

T：÷を使わず×だけで表すこともできますね。

S：$\frac{1}{7} \times a \times b$ ですね。

　式の形が一つに定まらない場合の問題を扱うことで，一つの式を多面的に考察する素地の形成へとつなげたい。また，この問題3の(2)(4)においては，かっこの有無による誤答が想定される。×，÷ を用いると元の式になるかどうか確かめさせながら取り組ませたい。

本時案

式による数量の表し方を考えよう

・文字を用いた式の表し方の約束にしたがって，いろいろな数量の関係を式で表すことができる。

授業の流れ

1 「速さ・時間・道のり」にはどのような関係性があった？

T：速さはどのように求めればよいですか？

S：速さは，道のり÷時間で求められます。

T：÷はどのように扱いましたか？

S：商の表し方は，÷は使わず分数で表します。

「速さ・時間・道のり」の関係を，文字式の約束にしたがって整理を行う。その際，苦手な生徒への手立てとして，具体的な数に置き換えて考えさせてから文字に戻して立式につなげる展開を考える。本時では，「akmを100kmだとすると…」のような吹き出しを各問いに書き加え，文字を用いた場合と具体的な数で考えた場合が比較できるよう板書を工夫している。

式による数量の表し方を考えよう

問題1 速さ・時間・道のりの関係は(1)～(3)のとき，どんな式で表せる？

(1) $a$kmの道のりを2時間で走るときの速さ

速さ＝道のり÷時間

$$a \div 2 = \frac{a}{2}(km/h)$$

時速$\frac{a}{2}$km

100kmだとすると
$100 \div 2 = 50(km/h)$

(2) $b$kmの道のりを時速5kmで走ったときの時間

時間＝道のり÷速さ

$$b \div 5 = \frac{b}{5}(時間)$$

(3) 時速$c$kmで3時間走ったときの道のり

道のり＝速さ×時間

$$c \times 3 = 3c(km)$$

2 割合の表し方を確認しよう

S：生鮮食品の消費税は8％です。

T：8％とは，どのような意味ですか？

百分率や歩合など，割合の扱い方や表記の仕方に苦手意識をもつ生徒は少なくない。隣同士で「8％がどれぐらいの大きさを意味するのか」「％と割の違いは何か」などを語り合わせ，小学校での学習内容の振り返りを丁寧に行いたい。

また，机間を回る中で意味理解が不十分と感じた生徒には，テープ図なども用いながら，全体の中でどの程度の大きさを指すのかを捉えやすくする工夫を講じた指導を心がける。

3 3割引の表し方はどうなる？

S：3割は30％だから0.3xです。

S：でも割引は，その分が少なくなっている意味だから，10割（100％）より3割（30％）少ないことを意味しています。

S：つまり，7割分です。x円の7割だから0.7x（円）と表せます。

(3)の立式後に，(2)と比べてどちらが安いか考えさせてみてもよい。どちらもxと数の乗法なので，数の小さい方，つまり(3)の方が魚の定価によらず安くなることが確認できる。

本時の評価　　　　　　　　　　　　　　　　　　　　　　　　　　　**準備物**

・「速さ・時間・道のり」「割合」「単位の異なる数量」を，文字式の約　　　・なし
　束にしたがって，適切な形に表すことができたか。

1

正の数と負の数

2

文字と式

3

一次方程式

4

変化と対応

5

平面図形

6

空間図形

7

データの活用

問題2 A さんはスーパーで x 円の
魚を1匹買いました。（1）〜
（3）のときは何円だろう？

（1）消費税分の金額は？　500円だとすると
　8%→0.08　　　　　　　500×0.08＝40（円）
　定価×割合＝x×0.08＝0.08x（円）

（2）スーパーのとなりの魚屋では，同じ魚をx円
　の8割の値段で売っています。　500円だとすると
　8割＝80%→0.8　　　　　　500×0.8＝400（円）
　定価×割合＝x×0.8＝0.8x（円）
　　　　　　　　$\frac{8}{10}x = \frac{4}{5}x$（円）

（3）スーパーはタイムセールでx円の魚を3割引
　で売りました。
　3割引→1−0.3＝0.7
　x×0.7＝0.7x（円）
　　　$\frac{7}{10}x$（円）タイムセールの方が安い！！

問題3 赤いリボンが am，青い
リボンが $b$cm あるとき，
合計の長さはどうなる？
$a+b$？　単位がそろっていな
　　　　いからたせない！

（1）何cm？
　1m⇒100×1（cm）
　am⇒100×a（cm）
　㊤ ＋ ㊤
　100a＋b（cm）　赤(a)が5m
　　　　　　　　　　青(b)が17cmとすると，
　　　　　　　　　　（1）
　　　　　　　　　　100×5＋17＝517(cm)
　　　　　　　　　　（2）
　　　　　　　　　　5＋0.01×17＝5.17(m)
（2）何m？
　1cm＝0.01×1（m）
　$b$cm＝0.01×b（m）
　㊤＋ ㊤
　a＋0.01b（m）　$a + \frac{b}{100}$（m）

4　リボンの合計の長さは？

S：赤の a と青の b をたせばよいのかな？
S：でも単位が違うから，そのままでたすのは
　無理なのでは？　例えば，5mと17cmとす
　ると5＋17の和22が答えなんてあり得ない。
T：どうすればよいでしょう？
S：単位をそろえれば，たすことができます。
T：では，まず cm でそろえて求めましょう。
S：a(m) は，100cm のかたまりが a 個分あ
　るので，100a(cm) と表せます。
S：合計の長さは100a ＋ b(cm) です。

数量の表し方の定着を図る

　本時は，ここまでに文字式の約束にしたがっ
た式の表し方を正しく身に付けられているか，
×，÷を中心に確認しながら授業を進める。

　特に，今回扱った「速さ・時間・道のり」「割
合」「単位換算」は，次単元「方程式」における
立式の場面をはじめ，今後の学習で数多く登場
するものであり，丁寧な指導を心がけたい。

　なお，演習問題として教科書の類題等を扱
い，更なる内容の理解を図ることが望ましい。
特に「単位換算」では，kg と g，時と分など
多様な種類に触れさせたい。

式の表す意味を考えよう

・文字を用いた式で表された数量の関係を読み取ることができる。

授業の流れ

1 $x - y$ はどんな意味だろう?

S：Aさんの年齢から弟の年齢を引いた差です。

S：私には3歳違いの弟がいますが，弟が生まれたとき私は3歳でした。だから，$x - y$ は弟が生まれたときのAさんの年齢です。

T：なるほど。ただ，誕生月の関係で必ずしもそうなるとは限らないのではないでしょうか。

S：本当だ！ 私にも同じ年の差の妹がいますが，私は5月生まれで妹は4月生まれです。妹が生まれたとき私はまだ2歳でした。

　式は場合によって様々な表現ができる。式を多面的に見ることの大切さを実感させ，1つの表し方にとどまらず，他の表現もできないかを主体的に考えられるように促していきたい。

式の表す意味を考えよう

| 問題1 | Aさんは x 歳，Aさんの弟は y 歳です。(1)〜(3)の式は何を表している? |

（1）$x - 3$

・Aさんの3年前の年齢
・Aさんより3歳若い年齢

（2）$x - y$

・Aさんの年齢から弟の年齢をひいた差
・弟が生まれたときのAさんの年齢

　誕生月によってはそうなるとは限らない！

---

2 $\dfrac{120x + 150y}{3}$ は何を表している?

S：合計金額を3で割った式です。

T：この3は何の3でしょうか?

S：Aさん，Bさん，Cさんの3人の意味かな?

S：合計金額÷人数ということは，一人あたりの支払う金額という意味になります。

S：つまり，「割り勘」だ！

T：合計をその個数で割っていますね。

S：「平均」ですね。言い換えると，一人あたり平均何円分食べたかを表した式です。

T：1つの式からいろいろな表現ができますね。

3 2桁の自然数の表し方は?

S：十の位が7，一の位が3のとき，2つの数を並べて書いて73になります。だから，2桁の自然数は，十の位の数と一の位の数を並べて書いて，xy と表せそうです。

S：xy だと間に×が省略されていることになるから，十の位が7，一の位が3ならば73ではなく，$7 \times 3 = 21$ になるよ！

T：十の位の数，一の位の数はそれぞれどのような意味をもつ数なのかが，この問題を明らかにするポイントになりそうですね…。

1 正の数と負の数

2 文字と式

3 一次方程式

4 変化と対応

5 平面図形

6 空間図形

7 データの活用

本時の評価

・与えられている問題の条件を加味し，項の係数や四則計算をもとに式の意味を読み取ることができたか。

準備物

・なし

> 2桁の自然数をいくつか例示し，十の位の数と一の位の数を並べて書くことを視覚的に表し，「xy となるのではないか？」という問いを見いださせたい。

問題2　Aさん，Bさん，Cさんの3人でお寿司を食べに行った。3人で120円の皿の寿司を x 枚分，150円の皿の寿司を y 枚分食べた。(1)～(3)の式は何を表している？

(1) $x+y$

　　　・皿の合計枚数
　　　（単位は枚）

(2) $120x+150y$

　　　・合計金額
　　　（単位は円）

(3) $\dfrac{120x+150y}{3}$

　　　・一人あたりの支払う金額

　　　　割り勘のときの金額

　　　・一人あたり平均何円分食べたか
　　　（単位は円）

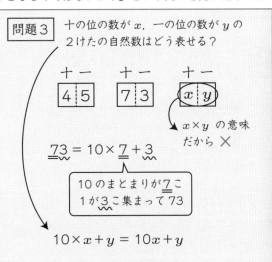

問題3　十の位の数が x，一の位の数が y の2けたの自然数はどう表せる？

十 一
4 5

十 一
7 3

十 一
x y

$x×y$ の意味だから ×

$\underline{73} = 10 × \underline{7} + 3$

　　10のまとまりが7こ
　　1が3こ集まって73

$10 × x + y = 10x + y$

☆ x と y には，どんな数が入る？

x… 1～9の自然数
y… 0～9の整数

　0をふくむと1けたの自然数になる可能性がある！

4　x，y にはどんな数が入る？

S：x，y は，分数や小数が入ることはありません。だから，整数だと思います。

S：でも整数だと，2桁以上の数も含んでしまいます。

S：0も負の数も含んでしまう。一の位が負の数の2桁の自然数なんてないよ！

S：y には0が入ってもOKだけど，もし x に0が入ったらどうなるだろう…？

S：十の位が0になってしまうから，2桁の自然数はつくれないね！

2桁の自然数を求める対話

　2桁の自然数はその形から xy と表すものだと誤って認識してしまう場合が多い。そこで，実際の数に置き換えると矛盾が生じることから式の誤りに気付かせ，改めて各位の数の意味の解釈に立ち返らせ，正しい立式へとつなげたい。また，x，y の変域についても目を向けさせ，その式はどのような条件下のものかもあわせて考えさせたい。

　最後に，「3桁の自然数の表し方はどうなるのか？」を考えさせ，式の意味理解を一層深めさせたい。

本時案

代入して式の値を求めよう

 7/17

授業の流れ

1 500本のマッチ棒で足りるだろうか？

S：この単元の第1時で扱った内容ですね。

S：a 個の正方形をつくるのに必要なマッチ棒の本数を求める式は $3a+1$ でした。

S：他にも，$4a-(a-1)$ や $a+a+(a+1)$ もありました。

T：どうすれば解決できそうですか？

S：a を170に置き換えて計算して，その値が500以内であればOKです。

T：そうですね。これまでと同様に，具体的な数であればどうなるか文字を数に置き換えて考えることはとても大切です。なお，式の文字の部分に数を当てはめることを「代入する」といいます。では，皆さんでこの3つの式を分担して，代入して確かめましょう。

> 問題1が解決したところで，今日の授業のめあて（テーマ）を設定する。

文字を数に置き換え，数量の値を求めよう

問題1　マッチ棒を並べて正方形を170個つくりたい。500本入りのマッチ箱を用意すれば，たりるだろうか？

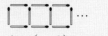 …

$3a+1$　　$4a-(a-1)$　　$a+a+(a+1)$

a を170に置き換える

式の文字の部分を数に置き換えることを「代入する」と言う

$3×170+1$　$4×170$　　　$170+170$
$=\underline{511}$　　　　$-(170-1)$　　$+(170+1)$
　　　　　　　$=511$　　　　$=511$

代入して計算した結果をその「式の値」という。

答　511本必要なので500本では足りない

2 $2x-5$ の式の値はどう求めればよいだろう？

S：x を -2 に置き換えて計算すればよいです。

T：では，そうしましょう。$2x-5=2-2-5$ と書いて…。

S：先生，x の位置にそのまま -2 を書くのは違います。

T：なぜですか？

S：$2x$ は $2×x$ という意味だからです。だから，$2×(-2)$ が正しいです。

S：$2×(-2)-5$ だから，式の値は -9 になります。

3 $\dfrac{1}{z}$ の値はどうなるだろう？

S：z を $\dfrac{1}{3}$ に置き換えると，$\dfrac{1}{\frac{1}{3}}$ になってしまう…。分数の中に分数がある変な形ですが，これが答えでよいのだろうか。

T：$\dfrac{1}{z}$ を，省略しないで表すとどうなりますか？

S：分数は $÷$ が省略されているので $1÷z$ です。つまり，$1÷\dfrac{1}{3}$ です。

S：あ，逆数のかけ算にすると，$1×\dfrac{3}{1}=1×3=3$ になります！

T：省略されている $×$ や $÷$ を書き加えると，気付かなかったことが見えてきますね。

1 正の数と負の数

2 文字と式

3 一次方程式

4 変化と対応

5 平面図形

6 空間図形

7 データの活用

本時の評価

・省略されている ×，÷ に注意しながら，複数の文字がある式や累乗の指数がある式に代入して，式の値を正しく求められたか。
・様々な値を代入して式の値を求め，事柄の正誤を判断することができたか。

準備物

・なし

問題2 $x=-2$，$y=-4$，$z=\dfrac{1}{3}$ のとき，次の式の値を求めよう。

(1) $2x-5$
　○ $2\times(-2)-5=-4-5=-9$
　× $2-2-5=-5$

(2) $-3xy$
　○ $-3\times(-2)\times(-4)=-24$
　× $-3-2-4=-9$

(3) $2x^2-y^3+(-3z)^2$
　$2\times(-2)^2-(-4)^3+(-3\times\dfrac{1}{3})^2$
　$=2\times4-(-64)+(-1)^2$
　$=8+64+1=73$

(4) $\dfrac{1}{z}$
　$\dfrac{1}{\frac{1}{3}}$?　$\dfrac{1}{z}=1\div z$
　$1\div\dfrac{1}{3}=1\times3=3$

問題3 次のア～ウは，つねに正しいと言えるだろうか？

ア　$-a$ は負の数である
　$a=-1$ ならば $-a=-(-1)=1$
　$a=0$ ならば $-a=0$
　　　　　　　　　　　言えない

イ　a^2 は正の数である
　$a=0$ ならば $a^2=0$
　　　　　　　　　　　言えない

ウ　$2a$ と $3a$ では，$3a$ の方が大きい
　$a=-1$ ならば
　$2a=-2$，$3a=-3$
　　　　　　　　　$2a>3a$
　$a=0$ ならば
　$2a=0$，$3a=0$
　　　　　　　　　$2a=3a$
　　　　　　　　　言えない

1つでも反例があれば正しいとは言えない！！

---

4 $-a$ は必ず負の数だろうか？

T：$a=2$，$a=5$ のとき，$-a$ はそれぞれ，-2，-5 となるから，負の数になりそうですね。

S：でも，a はどんな数なのかわかりません。

S：a が正の数と限定されていればそうかもしれませんが，負の数が入る可能性もあります。もし $a=-1$ ならば，$-a=-(-1)=1$ になり，式の値は正の数になってしまいます。

T：負の数にならない場合もあるのですね。

反例を見いだす対話

　問題3イでは，負の数は2乗すると正の数になるため，ウでは第5時で$0.8x$ は$0.7x$ より大きい（その問題の x は魚の値段だったため x は自然数と限定された）ことを扱ったため，「言える」という誤答が多く出ると予想される。正しく判断できるようになるためには，**4** のようなやり取りの中で，成り立たない例（「反例」）を用いて根拠をもって説明できることが重要となる。「反例」は第2学年で扱う内容であるが，第1学年からそのよさや価値に触れさせることで論証の学習の素地を育みたい。

本時案

式の中の項や係数を調べよう

本時の目標
・項や係数，一次の項，一次式の意味を理解する。

> 問題1が解決したところで，今日の授業のめあて（テーマ）を設定する。

「正負の数」で学んだ「項」は，文字式でどうなるか考えよう

問題1 $3-5$ を参考に，$3x-5$ を計算しよう。

$3-5=3+(-5)=-2$
$3x-5=3x+(-5)=-2x$?

☆ $3x-5=-2x$ は，正しいだろうか？

Yes ○人
No □人

$x=1$ を代入すると，
$3x-5=3\times1-5=-2$
$-2x=-2\times1=-2$ 等しい！

$x=2$ を代入すると
$3x-5=3\times2-5=1$
$-2x=-2\times2=-4$ 等しくない！

反例が1つでも挙がれば正しいとは言えない。

$3x-5$ ⓧⓧⓧ $-$①①①①① $=$ ？
表せない！！

授業の流れ

1 文字式も計算できるのだろうか？

T：第1章で $3-5$ のような計算を学習しました。どのように考えればよかったですか？

S：$3-5$ は項を並べた形なので，加法に直すと $3+(-5)$ です。よって，答えは -2 です。

T：では，$3-5$ を参考にして，$3x-5$ を計算しましょう。文字を含んだものはどう扱えばよいでしょう？

S：$3-5$ と同じように考えれば，$-2x$ かな？

　文字式の計算の導入として，$3x-5$ はこれ以上まとめられるかを検討させる。「$-2x$ になるのでは？」と考えた生徒の声を拾い，「そう思う or 思わない」を全体に投げかけ，個人で予想させてから確かめる。

2 $3x-5=-2x$ は正しいだろうか？

T：どうすれば，明らかにできますか？

S：もし間違いであれば，反例があるはずです。

T：では，探して確かめてみましょう。

S：$x=1$ を代入したら等しくなりました。

T：では，正しいことが確かめられましたね。

S：いや，$x=2$ だと等しくなりません！

　成立する例と成立しない例を紹介し，反例が1つでも挙がれば正しくないことを全体で確認し，文字をもつ項と数の項ではこれ以上まとめられないことに気付かせる。

3 a の係数は何だろう？

S：文字の前の数に着目すると…何も書いていない。

T：何もないから，答えは「なし」ですか？

S：何かが省略されているのかな？

S：0かな？

S：でも，「$0a$」と書けるとしたら，$0\times a=0$ だから，a も消えてしまうよ！

S：文字式は1を省略するきまりがあったよ。

S：ということは，a は $1\times a$ だから，a の係数は1だ！

1 正の数と負の数

2 文字と式

3 一次方程式

4 変化と対応

5 平面図形

6 空間図形

7 データの活用

本時の評価

・与えられた式を見て，その式の項や文字を含む項の係数を答えたり，一次式かどうかを判別したりできたか。

準備物

・なし

$3x-5=3x+(-5)$

＋で結ばれた $3x$，-5 を式 $3x-5$ の項という。

$3x$ の 3 を x の係数という。

練習1 次の式の項を言い，文字をふくむ項はその係数を言いなさい。

(1) $-4x-6=-4x+(-6)$

　　項　$-4x,-6$　x の係数　-4

(2) $a-2b-5=a+(-2b)+(-5)$

　　項　$a,-2b,-5$　a の係数　1

　　　　　　　　　　b の係数　-2

　　　　　　　　　　$\boxed{1\times a=a}$

(3) $\dfrac{x}{4}+2$

　　項　$\dfrac{x}{4}$，2　x の係数　$\dfrac{1}{4}$

　　　　$\boxed{\dfrac{x}{4}=\dfrac{1}{4}x=\dfrac{1}{4}\times x}$

$\underset{1\times a \quad -2\times b}{\underline{a-2b}-5}$

数と1つの文字の積で表される項
…1次の項

1次の項だけの式　　　　　　　　　　$\Big\}$ 1次式
1次の項と数の項の和で表される式

練習2 次の式の中で，1次式をすべて選びなさい。

(1) $-5a$　(2) $2x^2+1$　(3) $-x$

(4) $a+b+c$　(5) $\dfrac{2}{3}a-1$

$\Bigg($ 1次の項だけの式…(1)(3)(4)
　　　1次の項と数の項の和の式…(5)

(2) $2x^2+1$ は…2次式

2つの文字の積（$x\times x$）だから1次の項ではない。

4 $\dfrac{x}{4}$ の係数は何だろう？

S：4…かな。

S：でも(2)の考えを用いれば，x の前には1が省略されているはずだから，1…？

S：$\dfrac{x}{4}=\dfrac{1}{4}x$ だから，x とかけ合わされている数は $\dfrac{1}{4}$ だ。x の係数は $\dfrac{1}{4}$ です！

　練習1(2)(3)では，式を書くときの約束にしたがった文字式の表し方をもとに，省略されているものに着目して係数を考えさせたい。その際，生徒には答えだけでなくそう判断した理由も語らせ，係数の見つけ方を自覚させたい。

一次式の定義を見つめ直す練習問題

　「一次式は文字が1つの式」という誤った解釈を想定し，練習2を行う。$a+b+c$ を文字数から三次式だと考えてしまう生徒には，一次式の定義を再確認するよう促し，また「例で示した $a-2b-5$ は，なぜ二次式ではなく一次式なのか」を問い，その定義の意味理解へとつなげたい。

　なお，残った $2x^2+1$ は何次式なのか疑問を抱く生徒も少なくない。二次式以降は第2学年の学習内容ではあるが，「二次式」であることや第2学年で扱うことを伝えてもよい。

本時案

項をまとめて
式を簡単にしよう

9/17

本時の目標

・同類項同士をまとめて式を簡単にすることができる。

授業の流れ

1 $3x + 2x = 5x^2$ は正しいだろうか?

T：$x = 1$ を代入したら等しくなりますね。

S：先生，$x = 2$ を代入したら異なる値になるので，反例が挙がります。よって，これは正しくありません。

　前時の授業と同様に，成り立つか否かをまず予想させた上で問題に取りかかる。本時では，教師側から両辺が同値になる $x = 1$ を示し，生徒側から別の値だと不成立になることを引き出し，反例が挙がることを指摘させたい。

　また，正しくないことを示す説明の一つとして板書に示したような（面積）＋（面積）＝（体積）の誤った関係を見せ，多様な方法で間違いの指摘が可能であることを紹介する。

文字式をまとめて簡単にできるか
考えよう

問題1　$3x + 2x = 5x^2$ は正しいだろうか?

Yes ○人
No □人

$x = 1$ を代入すると

$3x + 2x = 3 \times 1 + 2 \times 1 = 5$
$5x^2 = 5 \times 1^2 = 5$
等しい!

$x = 2$ を代入すると

$3x + 2x = 3 \times 2 + 2 \times 2 = 10$
$5x^2 = 5 \times 2^2 = 20$
等しくない!

$\underline{3x + 2x = 5x^2 は正しくない}$

他にも…

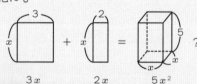

$3x$　　$2x$　　$5x^2$

---

2 $3x + 2x$ の答えはどうなる?

T：どうすれば，明らかにできますか?

S：面積図を用いれば説明ができそうです。

T：では，前に出て説明してください。

S：（板書の通り説明する）

T：他にはアイデアはありませんか?

　$3x + 2x$ の答えとそうなる理由について，まず個人検討の時間をとり，その後班での共有場面を確保する。分配法則による処理方法だけでなく，面積図やテープ図などを用いてそうなる根拠を明確に示せるようになることで，概念的な理解を伴ったものとしての習得につなげたい。

3 $4x - x = 4$ になるだろうか?

　練習1 (3)で，はじめて減法を扱う。$4x - x$ では，x を取り除いて4と答えてしまう場合が想定される。x が $1 \times x$ であることを確認し，分配法則を用いて $4x - 1x = (4 - 1)x = 3x$ となることを丁寧に指導したい。

　見た目で判断したり感覚的に行ったりせず，根拠に基づいた処理を行うことを心がけるように全体に促す。

1 正の数と負の数

2 文字と式

3 一次方程式

4 変化と対応

5 平面図形

6 空間図形

7 データの活用

本時の評価

・同類項は分配法則を使ってまとめられることを理解し，正しく式を簡単にすることができたか。

準備物

・画用紙，マグネット

> 生徒が面積図を用いて説明する際，画用紙を用いて説明できるように，2種類の長方形の画用紙を用意しておくとよい。

☆$3x+2x$ はこれ以上簡単にできない？

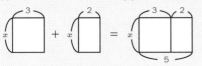

$3x+2x=5x$

$3x+2x=5x$

$3x+2x=(3+2)x=5x$

─ 分配法則 ─
$ax+bx=(a+b)x$

☆$3x+2$ は…これ以上まとめられない！

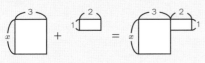

練習1 次の式の項をまとめなさい。

(1) $5a+8a$ $13a$

(2) $\frac{3}{7}x+\frac{2}{7}x$ $\frac{5}{7}x$

(3) $4x-x$ $3x$ ✕4
$=4x-1x$

・$a+5+a+5$
・$2a+10$
・$2(a+5)$

問題2 の長方形の周の長さの式
$a+5+a+5$ をまとめよう。

$a+5+a+5$
$=1a+5+1a+5$ 加法の交換法則を用いて
$=1a+1a+5+5$ 文字の部分が同じ項（同類項）と数の項（定数項）を集める
$=2a+10$ それぞれをまとめる

練習2 (1) $3x+4-6x-2$ $-3x+2$

(2) $0.8a+5-0.7a-8$ $0.1a-3$

(3) $\frac{3}{5}x+4+\frac{2}{5}x-6$ $x-2$

4 $a+5+a+5$ をまとめよう

　第2時の問題2で扱った長方形の周の長さの式 $a+5+a+5$ の項をまとめる。その際，加法の交換法則について復習したり，同類項や定数項を紹介したりしながら整理していき，$2a+10$ にまとまることを導く。

　最後に，「$2a+10$は$12a$とまとめられるか？」を全体に問い，「同類項がないのでまとめられない」という声を引き出したい。そして，式を簡単にできるものとそうでないものの違いを確認し，まとめ方の定着を図りたい。

棚上げしていた問題に戻る

　同類項同士をまとめて式を簡単にする方法を習得したのち，ここまでの学習の中で後回しにしていた問題を再度扱い，どのようなことが可能になったのかを自覚させる場面としたい。

　具体的には，練習1の後にノートを見返させ，まず第3時の正方形の周の長さは$4a$と$a+a+a+a$の2つで表されていたが，$a+a+a+a=4a$になることを確認する。次に**4**の長方形の問題でも$2a+10$にまとめられることを全体で共有し，1つの式の表し方に集約されることを理解させたい。

本時案

一次式の加法・減法を行おう

本時の目標

・一次式と一次式の加法・減法の計算の方法を理解し，その計算をすることができる。

授業の流れ

1 合計金額は何円だろう?

S：Aさんのお寿司の代金は12皿分だから，12x（円）です。

S：サイドメニューは5品だから150×5＝750と計算できるので，合計は12x＋750（円）です。

S：Bさんも同様に考えると8x＋450（円）です。

T：2人の合計金額は何円になりますか?

S：お寿司は合計20皿だから20x（円），サイドメニューは合計8品だから150×8＝1200になるので，20x＋1200（円）が答えです。

T：ということは，（12x＋750）＋（8x＋450）を計算すると20x＋1200になるのでしょうか?

　一次式同士の加法の計算結果を先に示し，「どのように計算するのか」という方法に焦点を当てた展開へとつなげる。

1次式の加法，減法を行おう

問題1 AさんとBさんでまた別の店にお寿司を食べに行った。その店は，1皿の値段はすべて同じx円で，ケーキや茶碗蒸しなどのサイドメニューはすべて150円です。Aさんはお寿司を12皿，サイドメニューを5つ食べ，Bさんはお寿司を8皿，サイドメニューを3つ食べました。

（1）それぞれの合計金額は何円だろう?

	お寿司の代金	サイドメニューの代金	合計
Aさん	12x	150×5＝750	12x＋750
Bさん	8x	150×3＝450	8x＋450
合計	20x	150×8＝1200	20x＋1200

問題文が長いため，事前に書いたものを貼り付けたり，生徒にも印刷したものを配りノートに貼らせたりしてもよい。

---

2 （12x＋750）＋（8x＋450）の計算の方法を考えよう

T：まず，それぞれのかっこを外します。

S：すぐにかっこを外すのであれば，なぜ書く必要があるのですか?

T：では，かっこが必要か考えてみましょう。

　12x＋750＋8x＋450だと，AさんとBさんの金額の境目がなく，式からの情報を適切に読み取ることが難しいことに気付かせたい。そして，計算に直接関係なくても，式の意味を正しく理解するためにかっこが役立っていることを，全体でのやり取りから実感させたい。

3 加法を筆算で行おう

T：（板書の通りに筆算を記す）。どのようなことに気付きますか?

S：文字が縦にそろっています。

T：なぜ，そのようにするのでしょうか?

S：同類項をまとめやすくするために，縦にまとめる対象を並べているのだと思います。

S：小数のたし算で小数点の位置をそろえるのと似ています。

S：2桁以上の筆算で各位をそろえて書くことと同じだ!

1	正の数と負の数
2	文字と式
3	一次方程式
4	変化と対応
5	平面図形
6	空間図形
7	データの活用

本時の評価

・一次式と一次式の加法・減法の計算の方法を既習の内容に関連付けて
　説明できたか。
・一次式と一次式の加法・減法の計算を正しくすることができたか。

準備物

・なし

それぞれの合計の和（$12x+750$）＋（$8x+450$）が，全体の合計$20x$
＋1200と等しいことを見やすくするために，表で整理してまとめる。

(2) 2人分の合計金額は何円だろう？

Aさんの金額　＋　Bさんの金額　＝　2人の合計金額
　$12x+750$　　　$8x+450$　　　$20x+1200$

$(12x+750)+(8x+450)$
$=12x+750+8x+450$　← かっこをはずす
$=12x+8x+750+450$　← 同類項を集める
$=20x+1200$　← 同類項をまとめる

筆算で行う場合

$$
\begin{array}{r}
12x+750\\
+)\ \ 8x+450\\
\hline
20x+1200
\end{array}
$$

文字は縦にそろえる

整数や小数で
位をそろえる考え方と
似ている！

(3) 2人分の合計金額の差は何円だろう？

$(12x+750)-(8x+450)$　← それぞれの項をひく
$=12x+750-8x-450$
$=4x+300$

$(+3)-(+5)$
$=(+3)+(-5)$

$(12x+750)-(8x+450)$
$=(12x+750)+(-8x-450)$　← ひく方のそれぞれの項の符号を変えて加える
$=12x+750-8x-450$
$=4x+300$

$$
\begin{array}{r}
12x+750\\
-)\ \ 8x+450\\
\hline
4x+300
\end{array}
\Rightarrow
\begin{array}{r}
12x+750\\
+)-8x-450\\
\hline
4x+300
\end{array}
$$

練習1　次の計算をしなさい。

(1)　$(3a+6)+(2a-4)$
　　$=3a+6+2a-4$
　　$=5a+2$

(2)　$(7x-5)+(-7x+6)$
　　$=7x-5-7x+6$
　　$=1$

(3)　$(y-1)-(3+2y)$
　　$=y-1-3-2y$
　　$=-y-4$

(4)　$\left(\frac{1}{2}x-\frac{1}{3}\right)-\left(\frac{1}{3}x-1\right)$
　　$=\frac{1}{2}x-\frac{1}{3}-\frac{1}{3}x+1$
　　$=\frac{1}{2}x-\frac{1}{3}x-\frac{1}{3}+1$
　　$=\frac{1}{6}x+\frac{2}{3}$

4　減法はどのように行う？

S：減法は加法に直せます。加法に直せば，
　　(2)のように計算ができます。

　ここでは，まずAがBより多く食べている
ことに触れ，（Aの合計金額）－（Bの合計金額）
がその差額であることを確認する。そして，ひ
く方の各項をひき（Aの合計金額）－（Bの寿司
の金額）－（Bのサイドの金額）で求められるこ
とと，既習内容のひく方の各項の符号を変えて
加える方法が同じ式になることを全体で共有
し，減法の計算方法を身に付けさせる。

一次式の減法の意味理解を図る

　かっこをはずす際に符号をそのままにしてし
まうケースは代表的な誤りの一つと言える。機
械的に処理できるようになることを目指すので
はなく，**4**で示した内容を生徒との対話を通
じて共有し，その意味を理解した上で正しく計
算できるように指導することが重要となる。

　また，次時の「一次式と数との乗法」では
「－1をかっこ内の各項に分配する」ことで処
理をすることを扱う。$-(ax+b)$の計算を
繰り返し取り組む中で，正しい考え方に則った
計算方法の定着へとつなげていきたい。

本時案

一次式と数との乗法を行おう

本時の目標

・一次式と数との乗法の計算の方法を理解し，その計算をすることができる。

授業の流れ

1 3x×4を面積図で考えよう

S：縦が 3x，横が 4 の長方形の面積だとみることができます。

T：どのように面積を求めればよいでしょう？

S：もとの大きい長方形の中に12個の長方形があるとみて考えられそうです。

T：図をかいて，説明してくれませんか？

　もとの長方形の中に縦が x，横が 1 の長方形が12個あることから，$x + x + x … + x = 12x$ と面積が求められることを説明させ，$3x × 4 = 12x$ になることを全体で確認する。このとき，縦が x，横が 4 の長方形が 3 個あるとみて考える生徒がいれば，その考え方も取り上げ，$4x × 3 = 12x$ になることを共有し，代数的な処理の展開へとつなげたい。

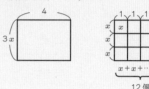

1 次式と数との乗法を行おう

問題1 　3x×4の計算のしかたを考えよう。

☆面積図を用いて考える

$$3x × 4 = 12x$$

☆計算法則から考える

$3x × 4$

$= 3 × x × 4$ 　　乗法の交換法則 　$a × b = b × a$

$= 3 × 4 × x$ 　　乗法の結合法則 　$(a × b) × c = a × (b × c)$

$= (3 × 4) × x$

$= 12x$

面積 x の長方形が（3 × 4）個ある！

---

2 3x×4を既習の計算規則をもとに考えよう

T：×を用いて書き直すと $3 × x × 4$ です。

S：乗法の交換法則を用いれば，$3 × 4 × x$ と表せます。

S：乗法の結合法則を用いて，$3 × 4$ を先に計算して12，$12 × x = 12x$ となります。

　面積図から，12が x の係数と数との積であることを把握しており，どのような手順でそれが言えるのかを代数的に説明できるかが重要となる。その際，根拠となった既習の計算法則を生徒から引き出し，第 1 章の学びが文字式でも活用できることの自覚を促したい。

---

3 3（x + 2）はどのように計算できるだろうか？

　問題 1 と同様に，面積図を用いた説明を生徒に取り組ませる。既習の分配法則による処理とつなげつつ，また 2 桁 × 1 桁のくり上がりのない筆算と統合的に見ることができることを確認しながら，計算方法の定着を図りたい。

　また，第 2 時の長方形の問題を再度扱い，2（a + 5）が $2a + 10$ になることや，第 1 時のマッチ棒の問題の式がすべて $3a + 1$ になることに触れ，1 つの式の形に帰着できることを改めて実感させたい。

---

1 正の数と負の数

2 文字と式

3 一次方程式

4 変化と対応

5 平面図形

6 空間図形

7 データの活用

本時の評価

・一次式と数との乗法の計算の方法を，面積図や既習の計算法則に関連付けて説明できたか。
・一次式と数との乗法の計算を正しくすることができたか。

準備物

・なし

問題2　$3(x+2)$ の計算のしかたを考えよう。

☆面積図を用いて考える

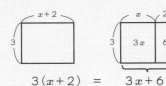

$$3(x+2) \ = \ 3x+6$$

☆計算法則から考える

$$3(x+2)$$
$$=3\times x+3\times 2$$
$$=3x+6$$

分配法則

$$a(b+c) = ab+ac$$

各位を順にかける筆算と考え方は同じ！

問題3　$-(a-5)$ を計算しよう。

$$-(a-5)=(-1)\times(a-5)$$
$$=(-1)\times a+(-1)\times(-5)$$
$$=-a+5$$

練習1　次の計算をしなさい。

(1) $(-9x)\times(-4)$　　　　$36x$

(2) $5\times(-a)$　　　　$-5a$

(3) $7(2x-4)$　　　　$14x-28$

(4) $-(-6a+1)$　　　　$6a-1$

(5) $\dfrac{2}{3}(6x-9)$　　　　$4x-6$

(6) $\left(\dfrac{3}{4}a-\dfrac{1}{3}\right)\times(-12)$　　　　$-9a+4$

---

4 $-(a-5)$ を計算しよう

S：一次式の前は「－」だけですか？
S：どういう意味だろう？
T：文字式で省略できるものは何でしたか？
S：×です。
S：1も省略できます。
S：あ，つまり $-(a-5)=(-1)\times(a-5)$ という意味だ！
S：だったら分配法則で計算できる。
　前時の一次式の減法の処理にも触れ，この形の正しい計算方法の理解を深めさせたい。

5 $\dfrac{2}{3}(6x-9)$ を計算しよう

S：分配法則を用いて，$\dfrac{2}{3}\times 6x+\dfrac{2}{3}\times(-9)$ を計算します。
S：それぞれ約分すると $4x-6$ になります。
　次の第12時で $2\times\dfrac{6x-9}{3}$ という，乗法と除法の混じった計算を扱う。その際，この問題との関わりを意識させたい。$\dfrac{2}{3}(6x-9)=2\times\dfrac{6x-9}{3}$ とみることができることから，式を複数の視点から捉え，状況に応じた合理的な計算方法を見いだす力の育成へとつなげたい。

本時案

一次式を数でわる除法を行おう

本時の目標
・一次式を数でわる除法の計算の方法を理解し，その計算をすることができる。

授業の流れ

1 12x÷（－8）の計算の仕方を考えよう

T：文字式の除法はどのように表すのか覚えていますか？

S：除法の記号÷を使わず分数の形にするのがきまりなので，$\dfrac{12x}{-8}$ になります。

S：約分ができるので $\dfrac{12}{-8}$ は $\dfrac{3}{-2}$ です。

T：分母は－2でよいですか？

S：－を前に出すのを忘れていました。だから，$-\dfrac{3}{2}x$ になります。

T：商を見て何か気付くことはありますか？

S：文字を含む項をある数でわるときは，係数をその数でわって文字を付ければよいことがわかります。

---

2 12x÷（－8）の他の計算方法を考えよう

S：わる数の逆数をかける方法もあります。

T：では，－8の逆数は何でしょう？

S：$-8=-\dfrac{8}{1}$ だから，分母分子をひっくり返して $-\dfrac{1}{8}$ です。

T：－も逆の＋にしなくてもよいですか？

S：（そのようなきまり，あったかな…？）

T：－は－のままでよいのはなぜでしょう？

　逆数は「分母分子を逆にしたもの」という結果のみを覚えていて，そうなる理由があいまいな生徒が多い。符号はそのままでよい理由を問うことから，「2数の積が1になる」という逆数の意味に着目させたい。

板書

1次式を数でわる除法を行おう

問題1　12x÷（－8）の計算のしかたを考えよう。

$12x÷(-8)$　÷は省略して分数の形にする

$=\dfrac{12x}{-8}$

$=\dfrac{\overset{3}{\cancel{12}}x}{\underset{2}{\cancel{-8}}}$　約分する

$=-\dfrac{3}{2}x$

$12x÷(-8)$　逆数をかける

$=12x×\left(-\dfrac{1}{8}\right)$

$=12×\left(-\dfrac{1}{8}\right)×x$

$=-\dfrac{3}{2}x$

問題2　$4x÷\left(-\dfrac{2}{3}\right)$ の計算のしかたを考えよう。

$4x÷\left(-\dfrac{2}{3}\right)$

$=\dfrac{4x}{-\dfrac{2}{3}}$　?

$4x÷\left(-\dfrac{2}{3}\right)$

$=4x×\left(-\dfrac{3}{2}\right)$

$=\overset{2}{\cancel{4}}×\left(-\dfrac{3}{\cancel{2}}\right)×x$

$=-6x$

分数の形ではできない！

$-\dfrac{2}{3}x÷4$ も分数の形ではできない！

☆どのような場合，逆数の考えがよいのだろう？

○÷△どちらか一方でも分数ならば逆数のかけ算で考える！

---

3 $4x÷\left(-\dfrac{2}{3}\right)$ を計算しよう

T：問題1の方法で考えてみましょう。

S：先生，分数の形にすることができません。

S：逆数をかける方法ならば，大丈夫そうです。

S：2通りの方法では無理な除法があるのか。

　問題2で除数が分数である問題を扱い，逆数をかける計算で行うべき問題の形について検討させたい。「被除数の項の係数と除数が整数ならば2通り可能だ」「少なくとも一方に分数が含まれている場合は逆数」などの発言から引き出し，適切な方法の選択を共有したい。

1 正の数と負の数

2 文字と式

3 一次方程式

4 変化と対応

5 平面図形

6 空間図形

7 データの活用

本時の評価

・一次式を数でわる除法を，分数の形にするか，わる数の逆数をかける
かをその式の形から判断し，正しく計算ができたか。
・一次式と数との乗法，除法の混じった式を，分配法則を用いて正しく
計算できたか。

準備物

・なし

問題3 $(15x+10)÷(-5)$ の計算のしかたを
考えよう。

$(15x+10)÷(-5)$ →逆数をかける

$=(15x+10)×(-\frac{1}{5})$

$=15x×(-\frac{1}{5})+10×(-\frac{1}{5})$

$=-3x-2$

$(15x+10)÷(-5)$ →分数の形にする

$=\frac{15x+10}{-5}$ →各項を ÷(-5)する

$=\frac{15x}{-5}+\frac{10}{-5}$

$=-3x-2$

$×$ $\frac{\overset{3}{15x}+10}{-5}_{1}$ $\frac{15x+\overset{2}{10}}{-5}_{1}$ 一部分だけ約分しない！

練習1 次の計算をしなさい。

(1) $20x÷(-4)$
$=-5x$

(2) $42x÷(-\frac{7}{6})$
$=-36x$

(3) $(-\frac{8}{15}a)÷(-\frac{4}{3})$
$=\frac{2}{5}a$

(4) $(8x+2)÷(-2)$
$=-4x-1$

(5) $(28-4a)÷4$
$=7-a$

(6) $(42y-24)÷(-\frac{3}{2})$
$=-28y+16$

問題4 $\frac{7a-5}{6}×18$ を計算しよう。

$\frac{7a-5}{6}×18=\frac{7a-5}{\overset{1}{6}}×\overset{3}{18}$

$=(7a-5)×3$ かっこを忘れない！

$=21a-15$

練習2 次の計算をしなさい。

(1) $\overset{2}{16}×\frac{5a-9}{\underset{1}{8}}=2(5a-9)$
$=10a-18$

(2) $\frac{3x-4}{\underset{1}{5}}×(-\overset{5}{25})=(3x-4)×(-5)$
$=-15x+20$

(3) $2×\frac{6x-9}{3}=2×(2x-3)$

$(2×\frac{\overset{2}{6}x}{\underset{1}{3}}+\frac{-\overset{3}{9}}{\underset{1}{3}}=4x-6$

$2×\frac{1}{3}×(6x-9)=\frac{2}{3}(6x-9)$ と同じ！

---

4 $\frac{15x+10}{-5}$ はどのような意味だろう?

S：15x +10のかたまりを-5でわる意味です。

T：15x +10のかたまりに-$\frac{1}{5}$をかけるときはどう計算しましたか？

S：15x，10それぞれに対し，-$\frac{1}{5}$を分配法則でかけました。

S：×($-\frac{1}{5}$) は ÷(-5) だから15x +10の各項を ÷(-5) するのと同じだ！

S：「わり算の分配法則」とみればよいのか。

このような対話から，板書で例示した一方のみの約分が誤りであることを理解させたい。

5 $2×\frac{6x-9}{3}$ の計算の仕方を考えよう

S：他の問題と違って，この問題は2と3で約分ができません。

S：でも，$\frac{6x-9}{3}$ を見ると，6x も-9も3でわれるから，2x -3に約分できます。だから2(2x -3)を計算して4x -6になります。

S：$\frac{6x-9}{3}$ を逆数のかけ算で考えると，$\frac{1}{3}×(6x-9)$ です。つまり，$2×\frac{6x-9}{3}$ は，$2×\frac{1}{3}×(6x-9)=\frac{2}{3}(6x-9)$ です。

S：あれ，前回の授業でやった問題と一緒だ。

いろいろな一次式の計算を行おう

・一次式と数との乗法を含んだ一次式同士の加法，減法の計算の方法を理解し，その計算をすることができる。

授業の流れ

1 $5(x-3)-3(2x-4)$ はどのようにみることができる？

S：$x-3$ を 5 倍したものと $2x-4$ を -3 倍したものをたしている？

S：$x-3$ を 5 倍したものから $2x-4$ を 3 倍したものをひいている？

S：でも，項を並べた式を見ると，どちらも同じ形になります。

　まず式を見て，かっこが 2 個あることから分配法則を 2 回使えば計算ができそうである見通しをもたせ，その上で「式 $2x-4$ を -3 倍したものを加える」と，「式 $2x-4$ を 3 倍したものをひく」の，2 つの見方ができることを共有する。そして，見方によって計算の手順が異なるが，分配法則を使って正しい手順で処理をすれば同じ結果になることを確認する。かっこを外す際の符号ミスがないように，丁寧な指導を心がけたい。

いろいろな 1 次式の計算を行おう

問題 1　$5(x-3)-3(2x-4)$ を計算しよう。

分配法則を 2 回使えば計算できそう！

$5(x-3)　-3(2x-4)$　　　$5(x-3)　-3(2x-4)$

$=\underset{①}{5x}\underset{②}{-15}\underset{③}{-6x}\underset{④}{+12}$　同じ　$=\underset{①}{5x}\underset{②}{-15}\underset{③}{-}(\underset{④}{6x-12})$

$=5x-6x-15+12$　　　$=5x-15\underset{⑤}{-6x}\underset{⑥}{+12}$

$=-x-3$　　　　　　　$=-x-3$

練習 1　次の計算をしなさい。

(1) $3(x-4)+5(3x+3)$　　　$=18x+3$

(2) $4(6a-4)-3(8a-5)$　　　$=-1$

(3) $10\left(\dfrac{2}{5}x+\dfrac{1}{2}\right)-4\left(\dfrac{x}{4}+\dfrac{1}{2}\right)$　　$=3x+3$

2 2 人の歩いた時間の合計は？

T：時間はどのように求められますか？

S：道のり÷速さです。問題文から，A さんの道のりと弟の道のりは $x+200$，$x-300$ であることがわかります。

S：$\dfrac{x+200}{80}+\dfrac{x-300}{60}=\dfrac{7x-600}{240}$ です。

T：約分はできそうですか？

S：240 と 600 は，120 でわれます。

S：でも，片方だけの約分は前回の授業で「できない」ことを確認しました！　だから，答えは $\dfrac{7x-600}{240}$ で OK です！

3 $\dfrac{1}{80}(x+200)+\dfrac{1}{60}(x-300)$ を計算しよう

S：$\dfrac{7x}{240}-2.5$ になります。

T：先ほどの計算結果とは異なりますね。

S：いや，見た目は違いますが，同じです。

T：どういうことですか？

S：$\dfrac{7x-600}{240}=\dfrac{7x}{240}-\dfrac{600}{240}$ です。$\dfrac{600}{240}=2.5$ だから，$\dfrac{7x}{240}-2.5$ になり，同じ値であることがわかります。

　分数の形のまま行うか，分数×一次式の形に直して行うかで答えの表記は変わるが，同じ値であることを生徒とのやり取りから確認する。

1 正の数と負の数

2 文字と式

3 一次方程式

4 変化と対応

5 平面図形

6 空間図形

7 データの活用

本時の評価

・分配法則を用いてかっこを外したり同類項をまとめたりして，分数を含んだ複雑な計算を正しく行えたか。
・式の値を求める際，問題に応じて与式のまま代入する方法と式を整理してから代入する方法の2通りあることを理解できたか。

準備物

・なし

> 分配法則で計算する際の順番やどの項をかけようとしているのかがわかるように，○番号を付けて整理する。

問題2 Aさんの家から学校までは x m はなれている。Aさんは学校から 200m 先にある図書館まで分速 80m で，弟は学校の 300m 手前にある公園まで分速 60m で歩いて家から向かった。2人の歩いた時間の合計は何分？

$$\frac{x+200}{80} + \frac{x-300}{60}$$

$$= \frac{3(x+200)}{240} + \frac{4(x-300)}{240}$$

$$= \frac{3(x+200)+4(x-300)}{240}$$

$$= \frac{3x+600+4x-1200}{240}$$

$$= \frac{7x-600}{240} \quad (分)$$

$$\left(= \frac{7x}{240} - \frac{600}{240}\right)$$

$$\frac{7x-600}{240} \cancel{= \frac{7x-5}{2}}$$ にはしない！

2.5

$$\frac{x+200}{80} + \frac{x-300}{60}$$

$$= \frac{1}{80}(x+200) + \frac{1}{60}(x-300)$$

$$= \frac{x}{80} + \frac{200}{80} + \frac{x}{60} - \frac{300}{60}$$

$$= \frac{3x}{240} + \frac{4x}{240} + 2.5 - 5$$

$$= \frac{7x}{240} - 2.5 \quad (分)$$

同じ！！

練習2 次の計算をしなさい。

(1) $\dfrac{-x+1}{4} + \dfrac{x-1}{6} = \dfrac{-x+1}{12}$

(2) $\dfrac{1}{4}(-2a-3) - \dfrac{2}{3}(a-2) = -\dfrac{7}{6}a + \dfrac{7}{12}$

練習3 $x = -\dfrac{2}{3}$ のとき，$\dfrac{x+3}{2} - \dfrac{2x+1}{3}$ の値を求めなさい。

ア そのまま代入する

$$\frac{-\frac{2}{3}+3}{2} - \frac{2 \times (-\frac{2}{3})+1}{3} \quad ?$$

$\dfrac{1}{2}(x+3) - \dfrac{1}{3}(2x+1)$ に代入する

$$\frac{1}{2}\left(-\frac{2}{3}+3\right) - \frac{1}{3}\left\{2 \times \left(-\frac{2}{3}\right)+1\right\} = \frac{23}{18}$$

イ 式を整理してから代入する

$$\frac{x+3}{2} - \frac{2x+1}{3} = \frac{3x+9-4x-2}{6} = \frac{-x+7}{6}$$

$\dfrac{1}{6}(-x+7)$ に代入する

$$\frac{1}{6}\left\{-\left(-\frac{2}{3}\right)+7\right\} = \frac{23}{18}$$

> 各項をどのように入れ替えたり通分や約分の処理を行ったりしているかをわかりやすくするために，下線（もしくは色）を使い分けて整理をする。

4 代入して式の値を求めよう

S：分数の中に分数がある形になってしまい，よく分かりません。

S：でも $\dfrac{1}{2}(x+3) - \dfrac{1}{3}(2x+1)$ の式とみれば，代入ができます。

T：他に式の値の求め方はありますか？

S：$\dfrac{x+3}{2} - \dfrac{2x+1}{3}$ を計算し，その答えに代入することでも求められます。

S：そうすると，代入するところが1か所になるので，この方が楽かもしれません。

式の値の適切な求め方を問う対話

練習2と練習3では，分数を含んだ複雑な一次式の計算を扱う。

練習2では，正しい処理を丁寧に指導しながら，例えば(2)では $\dfrac{-14a+7}{12}$ も正答であることを共有し，答えの表記が複数考えられることを確認する。

練習3では，第7時に引き続き，代入による式の値の求め方を扱う。ここでは，アとイの方法を紹介するが，どちらかの方法を推すことはせず，問題に応じて合理的に処理できる方法を選択する眼を養うことにつなげていきたい。

数量の等しい
関係を式で表そう

14/17

授業の流れ

1 Aさんの貯金額と代金の合計の関係を式で表そう

S：Aさんの貯金額は $x \times 5 = 5x$（円）です。

S：代金の合計は $y + 600$（円）です。

T：「おつりはなく購入できた」とは，どのような意味でしょう？

S：「おつりがない」ということは，貯金額と代金の合計に差がない。つまり，2つの数量は等しいということがわかります。

T：2つの数量が等しいとき，等号「＝」を使って表します。

　ここでは，相等関係のある2つの数量の例から，等式の意味とそれに関わる用語を紹介する。あわせて，等式は関係性を整理したものであることから，単位は付けないことも確認する。

数量の等しい関係を式で表そう

問題1 Aさんは毎月 x 円ずつ5か月貯金をして，1個 y 円のバスケットボールを1個と1個300円のリストバンドを2個，おつりはなく購入できた。Aさんの貯金した金額と代金の合計の関係を式で表そう。

　　　貯金した金額　　　　　代金の合計

x円　x円　x円　x円　x円　　y円　300円　300円

　　x円 ×5か月　　　　y円＋300円×2
　　　　$5x$　　　　　　　　$y+600$

おつりなく購入…等しい！

等式　　$5x = y + 600$
　　　　左辺　等号　右辺

両辺

等式の性質を考える対話

　対話を通じて，等式のもつ性質を考える機会を設ける。具体的には，「$5x = y + 600$は，両辺を入れ替えても問題ないか」を問い，「Aさんの5か月の貯金額は，ボールとリストバンドの代金の合計と等しい」と，「代金の合計は，貯金額と等しい」は同じであり，つまりA＝BならばB＝Aであることを，ここで共有する。その際，板書では特に示していないが，必要に応じて天秤の図を使い，両辺の釣り合いを強調するのもよい。

　次単元の「方程式」では，さらに4つの等式の性質について学習するが，ここではその導入として等式の意味理解を深める契機としたい。

---

2 切符の代金とおつりの関係は？

S：1000円から切符代をひくとおつりになるので，$1000 - x = y$と表せます。

S：切符代とおつりを合わせると1000円になることから，$x + y = 1000$にしました。

S：切符代は1000円とおつりの差額とみることができるので，$x = 1000 - y$です。

　数量の関係の表し方が1通りではないことを確認し，今後取り組む問題で模範解答と違う形で式を表していた場合，それが誤りかどうか丁寧に確認する必要があることを全体に伝える。

1 正の数と負の数

2 文字と式

3 一次方程式

4 変化と対応

5 平面図形

6 空間図形

7 データの活用

本時の評価

・代金とおつりの関係やある数の相等関係を，等号を用いて適切に表すことができたか。

準備物

・なし

問題2　1000 円出して x 円の切符を買うと，おつりは y 円である。x と y の関係を式で表そう。

$1000 - x = y$

$\left(\begin{array}{l}1000 \text{ 円から切符の代金をひくと} \\ \text{おつりが余る。}\end{array}\right)$

$x + y = 1000$

$\left(\begin{array}{l}\text{切符の代金とおつりを合わせると} \\ 1000 \text{ 円になる。}\end{array}\right)$

$x = 1000 - y$

$\left(\begin{array}{l}\text{切符の代金は } 1000 \text{ 円とおつりの} \\ \text{差である。}\end{array}\right)$

数量の関係は様々な表し方がある

問題3　①ある数 x の5倍から4をひいた数と②ある数 y に2を加えてから3倍した数が等しいことを式で表そう。

①ある数 x を5倍する　→　4をひく
　　　　$5x$　　　　　　→　$5x - 4$

②ある数 y に2を加える　→　3倍する
　　　　$y + 2$　　　　　　　$3(y + 2)$
　　　　　　　　　　　　　$\times 3y + 2$

y しか3倍していない！

よって $5x - 4 = 3(y + 2)$

練習1　次の数量の関係を等式で表しなさい。

(1) a 円のジュース3本と b 円のパン5個を買うと代金は 1200 円になる。　　$3a + 5b = 1200$

(2) 時速 x km で2時間30分走ったら，y km 進んだ。

　　　　　　　　2.5時間

　　速さ × 時間 = 道のりだから $2.5x = y$

他には $\dfrac{y}{x} = 2.5$　$\dfrac{2}{5}y = x$

(3) x 枚の画用紙を y 人の生徒に4枚ずつ配ったら9枚余った。　　$x = 4y + 9$

$\overbrace{\qquad\qquad}^{x \text{ 枚}}$
$\underbrace{\quad}_{\substack{4y \text{ 枚} \\ \text{配った枚数}}} \underbrace{\quad}_{\substack{9 \text{ 枚} \\ \text{余った枚数}}}$

---

3 ある数の関係を式で表そう

T：隣同士のペアで，①と②を分担して式をつくりましょう。

S：①は，ある数 x を5倍して $5x$ になり，それから4をひくから $5x - 4$ になるよ。

S：②も同じように考えると $3y + 2$ です。

S：いや，ある数 y に2を加えて $y + 2$ になり，それの3倍だから $3(y + 2)$ だよ。$3y + 2$ だと y しか3倍していないよ。

S：①と②が等しいから，$5x - 4 = 3(y + 2)$ になるんだね。

4 他の表し方はあるだろうか？

T：(2)では，他の考えはありませんか？

S：私は道のり ÷ 速さ = 時間と考え，$\dfrac{y}{x} = 2.5$ と式をつくりました。

T：道のり ÷ 時間 = 速さも言えますから，その場合はどのような式になりますか？

S：$\dfrac{y}{2.5} = x$ です。あれ，分数の中に小数が…。

S：小数を分数にして考えればよいと思います。左辺は $y ÷ 2.5$ だから $y ÷ \dfrac{5}{2}$，逆数のかけ算にすると $y \times \dfrac{2}{5}$ と表せるから，$\dfrac{2}{5}y = x$ という式になります。

本時案

数量の大小関係を式で表そう

本時の目標

・不等式の意味を理解し、それを用いて数量の関係を表すことができる。

授業の流れ

1 「買えなかった」ことを式で表すとどうなるだろう？

T：「買えなかった」場合の2つの数量関係はどうなるでしょう？

S：購入する品物の代金の方が高いから「買えない」という状況になります。

S：大小関係があるなら、不等号を用いて表せます。$5x < y+600$になります。

T：不等号は小学校や第1章でも扱いましたね。

　不等号は既習であるが、文字式であっても不等号で大小関係が表せることを確認する。

　また、「おつりがもらえた」場合も扱い、貯金額が代金の合計を上回ることによって起こる場面であることから、$5x > y+600$になることを生徒の発言から引き出したい。

2 $x \geqq y$ はどのような意味だろう？

S：「xはyと等しい、または、xはyより大きい」でしょうか？

S：xとyの大小関係は伝えられそうだけど、長くて伝えにくいです。

T：そのような場合どのように表すか、小学校で学びませんでしたか？

　「以上」「以下」「未満」は小学校で学んだ内容であり、日常的にも使われる言葉ではあるが、「境目の値を含むかどうか」があいまいな生徒は少なくない。「日常のどのような場面で使われているだろうか？」と全体に呼びかけ、生徒から様々な例を挙げてもらい、「以上」「以下」「未満」の意味理解を全体で確認したい。

数量の大小関係を式で表そう

問題1　前回の問題で、貯金した金額ではボールとリストバンドが買えなかった場合、どのように表せばよいだろう？

貯金した金額	代金の合計
$5x$	$y+600$

「買えなかった」…代金の合計の方が大きい

不等式　$5x$ ＜ $y+600$
　　　　左辺　不等号　右辺

両辺

☆「おつりをもらえた」とすると…

$5x$ ＞ $y+600$

貯金した金額の方が大きい！

---

3 $x > 5$ はどのような意味だろう？

S：「xは5より大きい」です。

T：つまり、言い換えるとxは6以上ですね。

S：いや、xは6までいかない5.1や5.01などでもOKではないでしょうか？

S：5は含まないけどそれより大きければよいので、5.000…1なども問題ないです。

　xに当てはまる数はどのような範囲のものかを全体でのやり取りを通じて確認する。ここでの理解が今後の「比例・反比例」での変域の学習に通じるので、丁寧な指導を心がけたい。

・貯金額と代金の大小関係を不等号を用いて表したり，長方形の周の長さや面積の大小関係を式から読み取ったりすることができたか。

・なし

1 正の数と負の数

2 文字と式

3 一次方程式

4 変化と対応

5 平面図形

6 空間図形

7 データの活用

○不等号の種類

$x > y$	x は y より大きい
$x \geqq y$	x は y 以上 （$x = y$ または $x > y$）
$x < y$	x は y 未満
$x \leqq y$	x は y 以下 （$x = y$ または $x < y$）

☆ $x > 5$ はどのような意味？

$x > 5$ … x は5より大きい

つまり，x は6以上？　×

x が 5.1 や 5.01 や 5.000…1 なども OK！

$x \geqq 6$

問題2 縦が $a$cm，横が $b$cm の長方形があります。
（1）（2）の式はどのような関係を表しているだろうか？

（1）$2(a+b) < 25$

$a+b$ は半周分の長さだから $2(a+b)$ で1周分！

（2）$ab \geqq 30$

$ab = a \times b =$ 縦 × 横 ＝面積

長方形の周の長さが25cm 未満　　長方形の面積が30cm²以上

練習1 次の数量の関係を，不等号を使って表しなさい。

（1）ある数 x に2を加えてから3倍した数は15以上である。
$3(x+2) \geqq 15$

（2）am のリボンから5cmのリボンを b 本切り取ると，残りは20cmより長い。
$100a - 5b > 20$

（3）定価 x 円の品物を2割引で買った代金より，定価 y 円の品物を15%オフで買った代金の方が安い。
$0.8x > 0.85y$

4 長方形を見て式の意味を考えよう

S：a は縦の長さ，b は横の長さを表しているから，$a + b$ は縦と横の長さの合計です。

S：つまり，長方形の周りの長さの半周分を表しています。

T：$2(a + b)$ はどのような意味でしょう？

S：半周分を2倍すれば，長方形の周の長さ全体になります。

S：それが25よりも小さいのだから，この式は「長方形の周の長さは25cm 未満」であることを表しています。

5 単位がそろっていない数量の関係はどのように表せばよい？

T：am から5cmを b 本切り取るから，$a - 5b$ となります。

S：いや，m と cm で単位がそろっていません。

S：a（m）は $100a$（cm）なので，$100a - 5b$ になります。これが20cm より長いから，$100a - 5b > 20$ と表せます。

　練習1では，（2）で「単位換算」を，（3）で「割合」を，復習を兼ねて扱う。正しく不等式を立式できるかどうかだけでなく，既習内容の定着が図れているかどうかも同時に確認する。

本時案

問題の条件を変えて考えよう

本時の目標

・いくつかのパターンから規則性を見いだし，それをもとに文字を用いてその数量を表すことができる。

授業の流れ

1 「マッチ棒の問題」をもう一度考えよう

T：正方形状に a 個連ねたときのマッチ棒の本数はどのように求めましたか？

S：①コの字型(3)×a ＋フタ(1)で，$3a+1$（本）です。

S：②正方形の辺の数(4)×a －重複している辺の数（$a-1$）だから，$4a-(a-1)$（本）でも表せます。

S：③上の辺の数（a），下の辺の数（a），間の辺の数（$a+1$）の和の $a+a+(a+1)$（本）という考えもありました。

S：でも，②と③は式を整理すると①と同じ式の形になったよ。

T：正方形以外の形でも，同じように一つの式の形に表せるでしょうか？

2 「正方形」を別の形に変えて考えよう

S：何の形でもよいですか？

T：皆さんに任せます。いろいろな形を試してみましょう。その際，その形を a 個連ねたときに必要なマッチ棒の本数を式で表すとどうなるか，考えてみてください。

ここでは，特に形を限定せず，生徒に任せて取り組ませる。どのような形にするべきか決められていない生徒には，正方形のマッチ棒の本数と増減が1でおさまる三角形や五角形を提案し，式化で手間取っている生徒には，正方形の場合と何の数が変わり何の数が変わっていないのかに着目するよう声掛けをする。

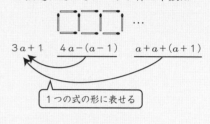

問題の条件を変えて考えよう

問題1 第1時の「マッチ棒の問題」で，「正方形」を別の形に変えて考えよう。

a 個連ねたときのマッチ棒の本数は…

$3a+1$　$4a-(a-1)$　$a+a+(a+1)$

1つの式の形に表せる

正方形　─────→　？

自分で「形」を決めて考えよう！！

正 n 角形のマッチ棒の本数の式の一般化を図る際，$n-1$ が繰り返すひとかたまりの本数であることを強調するために○で囲む（もしくは色分けする）。

生徒に考えを発表させる際の留意点

各自の考えを紹介する場面では，生徒に前に出てきてもらい，図を示しながら説明をさせる。その際，どのひとかたまりが繰り返されるのかを色チョークで囲ませるなどして，視覚的にもわかりやすい説明を心がけさせたい。

また，生徒のノートをタブレット端末で撮影し投影して紹介する方法もある。これら ICT の使用は，板書の時間を削減して多くのパターンの紹介に時間を充てることを可能にしたり，一部分を拡大して示すことで後方席の生徒も確認しやすくなったりすることなどが期待できる。

1 正の数と負の数

2 文字と式

3 一次方程式

4 変化と対応

5 平面図形

6 空間図形

7 データの活用

本時の評価

・自ら考えた問題のマッチ棒の本数を，正方形の考え方を用いて規則性を考察し，文字を用いた式で適切に表現できたか。
・「問題づくり」のよさや意義を，自分の取り組んだ過程をもとに価値付けようとしていたか。

準備物

・なし

みんなの考え（a 個連ねたときのマッチ棒の本数）

ア．三角形

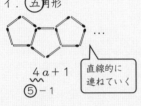

$2a+1$
③-1

イ．五角形

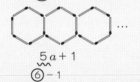

$4a+1$
⑤-1

直線的に連ねていく

ウ．六角形

$5a+1$
⑥-1

正 n 角形のとき，
$(n-1)×a+1$
$=a(n-1)+1$（本）

エ．長方形

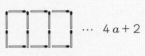　… $4a+2$

オ．立方体

　… $8a+4$

☆「問題づくり」を行うよさとは何だろう？

・その問題の考え方が身に付いているかの確認。
・変わる部分と変わらない部分を明らかにして問題のパターン（規則性）を理解できる。
・他の問題が出ても対応できるようになる。
・問題を発見する力がつく。
・式の丸暗記で終わらないようになる。

---

3 他の形はありませんか？

S：先生から正多角形の指定はなかったので，長方形を並べました。

S：私は立方体を並べて考えました。

S：すごく複雑。でも，ひとかたまりを繰り返して最後にフタをする考えが使えそう。

　複雑な形のものを扱う場合は，個人検討だけでなく，班での検討などを組み合わせながら取り組ませたい。場合によっては，生徒の探究心の高まりを促進するため，他のパターンをレポート課題として扱うことも考えられる。

4 「問題づくり」を行うよさとは？

S：その問題の考え方が身に付いているかどうか確かめることができます。

S：変わる部分と変わらない部分に気付けて，その規則性を明らかにできます。

S：そうすれば他のパターンでも答えが予想できそうです。

　「問題づくり」の利点を挙げさせ全体で共有することでその価値の自覚を促し，自発的に条件を変えて「問題づくり」を行い，事象を深く考察する素地の形成へとつなげたい。

本時案

数当てゲームの秘密を探ろう

本時の目標

・文字を用いて，事柄が成り立つ理由を説明したり，その解決の過程を振り返って検討しようとしたりすることができる。

授業の流れ

1 数当てゲームを行います

T：手順①〜⑥にしたがって，計算してみましょう。

S：できました。

T：あなたの計算結果はズバリ2ですね！

S：正解です！

S：え？私も2だった…。

S：これって偶然かな？ それとも何か理由があるのかな？

　本単元の最終課題として「数当てゲーム」を扱う。数を当てることができる理由を，文字式を用いて解明することから，文字のよさや利便性について改めて実感をさせたい。

2 どのような数でも2になる？

T：①〜⑥で，どのように数が変わっていったのか確認してみましょう。

S：どれも必ず最後は2になる！

T：では，どのような数でも必ず2になると言い切れますか？

S：うーん，調べていない数の中に，もしかしたら2にならないものがあるかもしれない。

T：常に2になることを調べるためには，どうすればよいでしょうか。

　クラスの数名の結果を具体的な数で示して結果を考察させつつ，どのような数でも説明できる文字のよさを全体で共有する。そして手順通りに処理を行い，常に同じ数になる理由が，文字が消えるからであることを明らかにする。

数当てゲームの秘密を探ろう

問題1 「数当てゲーム」を行いま

① 好きな数を1つ思い浮かべてください。
② ①の数に3をたします。
③ ②の結果を3倍します。
④ ③の結果から3をひきます。
⑤ ④の結果を3でわります。
⑥ ⑤の結果から①の数をひきます。

☆計算結果を当てられる理由を考えよう。

	Aさん	Bさん	Cさん
①	5	−3	$\frac{1}{6}$
②	8	0	$\frac{19}{6}$
③	24	0	$\frac{19}{2}$
④	21	−3	$\frac{13}{2}$
⑤	7	−1	$\frac{13}{6}$
⑥	2	2	$\frac{12}{6}=2$

具体→文字へとつなげる対話

　第1学年の「数当てゲーム」では，1つの文字を用いた処理しか行えないが，第2学年では2つの文字を使用したゲームを行うことができる。次年度以降も「数当てゲーム」を扱うことを想定し，学年を縦断した同領域の学びのつながりを意識した指導を心がけたい。

　また，「ある手順を変えても同じく2をつくることができるだろうか」や，「結果がいつも4になるような手順を考えられないだろうか」のような，条件を変えた「問題づくり」を扱うのもよい。

1 正の数と負の数

2 文字と式

3 一次方程式

4 変化と対応

5 平面図形

6 空間図形

7 データの活用

本時の評価

・「数当てゲーム」の数を当てることができる理由を，文字を用いて適切に表現し，演繹的に説明できたか。

・文字のよさや，文字を用いた問題解決の過程を振り返り，自分の言葉で価値付けようとしていたか。

準備物

・問題（模造紙）

「数当てゲーム」の手順は，事前に模造紙等に書いておいたものを貼り付けたり，印刷したものを生徒に配付しノートに貼らせたりすると，板書の時間を削減できる。

す。

| 問題2 | もう一度，「数当てゲーム」を行います。

① 好きな数を1つ思い浮かべてください。
② ①の数に7をたします。
③ ②の結果を2倍します。
④ ③の結果から4をひきます。
⑤ ④の結果を2でわります。
⑥ 結果を教えてください。

☆計算結果を当てられる理由を考えよう。

この単元の学びを振り返ろう

―振り返りの視点―

・文字を扱えることで，どのようなことが可能になる（なった）か？

・どのような考え方が身に付いたか？または，大切だと実感したか？

一般化		Dさん	Eさん	一般化	
x	①	4	-5	x	
$x+3$	②	11	2	$x+7$	
$3(x+3)=3x+9$	③	22	4	$2(x+7)=2x+14$	
$3x+6$	④	18	0	$2x+10$	
$\dfrac{3x+6}{3}=x+2$	⑤	9	0	$\dfrac{2x+10}{2}=x+5$	

⑤の数より5小さい数を言えばよい

2 ← 常に答えは2！ ←常に同じ数というのは，文字が消えるから！

3 もう一度ゲームを行いましょう

S：9になりました。

T：はじめに思い浮かべた数は4ですね。

S：私は0になりました。

T：はじめに思い浮かべた数は−5ですね。

S：また，これも秘密がありそうですね。

　ここでは，答えた数からはじめの数を当てる形のゲームを扱う。一般化すると $x+5$ になることから，「⑤より5小さい数を答えればよい」ことを導き出させ，生徒が自らの言葉でゲームの仕組みを語れるよう支援したい。

4 本単元の学びを振り返ろう

　振り返りの視点を2つ示し，これまでの学びを想起させて生徒自身の言葉でまとめさせる。

　ここでは，書く時間とともに，自らの記述内容をもとに生徒同士で語り合ったり，お互いの記述内容を自由に見せ合ったりする場面を確保する。新たな視点や自分の中で見落としていた視点に気付かせたり，無自覚だったことを自覚させたりする上で効果的だからである。教師は，その過程を経てまとめられた最終記述に目を通し，コメントを添えてフィードバックする。

1 「同じ問い」に向き合うことによる成長の実感

　本単元の第1時で扱った「マッチ棒の問題」を第16時でも再度扱う単元構成としている。単元の導入で扱う学習課題は，その単元の学びを通じてどのような資質・能力を身に付ける必要があるのかを生徒に実感させる重要な役割を担っている。そのため，豊かな導入となるよう，日常の一場面を切り取ったものやパズル形式のものなど，生徒の興味・関心を引くよう趣向を凝らしたものを教師は意図的に用意し提示することが多い。しかし，それゆえに導入が単元の「クライマックス」となってしまい，単元の中盤以降では，抽象的で無味乾燥な学習が展開され，結局その学びがどのように自分の人生を豊かにしてくれるのか，その点に光が当たることなく幕が閉じられてしまう，いわゆる「尻すぼみの構造」になってしまうケースも少なくない。これでは，生徒に「結局，問題を機械的に解けるようになることが大事だ」と暗に示してしまうようなものと言えよう。だからこそ，最後にリアルな場面へともう一回引き上げるような単元構成にすることで，身に付けた資質・能力やそのために働かせた見方・考え方の自覚化を促し，現実世界や未来の自分に「生きる力」となって身に付くことへつながると考える。

　その際，有効だと考えられるのは，「同じ問い」に向き合うことである。第1時では，小学校での学びをもとに生徒は思考を巡らせ学習課題に取りかかる。しかし，単元の終末となる第16時では，数学的な見方・考え方を働かせ，ここまでに得られた知識や技能を活用することで，本単元での経験を踏まえた適切な思考や判断，それをもとにした表現ができるようになった自分に出会うことができる。具体的には，「問題づくり」を行うことで，正 n 角形を a 個連ねたときのマッチ棒の本数は $a(n-1)+1$ と一つの式に整理することができること，また長方形や立方体など多様な形であっても，ひとかたまりを繰り返して最後にフタをする正 n 角形の考えを統合的に見て式で表すことができることなどである。そのような自分の姿から，学んだことが定着しているか，学んだことを他の場面で生かそうとしているかなどを客観的に評価し，逆にあいまいな点や理解が不十分な点がどこかを把握することが可能となる。

　なお，本時案では紹介していないが，筆者が実際に行った授業では，図のように縦にも横にも正方形をつくっていく問題を考えた生徒もいた。しかし，その生徒は立式には至らなかったため，問題を本校生徒で共有しているチャットツールにアップロードし，a 個連ねたときのマッチ棒の本数の式がどうなるかを全体に募った。ある生徒から，$2a(a+1)$ とその理由が投稿され，それをまた全体で共有した。「問題づくり」を通じて多くの問題に出会い，そして多くの解き方に触れることは，身に付けた資質・能力の高まりの実感を促し，自らが働かせてきた見方・考え方をより一層磨くこととなり得る。まさに，ここに授業ならではの醍醐味があると言えよう。

　本時案では最後に「問題づくり」を行うよさについて全体で共有する場面を設けているが，これから3年間の数学の学びを見渡す上で，統合的・発展的に考察することを促す「問題づくり」の価値を生徒自身が早い段階で自覚することは大きなアドバンテージとなるはずである。主体性を高めるため導入に工夫を凝らすことはもちろん大事であるが，それ以上にその主体性が継続されるような単元構成を意識することが重要であることは間違いない。

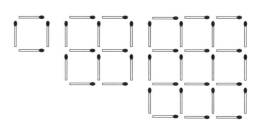

1 正の数と負の数

2 文字と式

3 一次方程式

4 変化と対応

5 平面図形

6 空間図形

7 データの活用

2 「学びの深まり」を生み出す教師の問いかけ

生徒にとって数学的活動が実りあるものとなるかどうかは，教師がどのように生徒と接するか，その介入の度合いによって大きく左右されると言っても過言ではない。教師の描くビジョンに則った授業展開や，教師が欲しい答えを引き出すような発問などは，一見するとテンポがよく生徒からの発言も多いため「よい授業」として映りがちだが，それらは教師側の「誘導」によってもたらされており，実際は生徒が「学びの主体」となり得ていない場合も珍しくない。生徒自らが学びの舵取りを担い，学びを深めていくために，教師はファシリテーターとして，生徒に「自問」を促し「焦点化」を図るよう「間接的な働きかけ」を意識すべきである。例えば第17時の「数当てゲーム」における「どのような数でも必ず 2 になると言い切れるか」「常に 2 になるということを調べるにはどうすればよいか」などの発問がある。生徒の中に「もしかしたら 2 にならないものがあるのではないか」という問いをもたせたり，具体的な数で調べるには限界があることを感じ，「もっとよい方法はないか」と考え，文字を用いた演繹的な説明のよさを実感の伴った気付きとして得られたりすることが期待できる。

また，班を形成しグループで対話を図る際に留意すべき点は，「班活動をするに値する内容かどうか」である。正答を 1 つに絞るような作業を班で取り組ませていると，班内に数学が得意な生徒がいれば，班員の多くは「○○さんが言うのならば…」とその発言内容の適否を確かめずに同意してしまい，自分の考えや答えを捨ててしまうケースも起こりかねない。一つに収束する問いではなく，広く発散するような問いこそが班活動にふさわしいものと言える。第17時では，「別の手順で 2 になる方法」や「4 になる数当てゲーム」などを班での対話活動として扱っている。多様なパターンに触れ合える問いだからこそ，「班」としての機能がより効果的に発揮され，建設的な対話となることが期待できる。班活動をはじめとした協働学習は，単元の目標を見据え，その実現に向けた学習活動がより質の高い展開となるために必要かどうかを見定めた上で取り入れることを心がけたい。

3 一次方程式 （16時間扱い）

単元の目標

- ・方程式や解の意味を理解し，方程式を解くことができる。
- ・等式の性質をもとにして，方程式を解く方法を説明することができる。
- ・方程式を具体的な場面における問題解決に活用することができる。

評価規準

知識・技能	①方程式の必要性と意味，方程式の中の文字や解の意味を理解している。 ②方程式を解くことができる。
思考・判断・表現	①等式の性質をもとにして，方程式を解く方法を考察し表現することができる。 ②方程式を具体的な場面で活用することができる。
主体的に学習に 取り組む態度	①方程式の必要性と意味を考えようとしている。 ②方程式で学んだことを生活や学習に生かそうとしている。 ③方程式を用いた問題解決の過程を振り返り検討しようとしている。

指導計画 全16時間

次	時	主な学習活動
第1次 方程式とその解き方	1	方程式や解の意味を理解する。
	2	方程式の意味をより明確に理解する。
	3	等式の性質を線分図や天秤の図と関連付けて理解する。
	4	等式の性質をもとに移項を理解し，方程式を解く。
	5	$ax + b = cx + d$ の形の方程式の解き方を考える。
	6	かっこがある方程式の解き方を考える。
	7	小数を含む方程式の解き方を考える。
	8	分数を含む方程式の解き方を考える。
	9	間違いやすい点に絞って方程式の解き方を見直す。
第2次 一次方程式の利用	10	現実の問題を数学を用いて解決する方法を考える。
	11	線分図を用いて方程式をつくる方法を考える。
	12	面積図を用いて方程式をつくる方法を考える。
	13	2つの図を用いて方程式をつくる方法を考える。
	14	比例式を理解し，比例式の解き方を考える。
	15	方程式を利用して連続する自然数の性質を調べる。
	16	連続する自然数の性質を見いだし，検証する。

1	正の数と負の数
2	文字と式
3	一次方程式
4	変化と対応
5	平面図形
6	空間図形
7	データの活用

単元の基礎・基本と見方・考え方

　本単元の目標は，「方程式の必要性と意味及びその解の意味を理解し，等式の性質を基にして一元一次方程式を解く方法について考察し表現する。そして，それらを通して代数的な操作のよさを理解するとともに，一元一次方程式を具体的な場面で活用できるようにする。」ことである。このことを踏まえ，次のように単元構成を考える。

⑴方程式の解法を概念的に理解する

　方程式は，変数（未知数）を含んだ相等関係についての条件を表した等式である。方程式のよさは，代数的な操作のみで，条件を満たす値を的確に求められるところにある。例えば，「x と 3 の和は 5 に等しい」ことを表現した等式 $x + 3 = 5$ は，変数 x が満たすべき条件と見れば方程式である。そして，方程式に表現できれば，等式の性質を用いて式を変形していくことで $x = \square$ の形の式をつくり解を求めることができる。こうすることで，現実の問題を数学を用いて形式的に処理したり考察したりすることが可能となり，その過程や結果を振り返ることで，新たな概念や視点の獲得も期待できる。

　本単元の学びは，高等学校以降も含め，今後学習する様々な方程式の基本となるだけでなく，関数や図形の領域においても条件を満たす場面を特定する際に用いられるなど，数学の学習の広い範囲にわたって基礎的な知識及び技能となる。それゆえ，確実に方程式が解けるように丁寧に指導することは大切であるが，大量の問題や複雑な難問を解くだけにならないように心がけたい。単純な操作方法の習得だけでなく，「すべての式変形を等式の性質をもとに説明できること」や「移項が等式の性質から導かれること」，また，「等式の性質をより少ない性質に統合できること」など，豊かな数学的な概念や視点に触れることも大切だからである。

⑵数学世界と日常世界の両方から見方・考え方を働かせる

　等式の性質を学習した後は，等式の性質を軸に授業を進める。移項や小数・分数を整数にする方法を学ぶと，それらを使うことに関心が向きがちだが，なぜそれらを行ってもよいのかを追求することを大切にしたい。そのような学び方を積み重ねることで，演繹的に思考することの素地が培われると考える。

　現実の問題を方程式を用いて解決する授業では，数量間の関係を文字式で表したり，方程式の解がもとの問題の答えとして適切かどうかを検討したりすることを通して，具体的な場面において，方程式を利用して問題を解決するための方法を理解するだけでなく，解決過程を振り返り，得られた結果を意味付けたり活用したりしようとする態度を養うことができると考える。

　また，方程式は解決する手段の一つに過ぎないことも念頭に置いて指導に当たりたい。方程式を用いて解決することを主にしつつも，他の解決方法がないかどうかを必ず問いかける。このような問いかけを繰り返し行うことで，視野の広がりが期待できる。

本時案

今までの学びをひろげて考えてみよう

本時の目標

・単元2（第2章）の「マッチ棒の本数と正方形の個数の関係」の学習を思い出し，方程式の意味，方程式の解の意味を理解する。

授業の流れ

1 正方形は何個つくれるのかな？

T：前単元第1時で学習した「マッチ棒で正方形を一列に並べる問題」を思い出しましょう。

S：覚えています。第16時で正方形以外の形でも考えました。

T：そうだね。その問題で棒が1000本あったら正方形が何個つくれるかを考えたいです。

S：300個くらいじゃない？

S：$3x + 1$ に $x=300$ を代入すると901だから，もう少しつくれそうだよ。

正方形が333個作れることに気付くことではなく，「x に何を代入すれば，$3x + 1$ の値が1000になるか」を考えていることを確認する。

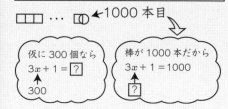

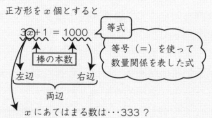

既習の題材を再び取り上げる

直前まで学習していた文字式で学習した「式の値」は，方程式との関わりが深い。本時では，単元2（第2章）第1時「正方形をたくさんつくろう」から題材を引用したが，単元2（第2章）第16時「問題の条件を変えて考えよう」で扱った図形を用いてもよい。既習の内容を繰り返し用いることで，学習が発展していくことを感得させたい。

題材選びの際には，一次式＝定数となるものを選び，何を代入すれば両辺が等しくなるかを考えやすいものにする。

2 等しいことを式で表すと？

S：$3x + 1$ =1000 かな？

T：このような式を等式というね。

T：では，$3x + 1$ =1000の x に当てはまる値は何だと思う？

S：333かな？

T：x に333を代入すると…。

方程式の意味を明確にするために **1** の内容を等式で表す。既習事項である等式について復習する。

1 正の数と負の数

2 文字と式

3 一次方程式

4 変化と対応

5 平面図形

6 空間図形

7 データの活用

本時の評価

・x の値によって，等式が成り立ったり成り立たなかったりすることに気付くことができたか。

準備物

・なし

⑤ $x=333$ の近くの値について両辺を調べる

x の値	左辺 $3x+1$ の値		右辺の値
⋮	⋮		⋮
331	$3\times331+1=994$	<	1000
332	$3\times332+1=997$	<	1000
㉝	$3\times333+1=1000$	=	1000
334	$3\times334+1=1003$	>	1000
335	$3\times335+1=1006$	>	1000

方程式の解

等しかったり
等しくなかったりする

こういう等式を方程式という

方程式以外の等式はあるのか？

方程式は必ず解があるのか？

練 $2x+1=11-2x$ の解は，1, 2, 3, 4, 5 のうちどれか。

x の値	左辺 $2x+1$ の値		右辺 $11-2x$ の値
1	$2\times1+1=3$	<	$11-2\times1=9$
2	$2\times2+1=5$	<	$11-2\times2=7$
3	$2\times3+1=7$	>	$11-2\times3=5$
4	$2\times4+1=9$	>	$11-2\times4=3$
5	$2\times5+1=11$	>	$11-2\times5=1$

あれ？ 等しいときがない…

詳しく

2.1	$2\times2.1+1=5.2$	<	$11-2\times2.1=6.8$
2.2	$2\times2.2+1=5.4$	<	$11-2\times2.2=6.6$
2.3	$2\times2.3+1=5.6$	<	$11-2\times2.3=6.4$
2.4	$2\times2.4+1=5.8$	<	$11-2\times2.4=6.2$
⑤2.5	$2\times2.5+1=6$	=	$11-2\times2.5=6$
2.6	$2\times2.6+1=6.2$	>	$11-2\times2.6=5.8$
2.7	$2\times2.7+1=6.4$	>	$11-2\times2.7=5.6$
⋮	⋮		⋮

方程式の解

等しいときがある！

---

3 両辺を比較してみよう

T：$3x+1=1000$は，$x=333$以外の値は当てはまらないかな？

S：当てはまらない。

T：そうなの？ 言い切れるの？

S：調べてみればいいと思います。

　板書中央のように両辺の値を比較すれば，解が唯一であることは明らかとなる。この表で，方程式，方程式の解を説明する。

4 $2x+1=11-2x$ の解は？

S：両辺の式の値を $x=1,2,3,4,5$ で調べればいい。

S：あれ？ 等しいところがないぞ？

S：2と3で不等号が変わっているから，2と3の間に解あるんじゃない？

S：2.1, 2.2…と代入していけば，両辺が等しくなるときがあるのかな？

　代入して解を求めることの大変さを実感させたい。この経験を第3時の導入に利用する。

本時案

方程式でない
等式を探そう

 2/16

・いつも成り立つ等式と比較することで，方程式の意味をより明確に理解する。

授業の流れ

1 等式と言えば方程式なのかな？

本時では方程式の意味をより深く理解する。第2章で等式の定義を学び，本章第1時で方程式の定義を学んだが，両者の違いを実感できている生徒は多くはない。

方程式に限らず，用語や概念を実感し正しく理解するためには，「そうでないもの」の存在が大切である。

本時では，「方程式」と「方程式ではない等式」を比較することで，方程式の意味を正しく理解し，等式と言えば方程式のことであるという誤った認識をしている生徒の誤解を正すことを目指す。

---

2 方程式ではない 等式 を探そう

- x の値によって成り立ったり成り立たなかったりする等式
- 等号（＝）を使った式

😀 つまりどういうこと？

x の値によって成り立ったり成り立たなかったりしない等式を探す

例　$2x + 3x = 5x$
$0x = 0$
$4 + 3(x-1) = 3x + 1$　方程式
$4x - (x-1) = 3x + 1$　ではない？
$1 + 1 = 2$

恒等式の例は生徒の発言をもとに板書する。板書中央上で扱う恒等式は，ここで挙げられた例の中から選ぶ。

---

2 方程式ではない等式を探そう

S：方程式ではない等式って何だろう。

S：x の値によって，等しかったり等しくなかったりしない等式？

S：常に等しいってことかな？

T：そうです。そういう等式を探してください。

S：$2x + 3x = 5x$ とか？　違うか？

S：$0x = 0$

T：前単元で学んだ $4x - (x-1) = 3x + 1$ などもそうです。

T：本時では，方程式と方程式でない等式を比べます。

---

3 $4x - (x-1) = 3x + 1$ を
調べよう

T：前単元で学んだ $4x - (x-1) = 3x + 1$ について，両辺の式の値を調べましょう。

S：$x = 1$ のときは…。

S：x に何を代入しても，両辺の式の値が等しいです。

S：なぜ，両辺が常に等しいのかな。偶然？

S：左辺を計算したら右辺になるから，x に何を代入しても，両辺の式の値が等しくなるのだと思う。

1	正の数と負の数
2	文字と式
3	一次方程式
4	変化と対応
5	平面図形
6	空間図形
7	データの活用

本時の評価

・文字式として両辺が等しい等式は，いつも成り立つことを理解できたか。

・方程式は両辺が等しくなるときの x の値を求めることが目的であることを理解できたか。

準備物

・なし

📖 $4x-(x-1)=3x+1$ の両辺の値を調べる

x の値	左辺 $4x-(x-1)$ の値		右辺 $3x+1$ の値
⋮	⋮		⋮
1	$4\times1-(1-1)=4$	＝	$3\times1+1=4$
2	$4\times2-(2-1)=7$	＝	$3\times2+1=7$
3	$4\times3-(3-1)=10$	＝	$3\times3+1=10$
4	$4\times4-(4-1)=13$	＝	$3\times4+1=13$
⋮	⋮		⋮

常に等しい　　恒等式という

$4x-(x-1)=3x+1$ は方程式ではない

📖 $4x-(x-1)=2x+3$ の両辺の値を調べる

x の値	左辺 $4x-(x-1)$ の値		右辺 $2x+3$ の値
⋮	⋮		⋮
1	$4\times1-(1-1)=4$	＜	$2\times1+3=5$
②	$4\times2-(2-1)=7$	＝	$2\times2+3=7$
3	$4\times3-(3-1)=10$	＞	$2\times3+3=9$
4	$4\times4-(4-1)=13$	＞	$2\times4+3=11$
⋮	⋮		⋮

方程式の解　　等しかったり，等しくなかったり

$4x-(x-1)=2x+3$ は方程式である

📖 どういう等式が常に等しい（恒等式）のか

・x に何を代入しても，いつも両辺の式の値が等しい

・文字式として左辺を計算して右辺になる（左辺と右辺を計算すると同じ式になる）

📖 方程式はどういう等式なのか

・左辺と右辺が文字式として等しくない式

・x の値によって，等しかったり，等しくなかったりする等式

┌─ **本時のまとめ** ─

・恒等式は，両辺が文字式として等しい式なので，x の値によらず常に両辺が等しい。

・方程式は，x によって両辺が等しかったり等しくなかったりする等式で，等しくなるときの x の値を調べることが大切

---

4 $4x-(x-1)=2x+3$ を調べよう

T：次は，$4x-(x-1)=2x+3$ について，両辺の式の値を調べましょう。

S：$x=1$ のときは…。

S：$x=2$ のときは両辺が等しくなるけど，2以外のときは，等しくならないです。

T：**3** の等式との違いは何だろう。

S：左辺を整理しても右辺になってない。全く別の式です。

S：だから，常に等しくなるわけではなくて，特定の値のときだけ等しくなるのかな？

5 2つの等式についてまとめよう

T：恒等式と方程式の違いは？

S：恒等式は，両辺が文字式として等しい式になっています。

S：だから，常に両辺が等しくなります。

S：一方，方程式は，両辺が文字式として等しい式になっていないです。

S：だから，常に両辺が等しいわけではなく，特定の値のときだけ両辺が等しくなります。

T：方程式は解を求めることが大切なんだよ。

S：解がないことはないのかな？

本時案

方程式はかせになろう

本時の目標
・第1時で立式した方程式の解き方を，等式の性質をもとに理解することができる。

モニターの映像

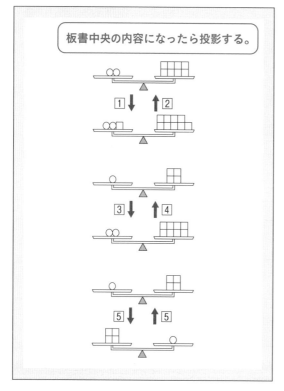

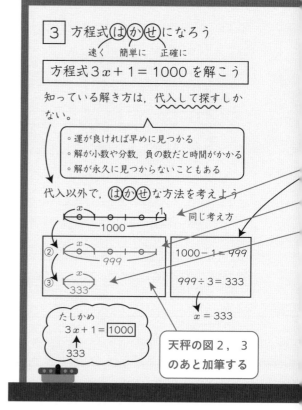

授業の流れ

1 解を求めるにはどうすればいい？

S：両辺が等しくなるときの x の値を，x にいろいろな値を代入して探せばいいです。

S：大きな値だったら，探すのに時間かかる。

T：第1時の最後みたいに，解が小数になる場合もあるよ。負の数のこともあるかもよ。

S：代入して調べる以外の方法はないのかな？

T：方程式を「速く・簡単に・正確に」解くための方法を考えていこう。

2 方程式 $3x + 1 = 1000$ を解こう

T：方程式 $3x + 1 = 1000$ の解を代入以外の方法で求めるために線分図をかいてみよう。

S：1000から1ひいて，3でわればいいと思う。

S：$1000 - 1 = 999$，$999 ÷ 3 = 333$ となって，この方程式の解は $x=333$ になると思います。

TS：実際に $3x + 1$ に $x=333$ を代入すると…1000になります。

　小学校で学習した逆算を使用して解を求める。後で，等式の性質を用いた解と比較する。

1	正の数と負の数
2	文字と式
3	一次方程式
4	変化と対応
5	平面図形
6	空間図形
7	データの活用

本時の評価

・等式の性質を線分図の考えに関連付けて理解できたか。
・等式の性質を用いて, $x = \square$ の形に変形した値が, 方程式の解となることを理解できたか。

準備物

・モニター

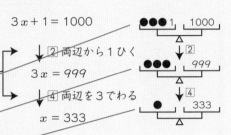

◎方程式 $3x + 1 = 1000$ を天秤の図を使って解こう

$3x + 1 = 1000$

↓ ② 両辺から1ひく

$3x = 999$

↓ ④ 両辺を3でわる

$x = 333$

◎天秤の図を用いて解く際のポイント

。左右の皿で同じことをすれば天秤のつりあいは保てる
。天秤のつりあいを保ち続けて $x = \square$ の形にすればよい

天秤の図の考え方より

$A = B$ ならば

1　$A + C = B + C$
2　$A - C = B - C$
3　$AC = BC$
4　$\dfrac{A}{C} = \dfrac{B}{C}$ $(C \neq 0)$
5　$B = A$

等式の性質

等式を保ち続けるために使える性質

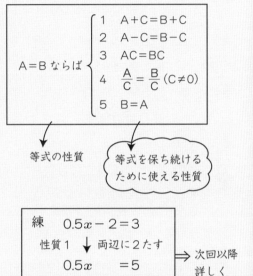

練　$0.5x - 2 = 3$

性質1 ↓ 両辺に2たす

$0.5x = 5$

性質3 ↓ 両辺を2倍する

$x = 10$

⇒ 次回以降詳しく

---

3 天秤の図をヒントに考えよう

T：モニターの天秤の図を使って, 方程式 $3x + 1 = 1000$ の x を求めてみよう。

S：まずモニターの図の②で両辺から1をひく。

S：次に図の④で両辺を3でわる。

T：天秤の図を使って求めるときのポイントは?

S：左右の皿で同じ操作をして, 天秤のつり合いを保つことです。

S：最終的に左の皿を x だけにできれば, 解が求められます。

4 逆算の方法と天秤の方法を比べて気が付くことは?

S：計算している式は同じですが, 天秤の図は3つで, 線分図は1つです。

T：線分図も3つにできませんか。

S：線分図②, 線分図③になります。

S：線分図と天秤の図はほぼ同じですね。

T：今後のために, 天秤の図の考え方をまとめておこう。これを「等式の性質」といいます。

この時点では, 生徒は等式の性質を用いることのよさを実感していないはずである。無理に強調せず, 自然と実感できるまで待ちたい。

本時案

等式の性質を
工夫して用いよう

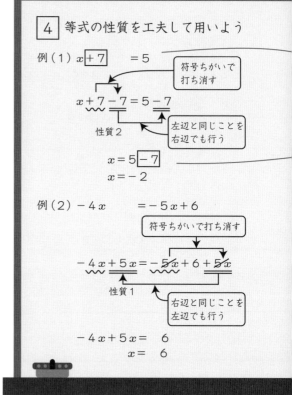

本時の目標

・一次方程式を簡単に解くための方法として，等式の性質をもとに，「移項」を理解することができる。

モニターの映像

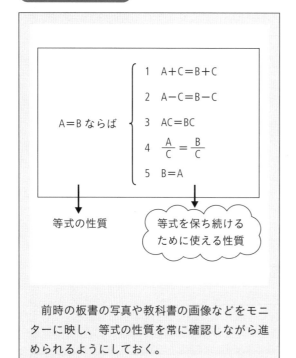

前時の板書の写真や教科書の画像などをモニターに映し，等式の性質を常に確認しながら進められるようにしておく。

授業の流れ

1 「$x = \square$ の形」にするためには？

T：等式の性質を使って(1)$x + 7 = 5$ を「$x = \square$ の形」にするためにはどうすればいい？

S：(モニターを見ながら) 性質2を使って両辺から7をひけばよさそうです。

T：(2)$-4x = -5x + 6$ を「$x = \square$ の形」にするためには？

S：性質1を使って両辺に $5x$ をたせばよさそうです。

S：どっちも，消したい項の符号違いで打ち消せばいい。

2 方程式はかせになるために…

S：(1)は左辺の ＋7が－7になって右辺に移動している。(2)は右辺の－$5x$ が＋$5x$ になって左辺に移動している。

T：符号が変わって移動するのはなぜかな？

S：消したい項は符号違いで打ち消したけど，反対の辺ではその符号違いが残るからです。

　本時で移項の仕組みが明らかになったので，今後は移項を道具として使ってよいことを確認する。

1 正の数と負の数

2 文字と式

3 一次方程式

4 変化と対応

5 平面図形

6 空間図形

7 データの活用

本時の評価

・等式の性質をもとに,「移項」の考えに気付くことができたか。

準備物

・モニター

◎方程式はかせになるために(1)(2)
それぞれ1行目と3行目を見比べて
気付くことは?

(1) $x \boxed{+7} = 5$

$x = 5 \boxed{-7}$

左辺の $\boxed{+7}$ が
$\boxed{-7}$ になって右辺に
移動している

(2) $-4x = \boxed{-5x}+6$

$-4x \boxed{+5x} = 6$

右辺の $\boxed{-5x}$ が
$\boxed{+5x}$ になって左辺
に移動している

☆等式の中にある項を符号を変えて,
等号(=)の反対側へ移動させる
ことを<u>移項</u>という

☆本時で移項の仕組みがわかったの
で,今後は移項を道具として使っ
てよい

例(3) $4x-1=3x+4$　移項

$4x-3x=4+1$

$x = 5$

$x = \square$ の形にするために

$\left.\begin{array}{l} x \text{ の項を左辺} \\ \text{定数項を右辺} \end{array}\right\}$ に集めるように

移項するとよい

練(1) $10+x=7$
$x = 7-10$
$x = -3$

(2) $5x=6+4x$
$5x-4x=6$
$x = 6$

---

3 目指す形は?

T:(3) $4x-1=3x+4$ を移項して解こう。
S:何をどう移項すればいいのだろう?
S:項が多くて,動かし方がわからなくなった。
T:方程式を解くために目指す形は?
S:「$x=\square$ の形」です。
S:x の項を左辺に集めればいいのか。

ポイントは何のために移項をするかである。
ここで,x の項を左辺,定数項を右辺に集め
ることを確認しておく。

移項だけに焦点を当てる

本時の学習内容は「移項」である。そこで,
移項して整理するだけで,左辺の x の係数が
1となる方程式だけを扱い,移項だけに焦点
が当たるようにした。

説明後の問題演習でも,x の係数が1にな
る方程式だけを印刷したプリントを用いること
で,移項の有用性を実感し,方程式を解くこと
に自信がもてるようになる。そうすることで,
x の係数が1でなくなったときにも前向きに
取り組めるようになる。

本時案

「$x = \square$ の形」に ならないぞ？

本時の目標
・等式の性質を用いて，$ax + b = cx + d$ の形を解くことができる。

モニターの映像

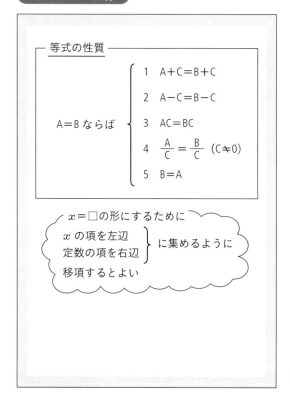

これを板書した後に，タイトルをかく。

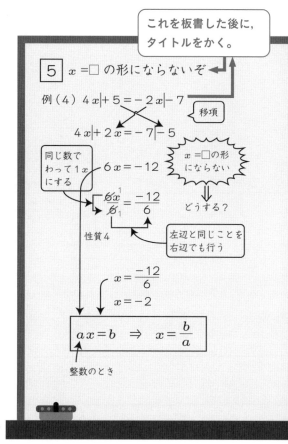

授業の流れ

1 あれ，$x = \square$ の形にならないぞ？

T：(4) $4x + 5 = -2x - 7$ を解いてみよう。
S：$6x = -12$ です。あれ，$x = \square$ の形にならないぞ？　$6x$ を x にする方法は？
S：性質 4 を使って両辺を 6 でわればいい。

　前時は移項だけで解けたので，移項だけ行い $6x = -12$ で終えてしまう生徒がいるかもしれない。その状況を利用して，移項だけでは解けないことがあることを強調したい。

2 2 つの方法を統合する

T：(4) の場合は性質 4 を使ってわればいいね。
S：(5) の場合は性質 3 を使って逆数をかければいいです。
S：それぞれ逆の方法では？

　まず，2 つの問題をそれぞれの方法で説明し，状況に応じて使い分けるように話す。その後，それぞれ逆の方法で解決するように促す。こうすることで，性質 3，性質 4 はどちらか一方だけでよいことに気付かせたい。

1 正の数と負の数

2 文字と式

3 一次方程式

4 変化と対応

5 平面図形

6 空間図形

7 データの活用

本時の評価

・$ax = b$ の形を解くために必要な等式の性質を探すことができたか。

・$ax + b = cx + d$ の形を解くことができたか。

準備物

・モニター

例（5） $\dfrac{1}{2}x - 2 = 2x + 4$

$\dfrac{1}{2}x - 2x = 4 + 2$

$\dfrac{1}{2}x - \dfrac{4}{2}x$

$-\dfrac{3}{2}x = 6$

$\boxed{1x\text{にしたい}}$ → 逆数をかける

$-\dfrac{\overset{1}{3}}{\underset{1}{2}}x \times \left(-\dfrac{\overset{1}{2}}{\underset{1}{3}}\right) = 6 \times \left(-\dfrac{2}{3}\right)$

性質3 ← $\boxed{\text{左辺と同じことを}\atop\text{右辺でも行う}}$

$x = \overset{2}{6} \times \left(-\dfrac{2}{\underset{1}{3}}\right)$

$x = -4$

$\boxed{ax = b \;\Rightarrow\; x = b \times (a\text{の逆数}) }$

分数のとき

◎ 逆の発想は？

性質4

(4) $6x = -12$

$6x \times \left(\dfrac{1}{6}\right) = -12 \times \left(\dfrac{1}{6}\right)$

$x = -2$

$\left[\begin{array}{c} 6x = -12 \\ \dfrac{6x}{6} = \dfrac{-12}{6} \\ x = -2 \end{array}\right]$

(5) $-\dfrac{3}{2}x = 6$

$-\dfrac{3}{2}x \div \left(-\dfrac{3}{2}\right) = 6 \div \left(-\dfrac{3}{2}\right)$

$x = -4$

$\left[\begin{array}{c} -\dfrac{3}{2}x = 6 \\ -\dfrac{3}{2}x \times \left(-\dfrac{2}{3}\right) = 6 \times \left(-\dfrac{2}{3}\right) \\ x = -4 \end{array}\right]$

性質3

◎ 性質1と性質2は？

性質2

(1) $x + 7 = 5$

$x + 7 + (-7) = 5 + (-7)$

$x = -2$

$\left[\begin{array}{c} x + 7 = 5 \\ x + 7 - 7 = 5 - 7 \\ x = -2 \end{array}\right]$

☆性質1と2，性質3と4はそれぞれ
どちらか一方だけあればよい。

話型を指定して根拠を明確にする

例題を全体に対して説明する際には，短時間でも個別で解決を試みる時間を設ける。こうすることで，前時と異なる点（x の係数が1ではないこと）に気付き，解決すべきポイントを焦点化しやすくなる。

生徒に発表させる際には「等式の性質の〇番を用いて〇〇すると〜」等と話型を指定すると，生徒は自分の意見を振り返り，根拠を一層明確に表現しようとするようになる。

3 **性質1と性質2も統合できる？**

T：性質1と性質2も統合できるかな？
前時の方程式 $x + 7 = 5$ で考えてみよう。

S：性質2を使って7をひくと考えました。

S：でも，性質1を使って−7をたすと考えてもよいのでは？

2 で性質3と性質4を統合したように，ここでは性質1と性質2を統合する。

本時案

等式の性質を
使いこなそう①

授業の流れ

1 方程式の解き方をまとめよう

S：まず移項します。

T：どういうふうに？

S：x の項を左辺に，定数項を右辺に集めます。

T：それはなぜ？

S：$x = \square$ の形にしたいからです。

S：移項したら，両辺を計算してまとめます。

S：$x = \square$ の形になっていれば終わりだけど，なっていなければ，その形にします。

S：x の係数でわるか，x の係数の逆数をかければ，$x = \square$ の形にできます。

　前時までの内容を振り返り，「方程式の解き方」を整理する。本時以降はこの「方程式の解き方」を軸に展開する。

---

6 等式の性質を使いこなそう①

◎例（1）〜（5）の解き方を振り返り
　方程式の解き方を整理しよう

┌ 方程式の解き方 ─────────

1. x の項を左辺 ⎫
　 定数項を右辺 ⎭ に移項する

2. 両辺をまとめる

3. $ax = b$
　　　　　　　　 $x = \square$ の形なら
　　　　　　　　 終了
　├→ $x = \dfrac{b}{a}$
　└→ $x = b \times (a \text{ の逆数})$

---

2 解き方の方針を立てよう

T：（ア〜オを示し）これらの方程式はどうやって解こうか。

S：「方程式の解き方」に沿って，解きます。

S：ア，ウは，今まで通りに解けそうです。

S：イ，オは小数，分数を含むから，計算が少し面倒だけど，同じように解けそう。

S：エは，分配法則で（　）を外せば，「方程式の解き方」に沿って解けそうです。

　解き方の方針を立てる活動を通して，今後の学習の見通しを立てる。

3 解法のバリエーションを増やそう

T：みんなが言うようにア〜オの方程式は，「方程式の解き方」に沿って，変形すれば解けそうだね。

T：エの（　）がある方程式は，本時で確認します。

T：イ，オのような方程式について，第7〜8時で，改めて解き方を確認していきます。

1 正の数と負の数

2 文字と式

3 一次方程式

4 変化と対応

5 平面図形

6 空間図形

7 データの活用

本時の評価

・（　　）がある方程式を解くことができたか。

準備物

・なし

方程式の解き方にそって方程式を解こう

ア．$3x = 2x + 10$

イ．$1.2x + 0.9 = -0.9$

ウ．$2x + 3 = 4x - 5$

エ．$2(x + 3) - 5(x - 1) = -1$

オ．$\dfrac{2}{3}x - \dfrac{1}{6} = \dfrac{1}{4}x - 1$

🤔ア〜オで簡単そうなものと難しそうなものは？

　ア，ウは「方程式の解き方」の通り
　イは小数がある
　エは（　　）がある→分配法則？
　オは分数がある

第7時

第8時

（　　）がある方程式を解こう

例（6）　$2(x + 3) - 5(x - 1) = -1$

分配法則
$a(b + c) = ab + ac$

$\Downarrow$

$2x + 6 - 5x + 5 = -1$
$-3x + 11 = -1$
$-3x = -1 - 11$
$-3x = -12$
$x = \dfrac{-12}{-3}$
$x = 4$

練習　$2x - 3(2 - x) = 4$
$2x - 6 + 3x = 4$
$5x - 6 = 4$
$5x = 4 + 6$
$5x = 10$
$x = \dfrac{10}{5}$
$x = 2$

---

4 例（6）の解き方を考えよう

S：「方程式の解き方」に沿って，まず移項。

S：（　　）があるから，（　　）を外さないと。

S：分配法則を使おう。

S：分配法則を使うと，$2x + 6 - 5x + 5 = -1$です。

S：後は今まで通りだね。

　移項の前に（　　）を外す必要性に気付かせたい。

板書を記録しておこう

　黒板の他にモニター等に，既習事項のポイントを映しながら授業を進めることがある。本時でまとめた「方程式の解き方」も次時以降に参照される。授業の終了時に，全授業の板書を撮影しておくと，後の授業で使用することができて便利である。撮影する際には黒板に「○年○組」と書き加えてから撮影すると，該当クラスの板書が確認でき，さらに便利である。

　また，Microsoft Teams や Google Classroom 等の ICT を活用し板書を投稿しておくと，欠席した生徒や自宅学習の際の支援にもなる。

本時案

等式の性質を
使いこなそう②

7/16

本時の目標

・小数を含む方程式を，2つの方法で解くことができる。

授業の流れ

1 まずは普通に解いてみよう

T：例(7)を解いてみよう。

S：分数の中に小数がある計算がわかりません（小数÷小数の計算が面倒です）。

T：約分の要領で分母分子に同じ数をかけてあげよう（倍分の扱いは補足程度にとどめる）。

　方法2の方が計算の過程はやさしいが，その有用性を実感するためには，方法1を経験しておいた方がよい。

$\boxed{7}$ 等式の性質を使いこなそう②

例（7）　$1.2x + 0.9 = -0.9$
　　　　　$1.2x = -0.9 - 0.9$
　　　　　$1.2x = -1.8$
$\boxed{方法1}$　$x = \dfrac{-1.8}{1.2}$ $\Big)$?
　　　　　$x = -\dfrac{3}{2}$

☆小数を含む分数は難しい！
　別の方法はないか？

例（7）　$1.2x + 0.9 \qquad = -0.9$
　　　　$(1.2x + 0.9) \times 10 = -0.9 \times 10$
$\boxed{方法2}$
　　　　$12x + 9 \qquad\qquad = -9$
　　　　　　　　$12x = -18$
$\boxed{\begin{array}{c}両辺に \times 10\\（性質3）\end{array}}$
　　　　　　　　$x = -\dfrac{18}{12}$
$\Downarrow$
$\boxed{両辺を整数に}$　　　　$x = -\dfrac{3}{2}$ できる！

---

2 ほかの方法はないかな？

S：性質3を使って，両辺を10倍します。

T：どうして，10倍するの？

S：10倍すれば，小数を整数にできるからです。

　方法2では，性質3を用いて小数を整数にしている。方法1と方法2はどちらかが優れているわけではない。方程式を「速く・簡単に・正確に」解くために方法1と方法2を問題や自分の力量によって使い分けることが望ましい。

3 10倍ですか？ 100倍ですか？

T：練習(2)は何倍すればいいかな？

S：かっこを外すと小数点以下2桁だから，100倍して，$12x - 28 = 80$ だと思う。

S：もとの式は小数点以下1桁だから，10倍して，$4(3x - 7) = 8$ でもいいんじゃないかな？

S：その2つの方法だと，解が一致しないよ。

　生徒から①②の片方しか出ない場合は，教師から示してもよい。また，最初に教師から①②を示して，**4**に力点を置いてもよい。

1 正の数と負の数

2 文字と式

3 一次方程式

4 変化と対応

5 平面図形

6 空間図形

7 データの活用

本時の評価

・等式の性質を用いて，小数を含まない方程式に直せることを理解できたか。

・小数を含む方程式を解くことができたか。

準備物

・モニター

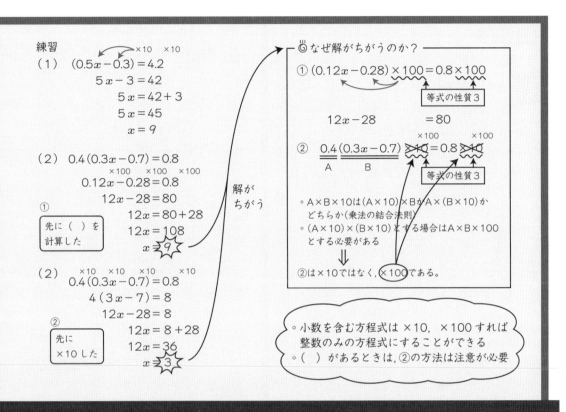

練習

（1）　$(0.5x - 0.3) = 4.2$ ←×10　×10

　　　$5x - 3 = 42$

　　　　　$5x = 42 + 3$

　　　　　$5x = 45$

　　　　　$x = 9$

（2）　$0.4(0.3x - 0.7) = 0.8$

　　　　×100　×100　×100

　　　$0.12x - 0.28 = 0.8$

　　　　$12x - 28 = 80$

① 先に（ ）を計算した

　　　　$12x = 80 + 28$

　　　　$12x = 108$

　　　　　$x = 9$

（2）　×10　×10　×10　×10

　　　$0.4(0.3x - 0.7) = 0.8$

　　　　$4(3x - 7) = 8$

　　　　$12x - 28 = 8$

② 先に×10した

　　　　$12x = 8 + 28$

　　　　$12x = 36$

　　　　　$x = 3$

解がちがう

◎なぜ解がちがうのか？

① $(0.12x - 0.28) \times 100 = 0.8 \times 100$

　　　　　　　　　　　　　等式の性質3

　　$12x - 28 \qquad = 80$

② $\dfrac{0.4(0.3x - 0.7)}{A \quad B} \times 10 = 0.8 \times 10$ ×100 ×100

　　　　　　　　　　　等式の性質3

・A×B×10は(A×10)×BかA×(B×10)かどちらか（乗法の結合法則）

・(A×10)×(B×10)とする場合はA×B×100とする必要がある

⇓

②は×10ではなく，×100である。

・小数を含む方程式は ×10，×100 すれば整数のみの方程式にすることができる

・（ ）があるときは，②の方法は注意が必要

4 練習（2）の①②はどこが違う？

S：①は性質3を使って両辺を100倍しているので，正しいはずです。

S：②も性質3を使って両辺を10倍しているので，正しいはずだよ。

S：でも，0.4と（0.3x − 0.7）は乗法でつながっているから，両方10倍すると，左辺全体は100倍になっちゃうんじゃない？

　②は左辺は100倍，右辺は10倍になっていて等式の性質を満たしていないことに気付かせたい。

5 方法1と方法2を比べると？

　方法1より方法2の方がよいとは限らない。しかし，ただ「どちらでもよい」とするのでなく，両方の方法の利点と欠点を比較・整理し価値付けした上で，生徒が自分で方法を選べるようにしたい。価値付けする際には「速く・簡単に・正確に」とすると指導の一貫性があってよい。

本時案

等式の性質を使いこなそう③

8/16

本時の目標

・分数を含む方程式を，２つの方法で解くことができる。

授業の流れ

1 まずは普通に解いてみよう

T：例(8)を解いてみてください。

S：通分が面倒です。

S：前時の小数と同じように，整数に直したらどうだろう？

T：前時は小数だったけど，今日は，分数を含む方程式について考えてみよう。

　前時に学習した小数を含む方程式の解き方を復習し，本時は分数を含む方程式の解き方を考えることを確認する。前時の内容と比較しながら進め，前時と同様に方法１と方法２の２通りで考えたい。

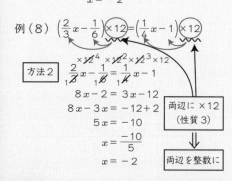

2 整数に直す場合は？

S：両辺を12倍します。

S：なんで12倍なの？

S：分母の最小公倍数が12だから。

S：何で分母の最小公倍数をかけるの？

S：３の倍数かつ６の倍数かつ４の倍数をかければ，すべて約分されて整数になるから。

S：つまり，３，６，４の公倍数ってこと？

S：その中でも小さい方が計算しやすい。

S：なるほど。だから最小公倍数なんだね。

S：両辺を12倍した後は，小数のときと同じように，分配法則を使えばいいね。

3 大きい分数はどうする？

T：(例(9)を示し) 大きい分数はどうする？

S：例(8)と同じように，分数を整数にしよう。

S：分母が２と３だから，６倍しよう。

S：分子に項が２つあるけど，どうすればいい？

S：ひとかたまりにするために（　）をつければいいと思うよ。

1 正の数と負の数

2 文字と式

3 一次方程式

4 変化と対応

5 平面図形

6 空間図形

7 データの活用

本時の評価

・等式の性質を用いて，分数を含まない方程式に直せることを理解できたか。

・分数を含む方程式を解くことができたか。

準備物

・モニター

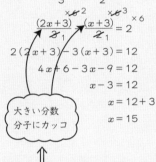

😀 なぜ ×12 なのか

$\left(\frac{2}{3}x, -\frac{1}{6}, \frac{1}{4}x \right.$ を一度に整数にするために分母（3，6，4）の公倍数をかける

例（9） $\frac{2x+3}{3} - \frac{x+3}{2} = 2$

$\dfrac{(2x+3)}{\cancel{3}_1}^{\times \cancel{6}\,2} \dfrac{(x+3)}{\cancel{2}_1}^{\times \cancel{6}\,3} {}^{\times 6} = 2$

$2(2x+3) - 3(x+3) = 12$

$4x+6 - 3x - 9 = 12$

$x - 3 = 12$

$x = 12+3$

$x = 15$

大きい分数 分子にカッコ

⬆

大きい分数の分子はひとかたまりなので（ ）をつける

例（10） $\frac{1}{3}x - 2 = 0.1x + \frac{3}{2}$

$\frac{1}{3}x - 2 = \frac{1}{10}x + \frac{3}{2}$

$\left(\frac{1}{3}x - 2 \right)^{\times 30} = \left(\frac{1}{10}x + \frac{3}{2} \right)^{\times 30}$

$\dfrac{1}{\cancel{3}}x^{\times \cancel{30}\,10} {}^{\times 30} = \dfrac{1}{\cancel{10}}x^{\times \cancel{30}\,3} \dfrac{3}{\cancel{2}}^{\times \cancel{30}\,15}$

$10x - 60 = 3x + 45$

$10x - 3x = 45 + 60$

$7x = 105$

$x = 15$

分数を含む方程式では，分母の最小公倍数をかけると整数のみの方程式にすることができる

小数や分数を含む方程式の解き方

1. 方程式の両辺を何倍かして（性質3）小数や分数を整数にしてから解く

2. 小数や分数を含んだまま解く

どちらの解き方でも正しく解を求められる。

---

4 小数も分数もあるときは？

T：（例（10）を示し）分数も小数もあるときは？

S：何倍かして，分数も小数も整数にしよう。

S：何倍すればいいのかな？

S：小数を分数にしてみると，何倍にすればいいかわかりそうだよ。

S：$0.1x$ は $\frac{1}{10}x$ だから，3と10と2の最小公倍数で30倍かな？

T：では，両辺を30倍して，解いてみようか。

5 小数や分数を含む方程式の解き方は？

S：共通して言えることは，両辺を何倍かすると整数だけの方程式にできる。

S：でも，そのまま解いてもいい。

S：小数は，小数点以下の桁数に応じて，10倍，100倍，…にする。

S：分数は，分母の最小公倍数をかける。あとは，ほぼ同じかな。

本時案

アルアル間違い発見！

本時の目標
・方程式の計算ができる。

授業の流れ

1 間違い発見！①②

S：①は移項の符号ミスで，慣れるまで自分もたまにやってしまいます。

S：②は $6x$ と $6+x$ の区別ができていなくて，移項してしまっています。

　計算過程をわざと間違えた方程式（以下，誤答方程式）を訂正させる。第7時でも同様のことをしているが，本時では訂正後に，間違えた理由を考えさせ，間違えないようにするポイントを書かせることにした。こうすることで，方程式を解くポイントを自覚できるようになることを期待している。

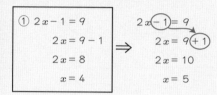

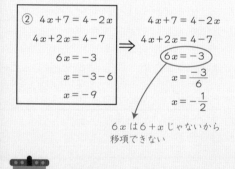

2 間違い発見！③④

S：③は小数を整数に直す際，小数にだけ10倍して，整数に10倍し忘れた間違いです。

S：④は第7時の復習です。左辺は（　）の外も中も10倍しているので，左辺全体では100倍されています。一方右辺は10倍です。

　③はケアレスミスに近いが，よく見られる例である。④は第7時で考察しているが，本時で再確認したい。この場合（分数とかっこが共存している場合も含み）は，かっこを外してから何倍するか考えると，防止できる。

3 誤答方程式をつくってみよう

T：自分で誤答方程式をつくって，グループ内で出題し合ってみよう。

S：間違えやすそうな問題のパターンを探して，問題をつくればいいですか？

T：誤答とセットで示します。もちろん正答も準備しておきましょう。

S：誤答も正答もきれいな数になるような誤答方程式をつくりたい。

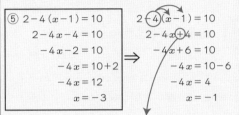

みんながつくった誤答方程式

③ $1.1x + 1.2 = 3 + 0.2x$

$11x + 12 = 3 + 2x$

$11x - 2x = 3 - 12$

$9x = -9$

$x = -1$

⟹

$1.1x + 1.2 = 3 + 0.2x$

$11x + 12 = 30 + 2x$

$11x - 2x = 30 - 12$

$9x = 18$

$x = 2$

整数も ×10 を忘れない

⑤ $2 - 4(x - 1) = 10$

$2 - 4x - 4 = 10$

$-4x - 2 = 10$

$-4x = 10 + 2$

$-4x = 12$

$x = -3$

⟹

$2 - 4(x - 1) = 10$

$2 - 4x + 4 = 10$

$-4x + 6 = 10$

$-4x = 10 - 6$

$-4x = 4$

$x = -1$

分配法則の符号に注意

④ $0.2(0.3x + 1.2) = 0.6$

$2(3x + 12) = 6$

$6x + 24 = 6$

$6x = 6 - 24$

$6x = -18$

$x = -3$

⟹

$0.2(0.3x + 1.2) = 0.6$

$0.06x + 0.24 = 0.6$

$6x + 24 = 60$

$6x = 60 - 24$

$6x = 36$

$x = 6$

両辺とも 100 倍する
先に ( ) をはずすとよい

左辺 100 倍
右辺 10 倍
になっている ✕

⑥ $\frac{1}{2}x + 1 = \frac{1}{3}x + 0.6$

$3x + 1 = 2x + 6$

$3x - 2x = 6 - 1$

$x = 5$

⟹

$\left(\frac{1}{2}x + 1\right) = \left(\frac{1}{3}x + 0.6\right)$

$15x + 30 = 10x + 18$

$15x - 10x = 18 - 30$

$5x = -12$

$x = -\frac{12}{5}$

分数は 6 倍，小数は 10 倍，
整数はそのままになっている。

$\frac{1}{2}$，$\frac{1}{3}$，0.6 を整数にするために両辺を 30 倍する。

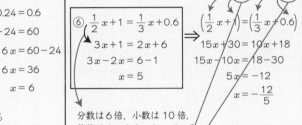

誤答方程式を出題し合う活動

　出題する側は，間違えるポイントの決定，方程式の作問，誤答の作成，正答の作成を行い，解く側は，誤答の発見，正答の作成，ポイントの記述を行っている。

　この活動は，方程式の解法をより確実に身に付けることをねらいとしている。

　また，いくつかの誤答方程式（例えば正答も誤答も整数になるような方程式）は，全体で取り上げ共有する。その際，他にポイントはないか，そのポイントはどこで学習した内容か，などもあわせて確認し，既習事項と関連付ける。

4 間違い発見！⑤⑥

S：⑤は分配法則の符号ミスで，かっこの前が負の数のときにアルアルです。

S：第 2 章の文字式の第11時で学習しました。

S：⑥は，分数は 6 倍，小数は10倍，整数はそのままにしています。

S：0.6を分数にすると $\frac{3}{5}$ です。$\frac{1}{2}$，$\frac{1}{3}$，$\frac{3}{5}$ の分母の最小公倍数は30だから両辺を30倍します。

S：ポイントとなる等式の性質は，第 3 時ですね。

本時案

現実の問題を数学で解決しよう

・現実場面の問題を方程式を用いて解決することができる。

授業の流れ

1 先生，解けません！

S：先生，クッキー1枚とジュース1本の値段がわからないと解けなくないですか？

T：なるほど，素晴らしいね。まずは，解決に必要な情報を確認することが大切だね。

　現実の問題を数学で解決するには，現実の状況をよく想像し，問題解決に必要となる情報（数量）を見極めていく必要がある。本時のように条件が不足した状態で問題を提示すると，題意をよく考え，必要な数量を見いだすようになり，意欲の向上に加えて数学化する力の育成につながっていく。

2 ジュースの情報はどう表せる？

T：1枚60円のクッキー13枚を縦60横13の長方形で表すと，その長方形の面積は何を表しているかな？

S：クッキーの代金です。同様に1本80円のジュースを□本とすると，縦80横□の長方形になります。

S：その図を見ると，ジュースは60×13＝780，1500－780＝720，720÷80＝9で9本です。

T：図をかいて，状況を見える化すると，考えやすくなったね。

　題意を見える化することは，方程式を使う場合でも使わない場合でも大切であることを強調しておきたい。

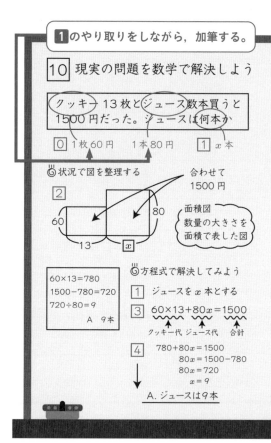

1 のやり取りをしながら，加筆する。

10 現実の問題を数学で解決しよう

クッキー13枚とジュース数本買うと1500円だった。ジュースは何本か

0 1枚60円　1本80円　1 x本

◎状況で図を整理する

合わせて1500円

2

面積図
数量の大きさを面積で表した図

60　80
13　x

60×13＝780
1500－780＝720
720÷80＝9
A　9本

◎方程式で解決してみよう

1 ジュースをx本とする

3 60×13＋80x＝1500
クッキー代　ジュース代　合計

4 　780＋80x＝1500
　　　80x＝1500－780
　　　80x＝720
　　　x＝9

A．ジュースは9本

3 方程式で解決できないかな？

S：ジュースの本数を求めたいから，ジュースをx本としよう。

S：面積図を参考に方程式をつくると，60×13＋80x＝1500になります。

S：x＝9となるので，ジュースは9本です。

T：さっきの答えと一致したね。

　方程式を使って解決した後は，**2** で求めた答えと一致することを確認し，現実の問題を数学で解決する方法は1つではなく，方程式はその一つの手段にすぎないことを強調する。

1 正の数と負の数

2 文字と式

3 一次方程式

4 変化と対応

5 平面図形

6 空間図形

7 データの活用

本時の評価

・日常の問題を数学の問題として扱う方法を理解できたか。
・方程式で求めた解が日常の問題の答えとなるかどうか吟味することの
　必要性を理解できたか。

準備物

・なし

現在，まことくん12才，先生45才です。
先生の年齢がまことくんの3倍になるのは
（いつか）？

　　　　　　　　　　1 x 年後

・状況を図で整理する
2

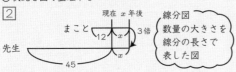

まこと　　　現在 x年後
　　　　12 　 x 　3倍
先生
　　　　　45　　 x

線分図
数量の大きさを
線分の長さで
表した図

・方程式で解決してみよう
1 　x 年後に先生の年齢がまことくんの3倍になる
3 　$45+x=3(x+12)$
4 　$45+x=3x+36$
　　$x-3x=36-45$
　　　$-2x=-9$
　　　　$x=\dfrac{9}{2}$
　　A. 4.5 年後？
　　あれ？
5

| 45−12=33 |
| 3−1=2 |
| 33÷2=16.5 |
| 16.5−12=4.5 |
| A. 4.5 年後？ |

┌─現実の問題を方程式で解決する考え方─┐
0 　必要な数量を確認する
1 　求めるものを x（単位つき）とおく
2 　図などを用いて数量の関係を整理する
3 　方程式をつくる（立式）
4 　方程式を解く
5 　現実的な答えかどうか確認する

「現実の問題を方程式で解決する考え方」
をまとめてから，1，2 などを加筆す
る。

4 　3倍になるのはいつ？

T：今度は線分図で整理してみよう。
S：x 年後に先生の年齢がまこと君の3倍になる
　　とすると，線分図より$45+x=3(12+x)$
　　となる。
S：解いてみると，…$x=\dfrac{9}{2}$ となるな。
S：え，4.5年後？　小数でもいいのかな？
S：別の方法で確認してみよう。
　　$45-12=33$，　$3-1=2$，　$33÷2=16.5$，
　　$16.5-12=4.5$だから，やっぱり4.5年後
　　だ。あれ？

5 　現実の問題を数学で解決するに
　　は？

T：2つの問題の解決過程を振り返って，現
　　実の問題を数学を使って解決する考え方を
　　まとめよう。
S：必要な数量を確認する必要があります。
S：求めたいものを x とします。
S：面積図や線分図などを使って数量関係を整
　　理し，方程式をつくります。
S：その方程式を解いて，その解が答えです。
S：その解が現実的な答えにふさわしいか確認
　　する必要があるよ。

本時案

どんな図に表そうか①

本時の目標

・線分図を用いて，1つの数量を2通りで表現し，方程式をつくることができる。

モニターの映像

```
┌─ 現実の問題を方程式で解決する考え方 ─┐
│  ┌─┐                              │
│  │0│ 必要な数量を確認する           │
│  └─┘                              │
│  ┌─┐                              │
│  │1│ 求めるものをx（単位つき）とおく  │
│  └─┘      ↑        ↓             │
│  ┌─┐                              │
│  │2│ 図などを用いて数量の関係を整理する│
│  └─┘                              │
│  ┌─┐                              │
│  │3│ 方程式をつくる（立式）          │
│  └─┘                              │
│  ┌─┐                              │
│  │4│ 方程式を解く                  │
│  └─┘                              │
│  ┌─┐                              │
│  │5│ 現実的な考えかどうか確認する     │
│  └─┘                              │
└──────────────────────────────────┘
```

2 のやり取りをしながら，必要に応じて↑↓などを加筆する。

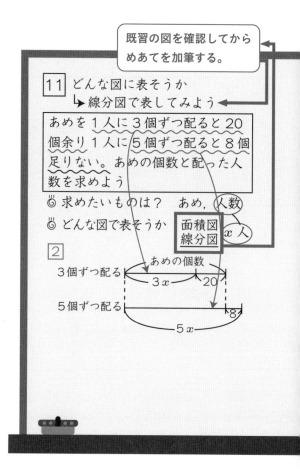

既習の図を確認してからめあてを加筆する。

11 どんな図に表そうか
↳ 線分図で表してみよう

あめを1人に3個ずつ配ると20個余り1人に5個ずつ配ると8個足りない。あめの個数と配った人数を求めよう

◎ 求めたいものは？　あめ，人数

◎ どんな図で表そうか　面積図 線分図　x人

2

あめの個数
3個ずつ配る　$3x$　20
5個ずつ配る　$5x$　8

授業の流れ

1 文章題で難しいことは？

S：方程式をつくることが難しいです。

S：手順 2 が難しいです。

T：前時みたいに，図を使って状況を見える化すれば，方程式をつくりやすくなるよ。

S：見える化の仕方がよくわからないです。

T：見える化のために，今まで使ったことがある図はどんなのがあるかな？

S：面積図や線分図を使ったことがあります。

　既習を生かすために，これまで使った図を思い出させる発問を取り入れる。見える化の方法は，線分図，面積図，表，グラフなどがあるが，本事例では線分図と面積図を取り上げる。

2 何を x にすればよい？

S：求めるものが2つあるけど，人数とあめの個数，どっちを x にすればいいのかな？

S：人数が先にわかる方が簡単そうだよ。

S：線分図を見ると，「人数からあめの個数を求める」方が，「あめの個数から人数を求める」より楽そうだから，人数が先にわかった方がいいと思う。

T：何を x にするか迷うときは，手順2を先に行ってから，何を x にするか決めた方がよさそうだね。

1 正の数と負の数

2 文字と式

3 一次方程式

4 変化と対応

5 平面図形

6 空間図形

7 データの活用

本時の評価

・過不足の問題で，一方の数量を x とおき，他方の数量を2通りで表現し，方程式をつくることができたか。

準備物

・モニター

◎ 方程式を使って解決しよう

$\boxed{1}$ 配った人数を x 人とする

$\boxed{3}$ $\quad 3x+20=5x-8$

3個ずつ　あめの個数　5個ずつ
配る　　　　　　　　　配る

$\boxed{4}$ $\quad 3x-5x=-8-20$

$\qquad -2x=-28$

$\qquad x=14$

あめの個数は

$3x+20=3×14+20=62$
$5x-8=5×14-8=62$

A. あめ62個　人数14人

$\begin{array}{l} 20+8=28 \\ 5-3=2 \\ 28÷2=14 \qquad\qquad \text{A. あめ62個} \\ 3×14+20=62 \qquad\quad \text{人数14人} \end{array}$

練習　あめを x 個として解こう

$\boxed{1}$ あめを x 個とすると

$\boxed{3}$ $\quad \dfrac{x-20}{3}=\dfrac{x+8}{5}$

3個ずつ　配った人数　5個ずつ
配る　　　　　　　　　配る

$\boxed{4}$ $\quad 5(x-20)=3(x+8)$

$\qquad 5x-100=3x+24$

$\qquad 5x-3x=24+100$

$\qquad 2x=124$

$\qquad x=62$

人数は

$\dfrac{x-20}{3}=\dfrac{62-20}{3}=\dfrac{42}{3}=14$

$\dfrac{x+8}{5}=\dfrac{62+8}{5}=\dfrac{70}{5}=14$

A. あめ62個　人数14人

---

3 他の考え方は？

S：$20+8=28$，$5-3=2$，$28÷2=14$，
　　$3×14+20=62$

　現実の問題を数学で解決する際には，方程式以外の解法も考えさせる。方程式は解決手段の一つにすぎないので，方程式以外の解法も触れ，方程式が解法の一つであることを実感させたい。

　方程式以外の解法を共有する際には，あえて説明はさせず式だけ書き，式の意味を考えるように促せば，根拠を図から探し，図の大切さをより実感するようになる。

4 あめを x 個とする方法も扱う

S：あめの個数を x 個として，人数で方程式をつくってもできる気がします。

S：もし20個少なければ，ちょうど3個ずつ配れたはずだから，人数は $\dfrac{(x-20)}{3}$（人）と表せます。もし，もう8個あれば…。

　演習問題として扱い，どちらの考え方も扱っておきたい。どちらでも求められることを実感しつつ，簡単な方を気付かせたい。

本時案

どんな図に
表そうか②

12/16

本時の目標
・面積図を用いて，等しい数量を見いだし，方程式をつくることができる。

授業の流れ

1 どんな図をかいて，何を x にする？

S：今回も，求めるものが2つある。

S：けど，今回は「合わせて15個」だから，どっちを x 個にしてもいいかな。

S：みかんとりんごは，どっちの個数が先にわかっても，その後の労力は変わらない。

S：じゃあ，みかんを x 個にしてみよう。

　この問題では，どちらを x にしても変わらない。図をかくことで，先の手順も見通せるようになる。

12　どんな図に表そうか②
　→ 面積図で表してみよう ←

みかんとりんごを合わせて15個買って代金は1500円だった。みかんとりんごの個数は？

1個90円　1個140円　x 個
◎ 求めたいものは？みかん　りんご

個数　15個
　□　△　　線2つ必要
代金　1500円
　90×□　140×△

2つの線分図のうち，かけ算の方を面積で表すと1つの図で表せる

　→ 面積図を使う

ここまで進めてからタイトルを加筆する。

---

2 1つの図にできないかな？

S：個数についての線分図と代金についての線分図で2つの図になってしまいます。

T：かけ算で表されている数量を面積で考えてみたらどうなるかな？

　前時と本時は「2つの線分図で表せる」ことが共通しているが，片方の線分図の数量が90×□や140×△など，かけ算で表されているときは，面積図を用いることで1つの図にすることができる。（単価）×（個数）＝（代金）や（速さ）×（時間）＝（距離），（濃度）×（食塩水）＝（食塩）などは面積図を用いると便利である。

3 他の考え方は？

S：求めたいものが2つあるので，例えば，みかんを x 個，りんごを y 個にして，文字を2種類使うのはどうですか。

T：文字を2種類使う解法は解き方に工夫が必要で，2年生の「連立方程式」で学習します。

S：他にも，15×90＝1350，1500－1350＝150，140－90＝50，150÷50＝3でりんご3個。15－3＝12でみかん12個です。

T：この式の意味を読み取ってみよう。

1 正の数と負の数

2 文字と式

3 一次方程式

4 変化と対応

5 平面図形

6 空間図形

7 データの活用

本時の評価

・代金の問題で，等しくなる数量を見いだし，方程式をつくることができたか。

準備物

・なし

◎ 面積図で表してみよう

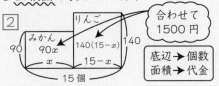

② みかん りんご 合わせて 1500 円

底辺→個数
面積→代金

◎ 方程式で解決しよう。

① みかんを x 個とすると

③ $90x + 140(15 - x) = 1500$

　みかん代　りんご代　合計

④ $90x + 2100 - 140x = 1500$
　　$90x - 140x = 1500 - 2100$
　　　　$-50x = -600$
　　　　　　$x = 12$

A. みかん 12 個
　　りんご　3 個

りんごは $15 - x = 15 - 12 = 3$

$15 \times 90 = 1350$	$150 \div 50 = 3$ ←りんご
$1500 - 1350 = 150$	$15 - 3 = 12$ ←みかん
$140 - 90 = 50$	A. みかん 12 個　りんご 3 個

┌ 図を用いて「見える化」する方法 ┐

○ 線分図や面積図がある。

○ 等しくなる量が 2 つあるとき，片方の数量が面積で表せるならば面積図を用いれば 1 つの図で表せる。

前時：個数だけ

本時：個数と代金
　　　　個数×単価

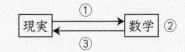

---

4 問題を見える化するには？

S：線分図や面積図などの図をかく。

T：線分図は第 3 時と第 11 時で，面積図は第 10 時と本時で扱ったね。2 つの図の違いは？

S：等しくなる数量が違います。線分図は棒の本数やあめの個数が等しくなり，面積図は代金でした。

S：代金は（単価）×（個数）のようにかけ算で表せるけど，本数や個数はかけ算で表せない。

S：等しくなる数量がかけ算で表せれば面積図かな。

現実世界と数学世界をつなぐ

　現実の問題は小学校の計算だけで解決できることがある。方程式が解決手段の一つにすぎないことは具体例とともに繰り返し紹介したい。

　第 10 時でまとめた「文章題で解決する考え方」は，3 つの段階に分けられる。

①現実の問題を数学の問題になおす段階

②数学の問題として解決する段階

③②で導いた答えを現実の答えに戻す段階

②で方程式を用いない場合も，同様の解決過程をたどる。指導する際には解法によらない考え方として意識しておきたい。

本時案

どんな図に表そうか③

本時の目標
・速さ・時間・距離に関する問題を方程式を用いて解くことができる。

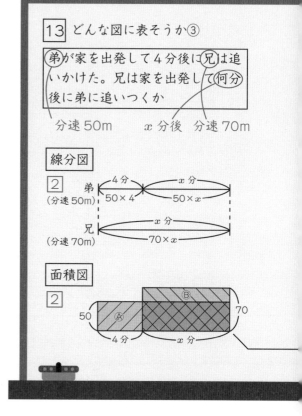

授業の流れ

1 線分図をかく？　面積図をかく？

S：兄弟の移動した距離が等しくて，（距離）＝（速さ）×（時間）でかけ算で表せるから，面積図かな？

S：面積図をかくのは難しい。線分図でもいい？

S：前時のように面積図は線分図2本でもかけるよね？

T：線分図でも面積図でもかけるね。じゃあ，両方ともかいて，比べてみようか。

S：線分図は，兄弟それぞれの線分図をかいて，兄弟の移動した距離が等しいことがわかるように長さを同じにしよう。

S：面積図は，兄弟それぞれの面積図をかいて，出発が違うから長方形のかき始めをずらして，速さが違うから高さを変えよう。

---

2 線分図と面積図を読み取ろう

S：線分図の線分の長さは，兄弟の歩いた距離を表しています。

S：面積図の底辺の長さは時間（分），面積は移動した距離を表しています。

S：兄弟の移動した距離が等しいので，図の▨と▧が等しいです。

　どちらの図だけが正しいということはないので，線分図でも面積図でも図を解釈できるようにしたい。1と2で発言した生徒の意見を全体で共有する。

3 この式の考え方を説明しよう

T：50×4＝200，70−50＝20，200÷20＝10で兄が弟に追いつくのは10分後です。この式の考え方を，線分図や面積図を使って説明しよう。

S：うーん。線分図で説明するのは難しいです。

S：面積図では，▨と▧が等しいので共通部分をひくと，Ⓐ とⒷ が等しくなる。Ⓐ の面積が50×4＝200，Ⓑ の高さが70−50＝20，だから，200÷20＝10です。

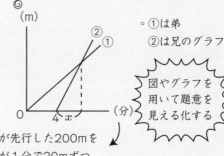

本時の評価

・線分図や面積図を読み取ることができたか。

・速さ・時間・距離に関する問題を方程式を用いて解くことができたか。

準備物

・なし

☺ 線分図を解釈してみよう

・線分の長さは歩いた距離を表す

・兄弟の歩いた距離が等しい

☺ 面積図を解釈してみよう

・底辺の長さは時間（分）を表す

・面積は距離を表す

・兄弟の歩いた距離（面積）が等しい

☺ 式読みをしてみよう

50 × 4 ＝ 200
70 − 50 ＝ 20
200 ÷ 20 ＝ 10
A　10分後

・Ⓐ と Ⓑ が等しいから

☺ 方程式で解決してみよう

1　兄が出発して x 分後に弟に追いつくとする

3　　$50(x+4)=70x$

4　　$50x+200=70x$
　　　$50x-70x=-200$
　　　$-20x=-200$
　　　$x=10$

A.　10分後

☺
(m)

②
①

0　　4 x 　(分)

・①は弟
②は兄のグラフ

図やグラフを用いて題意を見える化する

弟が先行した200mを
兄が1分で20mずつ
追いつくから

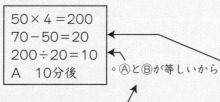

式読みによる思考の深化

　方程式以外の解法を共有する際には，式読み（式の意味を読み取る活動）を行うとよい。本時では，例えば50×4＝200の意味を読み取る際，線分図や面積図の中から50や4を探し，50×4＝200が表す数量を考察することで，図の見方やかき方，方程式を立式する視点の獲得につながる。また，誰かが立式するだけでは，その生徒の学びにしかならないが，式読みをする活動を加えれば全員の学びになる。さらに，この活動を班で行い，互いの解釈を共有すれば，思考はさらに深まる。

4 　方程式で解決しよう

S：▨ と ▧ が等しいので，線分図や面積図から方程式をつくると，50×4＋50x＝70x や50(4＋x)＝70x となります。

S：これを解くと，x＝10となります。

　方程式を利用して解決する方法は，第10時から扱っているが，繰り返し扱うことで定着を目指す。時間があったら，式読みに関連させてグラフで問題を整理する方法を紹介する。その際，横軸と縦軸が表している数量に注目させる。

1 正の数と負の数

2 文字と式

3 一次方程式

4 変化と対応

5 平面図形

6 空間図形

7 データの活用

本時案

比の考えを利用しよう

本時の目標
- ・比例式の意味を理解する。
- ・比例式を解くことができる。

授業の流れ

1 ウスターソースは何 mL ?

T：仮にウスターソース100mL とケチャップ 30mL だったら，これらの比は？

S：100：30＝10：3 です。

T：では，板書の問題でウスターソースは何 mL ？

S：ウスターソースとケチャップの割合は？

T：ウスターソース：ケチャップ＝2：3 です。

S：ウスターソースを x mL として…。

S：x：120＝2：3 だから，120÷3＝40，2×40＝80 なので，80mL です。

板書

14 比の考えを利用しよう

ウスターソースとケチャップを混ぜてハンバーグソースをつくる。ケチャップを 120mL 使うとき，ウスターソースは何 mL か

混ぜ方は⑰：⑰＝2：3　　　x mL

😊 比を用いて式をつくる

x：120＝2：3
⑰　⑰　×40

120÷3＝40
2×40＝80
A. 80mL

復習　比の値（小6）

- 。比 $a：b$ ⇔ 比の値 $\dfrac{a}{b}$
- 。比が等しい ⇔ 比の値が等しい

x：120＝2：3
↓ 比の値 ↓
$\dfrac{x}{120} = \dfrac{2}{3}$

比例式
比や比の値が等しいことを表した式

$\dfrac{x}{120} \times 120 = \dfrac{2}{3} \times 120$

$x = 80$

A. 80mL

方程式の解き方を利用できる

---

2 比の値と方程式を用いてみよう

T：2つの比が等しいときは，比の値も等しいことを，小学校で習ったね。

S：x：120＝2：3 の両辺をそれぞれ比の値にしても，等しいですね。

S：$\dfrac{x}{120} = \dfrac{2}{3}$ ということですね。

S：比の値を用いた等式にすれば，方程式のように解けそう。

S：120を両辺にかければ，$x = \dfrac{2}{3} \times 120$，$x = 80$ となります。

T：比や比の値が等しいことを表した等式を比例式といいます。

3 一般化して，$a：b = m：n$ を解こう

S：さっきと同じように比の値を使えば…。

S：$\dfrac{a}{b} = \dfrac{m}{n}$ となります。

T：分母を払って，わかりやすくしよう。

S：b をかけても右辺の n が残ります。

S：じゃあ，n もかければ？

S：$\dfrac{a}{b} \times b \times n = \dfrac{m}{n} \times b \times n$

S：約分すれば，$an = bm$ となります。

T：これを使えば，比例式を簡単に解けそうだ。例えば，さっきの，x：120＝2：3 だと…。

1 正の数と負の数

2 文字と式

3 一次方程式

4 変化と対応

5 平面図形

6 空間図形

7 データの活用

本時の評価

・比例式を解くことができたか。

・具体的な場面で比例式を用いることができたか。

準備物

・なし

◎ 比の値を用いた解き方の一般化

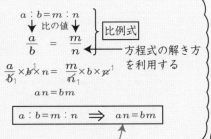

$$a : b = m : n$$

↓ 比の値 ↓

$$\frac{a}{b} = \frac{m}{n}$$

比例式

方程式の解き方を利用する

$$\frac{a}{\overset{1}{\cancel{b}}} \times \cancel{b} \times n = \frac{m}{\overset{1}{\cancel{n}}} \times b \times \cancel{n}^{1}$$

$$an = bm$$

$$a : b = m : n \Rightarrow an = bm$$

$x : 120 = 2 : 3$ をこれを使って解いてみる

$$x : 120 = 2 : 3$$
$$x \times 3 = 120 \times 2$$
$$3x = 240$$
$$x = 80 \quad \underline{A. \ 80mL}$$

☆比例式の x の値を求めることを
　<u>比例式を解く</u>という

練習　比例式を解きなさい

(1) $x : 6 = 5 : 3$
$$3x = 30$$
$$x = 10$$

(2) $8 : 6 = x : 3$
$$6x = 24$$
$$x = 4$$

(3) $\frac{3}{4} : 3 = 12 : x$
$$\frac{3}{4}x = 36$$
$$x = 36 \times \frac{4}{3}$$
$$x = 48$$

(4) $(x-6) : (x+6) = 2 : 3$
$$3(x-6) = 2(x+6)$$
$$3x - 18 = 2x + 12$$
$$3x - 2x = 12 + 18$$
$$x = 30$$

いつも同じ方法で解ける

◎ 小学校の解き方

解き方をそれぞれで考える

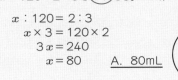

(1) $x : 6 = 5 : 3$
$\times 2$　$\times 2$
$$x = 10$$

(2) $8 : 6 = x : 3$
$\div 2$　$\div 2$
$$x = 4$$

(3) $\frac{3}{4} : 3 = 12 : x$
$= 3 : 12$　$\times 12$　$\times 12$
$= 1 : 4$
$$x = 48$$

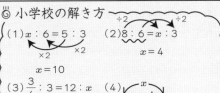

(4)
$① = 6 + 6 = 12$
$x = ② + 6 = 24 + 6 = 30$

---

4 次の比例式を解こう

S：(1)は x が外側にあるから，外側の項の積を先に書くけど，(2)は x が内側にあるから，内側の項の積を先に書いた方がいいね。

S：(3)は分数を含む場合でも，そのまま計算すればいいんですね。

S：(4)は比の中に式が含まれているけど，そのまま計算すればいいんですね。

S：**3** でまとめた公式を使うと，形式的に解けて楽ですね。

5 小学校の方法と比較すると？

S：(3)は黒板のように，簡単な比に直してから計算してもよいけど，そのまま計算してもいいですよね。

S：$12 \div \frac{3}{4} = 12 \times \frac{4}{3} = 16$，$3 \times 16 = 48$ としても求められます。

S：(4)は線分図を使わないと求められないですね。

T：小学校の方法では，問題ごとに解き方を考えたり計算が複雑になったりするね。

S：方程式を使って解くと，いつも同じように形式的に解けて便利ですね。

本時案

連続する
自然数の秘密①

本時の目標

・連続する自然数の秘密に関心をもち，両辺が
等しくなる連続自然数の具体例の発見に方程
式を用いることができる。

規則性や法則が見える課題

　本時では方程式や比例式を解く練習問題に取
り組む授業を行うことが一般的であるが，本事
例では，帰納的に考え規則性や法則を発見する
ような，発展的に考える題材を紹介している。

　規則性や法則が見え隠れする題材は，生徒の
好奇心を刺激し関心を高め，興味や意欲を引き
出してくれる。本題材「連続する自然数の秘
密」は単純なルールの中に美しい規則性や法則
が内包されており，具体例が発見されるたびに
少しずつ規則性や法則がわかってくる。本時は
『連続する5つの自然数の間に「＋」と「＝」
を入れて等式をつくろう』とし，「＝」の位置
を考え，連続する5つの数を具体的に調べる
方法を考察している。次時は，本時で学んだこ
とをもとに，条件を変えた問題に取り組む。

---

15 連続する自然数の秘密①

連続する5つの自然数の間に「＋」と
「＝」を入れて等式をつくろう

1ずつ増加　「＝」は1つだけ

😀 まずは探してみよう

$$4+5+6=7+8$$
　　15　　　15
どうやって探したの？　すごい

😀「＝」の位置はどこか

1　□＝□＋□＋□＋□
2　□＋□＝□＋□＋□
3　□＋□＋□＝□＋□
4　□＋□＋□＋□＝□

授業の流れ

1 どうやって見つけたの？

T：連続する5個の自然数の間に「＋」と
　　「＝」を入れて等式をつくろう。

S：4＋5＋6＝7＋8ができます。

T：すごいね。どうやって見つけたの？

S：まず，「＝」が入る可能性がある位置を考え
　　ました。右にいくほど大きい数なので，項数
　　は右辺の方が左辺より少なくなるはずです。

T：つまり「＝」の位置は3か4の場合しか
　　ないってことかな？

　すべてを調べるには，「＝」が入る位置に
よって場合分けが必要であることに気付かせ
る。

2 「＝」の位置が3の場合は？

S：1＋2＋3＝4＋5から順番に探して，
　　4＋5＋6＝7＋8を見つけました。

T：これ以外はないのかな？

S：式全体の数を1ずつ増やしたら，両辺の
　　増え方が違う。左辺は3増えて，右辺は
　　2増えるから，他の数で等しくなること
　　はないと思う。

S：先頭の数を x として方程式をつくると，
　　$x+(x+1)+(x+2)=(x+3)+(x+4)$
　　という式がつくれる。

1 正の数と負の数

2 文字と式

3 一次方程式

4 変化と対応

5 平面図形

6 空間図形

7 データの活用

本時の評価

・具体例の発見に方程式を用いようとしていたか。
・方程式を使って，具体例を発見することができたか。

準備物

・なし

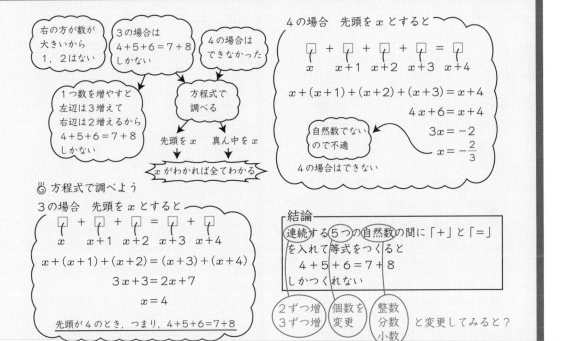

右の方が数が
大きいから
1，2はない

3の場合は
4＋5＋6＝7＋8
しかない

4の場合は
できなかった

1つ数を増やすと
左辺は3増えて
右辺は2増えるから
4＋5＋6＝7＋8
しかない

方程式で
調べる

先頭を x　真ん中を x

x がわかれば全てわかる

😀 方程式で調べよう

3の場合　先頭を x とすると

□ ＋ □ ＋ □ ＝ □ ＋ □
x　$x+1$　$x+2$　$x+3$　$x+4$

$x+(x+1)+(x+2)=(x+3)+(x+4)$

$3x+3=2x+7$

$x=4$

先頭が4のとき，つまり，4＋5＋6＝7＋8

4の場合　先頭を x とすると

□ ＋ □ ＋ □ ＋ □ ＝ □
x　$x+1$　$x+2$　$x+3$　$x+4$

$x+(x+1)+(x+2)+(x+3)=x+4$

$4x+6=x+4$

自然数でない
ので不適

$3x=-2$

$x=-\dfrac{2}{3}$

4の場合はできない

結論
連続する5つの自然数の間に「＋」と「＝」を入れて等式をつくると
4＋5＋6＝7＋8
しかつくれない

2ずつ増　　個数を　　整数
3ずつ増　　変更　　　分数
　　　　　　　　　　　小数

と変更してみると？

---

3 「＝」の位置が4の場合は？

S：1＋2＋3＋4＝5だと，左辺が10，右辺が5となり，左辺＞右辺となります。

S：式全体の数を1ずつ増やしたら，左辺の増え方の方が右辺より大きいので，ますます左辺が大きくなり，等しくなることはない。

S：方程式でも，先頭の数を x とすると，$x+(x+1)+(x+2)+(x+3)=x+4$ という式がつくれ，解くと，$x=-\dfrac{2}{3}$ となるが，自然数ではないので，4の場合はできない。

問題の条件を変える

　課題『連続する5つの自然数の間に「＋」と「＝」を入れて等式をつくろう』では，4＋5＋6＝7＋8しかないことがわかった。そこで，問題を一部変更して，本時の解決過程を活かせるような新たな問題をつくり，次時の問題としたい。

　生徒の興味に応じて「連続する」を「2ずつ増える」と変更したり，「自然数」を「分数」に広げたりする。本事例（次時）では，「5つ」を「△個」に変更することにした。

本時案

連続する
自然数の秘密②

・連続する自然数の秘密に関心をもち，両辺が
等しくなる連続自然数の具体例の発見に方程
式を用いることができる。

授業の流れ

1 今日の問題は「△個」です

T：今日は前回つくった問題『連続する△個の
自然数の間に「＋」と「＝」を入れて等式
をつくろう』を解決しよう。△個は何個に
しようか。

S（全体）：3個，8個，10個…など。

T：では，△は3〜9とします。

T：前回の解決過程を振り返りましょう。

S：「＝」が入る位置で場合分けをして，「＝」
が入る可能性がある位置を探す。

S：「＝」が入る可能性があるすべての位置
で，方程式を使って調べる。

T：では，調べてみてください。

16 連続する自然数の秘密②

連続する△個の自然数の間に「＋」と
「＝」を入れて等式をつくろう
3個〜9個

☺ 探してみよう。

3個
$x+(x+1)=x+2$
$2x+1=x+2$
$x=1$
$\underline{1+2=3}$

4個
$x+(x+1)+(x+2)=x+3$
$3x+3=x+3$
$2x=0$
$x=0$
不適
↓
$0+1+2=3$

☺ 7個，8個，9個の場合を調べよう

7個　$\underbrace{9+10+11+12}_{42}=\underbrace{13+14+15}_{42}$

8個　$\underbrace{4+5+6+7+8}_{30}=\underbrace{9+10+11}_{30}$

9個　$\underbrace{16+17+18+19+20}_{90}=\underbrace{21+22+23+24}_{90}$

$\underbrace{2+3+4+5+6+7}_{27}=\underbrace{8+9+10}_{27}$

---

2 全体で共有しよう

S：3個のときは，先頭の数を x とすると，
$x+(x+1)=x+2$ となり，$x=1$ な
ので，$1+2=3$

S：4個のときは，$0+1+2=3$ となり不適。

S：5個のときは，$4+5+6=7+8$ でした。

S：6個のときは，できませんでした。
（中略）

S：9個のときは，$16+17+18+19+20=$
$21+22+23+24$ です。

S：他にも，$2+3+4+5+6+7=8+$
$9+10$ もある。

発見した式をすべて板書する。その際，両辺
の値が一致していることを，必ず確認する。

具体例を発見する班活動

　方程式を解く過程を互いに確認し合ったり，
互いが発見した具体例をすぐに共有したりする
ために，具体例を探す活動は班で行わせる。

　机間指導では，方程式を解く過程が正しい
か，解の吟味が行えているかを点検しながら，
各班が発見した具体例を大まかに把握する。ま
た，4個，6個のときは具体例がなく，9個
のときは具体例が2つあるので，「他にはない
かな？」など，場合分けを促す声掛けも必要で
ある。全体で共有する際には，各班を指名し発
言が偏らないように心がけたい。

1 正の数と負の数

2 文字と式

3 一次方程式

4 変化と対応

5 平面図形

6 空間図形

7 データの活用

本時の評価

・具体例の発見に方程式を用いようとしていたか。

・方程式を使って，具体例を発見することができたか。

準備物

・なし

6個

1. □ □ □ □ □ □

ここに「＝」が入ることはない ／ ここに「＝」が入る可能性はある

右の方が数が大きいから右辺の方が項数は少なくなる

2. □ ＋ □ ＋ □ ＋ □ ＝ □ ＋ □
x $x+1$ $x+2$ $x+3$ $x+4$ $x+5$

$x+(x+1)+(x+2)+(x+3)=(x+4)+(x+5)$

$4x+6=2x+9$

自然数ではないので不適

$2x=3$

$x=\dfrac{3}{2}$

3. □ ＋ □ ＋ □ ＋ □ ＋ □ ＝ □
x $x+1$ $x+2$ $x+3$ $x+4$ $x+5$

$x+(x+1)+(x+2)+(x+3)+(x+4)=x+5$

$5x+10=x+5$

$4x=-5$

自然数ではないので不適

$x=-\dfrac{5}{4}$

1～3より　6個の場合はできない

発展

3個　$1+2=3$

5個　$4+5+6=7+8$

7個　$9+10+11+12=13+14+15$

9個　$16+17+18+19+20=21+22+23+24$

何か気付くかな？

---

3 6個のときはできないの？

S：6個のときは，「＝」が入る可能性があるのは，（4個の和）＝（2個の和）の場合と（5個の和）＝（1個）の場合しかないです。

S：どちらの場合も，今までと同様に方程式を用いると先頭の数が分数となり不適でした。だから，6個の場合はできません。

　解を吟味することの必要性を示すために，本事例では，6個のときを取り上げたが，4個のときを取り上げてもよい。

さらに発展的に扱うには

　本時で発見した具体例の中から，いくつか選んで並べてみると規則性が見えてくる。その規則性を考えさせたり，具体例の中からどのように選べば，その規則性が現れるのかを考察させたりすると，さらに発展的な問題になる。例を挙げると，「奇数個のときは，数が $1+2=3$，$4+5+6=7+8$，…のように，使われている自然数が隙間なくつながっている」などである（詳しくはp151を参照）。

1 振り返りの質を変えて「教科書で教える授業」へ

「教科書を教える」とか「教科書で教える」などの言葉がある。私は，両者の違いを，教科書の内容を教えるか，汎用的スキルを教えるかであると考えている。中学校を卒業して数年たてば，生徒たちは自分の道を歩き始めている。そのときには，方程式を速く簡単に正確に解く技能以上に，未知なる課題の解決策を模索する思考力が必要となるはずである。

2014年，オックスフォード大学のマイケル・A・オズボーン准教授（当時）らは，2034年までに人類の仕事の約50%がAIや機械によって代替され消滅すると予測している。つまり，生徒が生きる時代はAIと共存するための力が必要なのである。生徒たちは人間にしかできない「考える力」を高めていくことが重要であり，私たち教師はそのために「考える力」が育まれる授業を目指す必要がある。

「教科書を教える」授業と「教科書で教える」授業を比較してみたい。前者は，授業の後半で学習内容を振り返ってまとめる。一方後者は，学習内容に加えて学習過程も振り返り，学習過程から気付いたこともまとめる。移項の授業を例にすると，移項は定理のようなものなので，一度，等式の性質を根拠に移項をしてもよい理由が説明できれば，その後の授業では移項は使ってよいものとなる。移項における「教科書を教える」授業は，移項という現象についてまとめ，「教科書で教える」授業は，それに加えて，例えば「一度でも正しいことを確認できた事柄は，その後は道具として使うことができる」などもまとめるのである。学習過程を振り返ることでまとめられた内容は，生徒たちが生きるために必要な「考える力」につながり，教科の枠を超えた汎用的なスキルとなる。

このような視点で，本単元を眺めてみると，移項を学習する過程では演繹的な考え方に触れ，第2学年の論証の素地を育むことができる。また，方程式の解く手順を整理する過程では，「$x = \square$の形に変形する」という目的のために必要な操作を考えさせる活動を行うが，この活動により目的を意識する態度が育まれ，生徒たちの今後の生き方にも役立つはずである。単元の指導計画を立てる際に，学習内容に加えてどんな汎用的スキルが伝えられるかを考えていると，とてもわくわくしてくるのである。

2 方程式は解決する手段の一つでしかない

本事例の第10〜13時では，現実の問題を方程式を使って解決する問題を扱っている。ここで大切なことは，解決する手段は方程式だけではないということである。実際，小学校で学習した計算を利用して鶴亀算や旅人算等で解くことができるし，未習ではあるが連立方程式を使って解けることも多い。大切なことは，現実世界の問いを数学世界に持ち込む際に，既習の解法で解決できるように題意をうまく捉えることである。そこで，本事例の第10〜13時では，題意の捉え方をテーマとし，線分図と面積図に焦点を当てた。

指導に当たっては，「どうやって考える？」とオープンに発想させたり，方程式で解決した後に「他の考え方はないかな？」と問いかけたりするなどして，方程式以外の解法にも目を向けさせたい。また，他の解法が見つからなかった場合には，教師から示し，「この解法を式読みしてみよう」と投げかけ，考えさせることで思考の深化が期待できる。

3 発展課題「連続する自然数の秘密」について

　第15時と第16時では，帰納的に規則性や法則を見いだし仮説を立てる活動例として，発展課題「連続する自然数の秘密」を取り上げた。帰納的に情報を集め規則性や法則を見いだし，それに基づき仮説を立てることは，新たな事柄を発見するために大切な考え方である。

> 課題『連続する 5 つの自然数の間に「＋」と「＝」を入れて等式をつくろう』

　この課題を探究する過程で，帰納的に情報を集めるために方程式を何度も解く必要があり，方程式の解法の機能的習熟が期待できる。また，「＝」を入れる位置で場合分けして判断する必要があることや，具体的に求める際には方程式を使って求められること，求めた解が自然数かどうかを吟味する必要があることなど，様々な数学的な判断を行っている。この課題の解法後は，課題の一部を変更して課題の解決過程を生かせるような新たな問題をつくり，次の課題とする。ここでは「連続する」を「2 ずつ増加する」「3 ずつ増加する」と変更したり，「自然数」を「整数」「分数」に広げたり，「5つ」を他の個数に変更したりすると，新たな問題をつくることができる。生徒とともに問題づくりを行うことで，生徒は問いを立てることの意義を実感し，主体的に学習に取り組むようになる。本事例では，「5 つ」を「△個」に変更することにした。その結果や過程を俯瞰することで，新たな事実の発見につなげることもできる。

　「5 個」を様々な個数に変更し「＝」の位置によって分類すると，それぞれに規則性があることに気付く。例えば，左辺の項数が右辺より 1 個多い場合，2 個多い場合，3 個多い場合に分類して書くと，下の図のようになる。

左辺の項数が右辺より 1 個多い場合

```
          1+2=3
        4+5+6=7+8
     9+10+11+12=13+14+15
  16+17+18+19+20=21+22+23+24
25+…                 ⋮
```

左辺の項数が右辺より 2 個多い場合

```
            0+1+2=3
        4+5+6+7+8=9+10+11
  12+13+14+15+16+17+18=19+20+21+22+23
24+…                       ⋮
```

左辺の項数が右辺より 3 個多い場合

```
              2+3+4+5+6+7=8+9+10
  11+12+13+14+15+16+17+18+19=20+21+22+23+24+25
26+…                          ⋮
```

　いずれの場合も前の等式の続きの自然数から始まっている。特に左辺の項数が右辺より 1 個多い場合は，先頭の数が平方数となり，生徒にも気付きやすい規則性となる。本事例では，ここまでの探究は行わないが，発展的な学びを望む生徒のために準備しておいてもよい。

4 変化と対応 ▸17時間扱い◂

単元の目標

・比例と反比例について理解するとともに，事象を数理的に捉え，数学的に解釈したり処理したりする技能を身に付ける。

・数量の変化や対応に着目して関数関係を見いだし，その特徴を表，式，グラフを用いて考察し表現したりすることができ，それらを問題解決に生かそうとすることができる。

評価規準

知識・技能	①関数関係の意味や変数，変域の意味を理解している。 ②比例，反比例について理解している。 ③比例，反比例を表，式，グラフなどに表すことができる。
思考・判断・表現	①比例，反比例として捉えられる２つの数量について，表，式，グラフなどを用いて調べ，それらの変化や対応の特徴を見いだすことができる。 ②比例，反比例を用いて具体的な事象を捉え，考察し表現することができる。
主体的に学習に 取り組む態度	①関数関係の意味や比例，反比例について考えようとしている。 ②比例，反比例について学んだことを生活や学習の問題解決場面に生かそうとし，問題解決の過程を振り返って検討しようとしている。

指導計画 全17時間

次	時	主な学習活動
第１次 関数	1	身近な事象の中から，伴って変わる２つの数量を見いだす。
	2	身近な例をもとに関数の意味を理解する。
第２次 比例	3	変域を負の数まで拡張して比例の性質を考える。
	4	比例定数が負の数の場合の比例の性質を考える。
	5	対応する１組の x, y の値から比例の式を求める。
	6	２つの数の組を使って平面上の位置を表す。
	7	座標の考えを使って変域や比例定数に負の数まで含めた比例のグラフをかき，比例のグラフの性質を考える。
	8	原点と他の１点を決めてグラフをかく。
第３次 反比例	9	変域や比例定数が負の数の場合の反比例の性質を考える。
	10	対応する１組の x, y の値から反比例の式を求める。
	11	変域や比例定数に負の数まで含めた反比例のグラフをかき，反比例のグラフの性質を考える。
	12	問題演習を通して反比例の知識・技能の定着を図る。

	13	比例の考えを用いて問題解決する方法を考える。
第4次 比例と反比例 の利用	14	比例や反比例を用いて場面を捉え，問題に活用する。
	15	比例のグラフを利用して問題解決をする。
	16	実測値をもとに，反比例の考えを使って問題解決をする。
	17	比例や反比例を用いた問題づくりを行う。

1 正の数と負の数

2 文字と式

3 一次方程式

4 変化と対応

5 平面図形

6 空間図形

7 データの活用

単元の基礎・基本と見方・考え方

(1)関数関係の意味や比例，反比例についての理解

小学校算数科でも変化や対応の特徴を表やグラフを用いて考察する学習を行い，比例の関係の理解や反比例についても学習してきている。それらの学習を踏まえた上で，数学的な見方・考え方として「具体的な事象の中にある2つの数量を見いだし，その数量の間に成り立つ関係を捉える，その関係を利用する」ことを行いながら，関数関係や比例・反比例の新たな知識の獲得につなげていく。

関数関係については，身近な数量の関係の中から対応する2つの値の組を明確に捉える必要がある。2つの数量の関係を表，式，グラフで表すのは関係を捉えるための手段であり，別々のものとして扱うのではなく，相互に関連付けて理解できるようにすることが重要である。

比例と反比例については，変域を明確にした上で，表から x，y の間の関係を見いだして式の形で関係を捉えること，また式における比例定数 a の意味を理解することが大切である。変域を負の数まで広げたことによる比例や反比例の特徴については，既習の知識をもとにしながら表，式，グラフのそれぞれの観点で丁寧に捉え直しを行った上で，知識の定着を図っていきたい。

(2)表，式，グラフなどを用いて，変化と対応の特徴を見いだす

小学校算数科における比例，反比例の学習は正の数の範囲に限定されており，そのために比例については x の値が増加すれば y の値はいつも増加する，反比例については x の値が増加すれば y の値はいつも減少する，というイメージをもっている生徒もいる。比例定数が正の数の場合と負の数の場合の式とそれぞれのグラフの増減とを比較・検討する過程を通して，生徒自らが自身のもつイメージの誤りに気付き，新たに捉え直しができるよう促したい。

また，表，式，グラフのそれぞれの表現の特徴を理解できるようにすることも大切である。どのような場面でどのような表現が有効なのか，授業の中でも生徒に選ばせるなどしながら，目的に応じて数学的表現を適切に選択できるようにしていきたい。

(3)比例，反比例を用いて具体的な事象を捉え考察し表現する

比例と反比例に関わる日常の事象は数多くあり，数学の他の単元や，他教科にも関連した事象がある。それらをあらためて比例，反比例と理解することで，数量の変化や対応について様々な特徴を捉えることができる。また，日常の事象の中には，厳密には比例，反比例とは言えないが，ある問題を解決するために比例や反比例とみなして考察し，結論を得ることがある。2つの数量の関係を表やグラフで表し，理想化したり単純化したりすることは，変化や対応の様子に着目して未知の状況を予測し，判断していくための重要な手段となりうる。問題解決のために実際に実験，実測を行って，生徒同士で議論し合いながら結論を導く経験を積み重ねていく中で，数学的な見方・考え方を働かせ，2年生，3年生と続く関数領域に必要な素地を養っていきたい。

本時案

伴って変わる2つの数量を見つけよう

1/17

本時の目標

・具体的な事象の中から，伴って変わる2つ
　の数量を見いだすことができる。

授業の流れ

1 プールが満水になるのはいつ？

T：プールに水を入れるときに，あとどれくら
　いで満水になるか予想するには何を確認す
　ればよいでしょう？

S：どのくらいずつ水を入れているか，かな。

S：底から水面までの高さがわかればいいと思
　う。

S：でも，プールの底って見えないから，代わ
　りにプールの上までの残りの高さを確認す
　ればいいよ。

　具体的な事象においては，知りたい数量が直
接わからないような場面で別の数量を用いて知
りたいことを予想する，という場合に関数関係
が用いられることが多い。そのような場面を意
識させることで，関数関係の必要性の理解につ
なげていきたい。

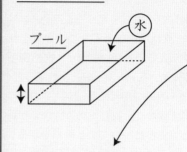

ともなって変わる2つの数量を
見つけよう！

プール　水

［水を入れる時間］と
・水面までの高さ（水位）
・プールに入っている水の量
・プールの上までの残りの高さ
・プールの水が入っていない部分
　の容積

他の組み合わせは？
・水位と水の量
・水位と残りの高さ…など

2 時間に伴って変わるものは？

S：水面までの高さが変わる。

S：プールに入っている水の量も変わるね。

S：逆の値も変わるよね。

T：逆の値とはなんですか？

S：プールの水の入っていない方の容積とか，
　プールの上までの残りの高さとか。

S：そうか。それらも同じ変わり方をしている
　のかな？

　同じ場面でもいくつかの数量が関係し合って
いることを確認する。必要に応じて，表や式，
グラフのイメージも共有できるとよい。

3 荷物の送料はどうやって決ま
る？

S：メジャーで長さを測っているのを見たこと
　があります。

S：重さも関係しているんじゃなかったっけ。

S：1cmくらい長さが違っても同じ料金で送
　ることができたりするよね。

T：実際の料金表で確認してみましょう。

　実際に料金表を提示したり，生徒に調べさせ
たりすることで，料金の変化の仕方を確認す
る。

1 正の数と負の数

2 文字と式

3 一次方程式

4 変化と対応

5 平面図形

6 空間図形

7 データの活用

本時の評価

・具体的な事象の中から，伴って変わる 2 つの数量を具体的に取り出すことができたか。
・伴って変わる 2 つの数量の変化や対応の仕方の多様性に気付くことができたか。

準備物

・プール，荷物，
サッカーの絵や写真
・宅配便の料金表

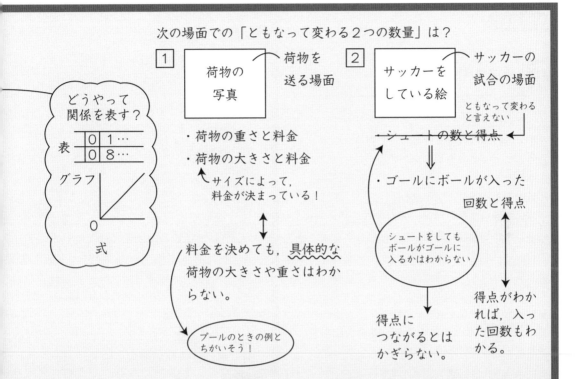

次の場面での「ともなって変わる 2 つの数量」は？

4 得点に伴って変わるのは？

S：シュートの数と得点が関係していそう。
S：でも，ゴールに入らないとシュートしただけでは得点にならないよ。
S：ゴールにボールが入った数と得点は伴って変わると言えそうだけど，シュートの数は伴って変わると言えるのかな？

お互いに関連がある数量であっても，伴って変わるとは言えない場合もあることに気付かせたい。

日常的な事象から関数関係へ

　課題となる日常場面は，生徒にとって身近であり，かつ，これからの学習に生かすことのできるものがよい。プールの例では生徒とのやり取りの中で，小学校で学習した比例と反比例について振り返ることもできる。また，比例と反比例以外の伴って変わる 2 つの数量の関係についても考察することで，次の「関数」についての学習を深めるきっかけとしたい。

　日常場面を取り扱う際は，場所による深さの違いなどを考えず，形を直方体として捉えるなど，理想化の考え方にも触れられるとよい。

本時案

関数とはどんな関係だろう？

授業の流れ

1 時間で水位がわかるの？

T：水を入れる量が一定だった場合，プールに水を入れ始めてからの時間がわかるとわかることって何がありますか？

S：水位。

S：水の量もわかります。

T：逆の関係はどうでしょうか？

S：水位がわかれば，時間もだいたいわかるよね。

S：どちらも，片方の値を決めるともう片方の値も1つ決まるんだね。

　生徒とのやり取りから，一方の値を決めると他方の値がただ1つに決まるという関数関係につながる表現を引き出したい。

関数とは？

プールに水を入れたとき，水を入れはじめてからの時間にともなって　　y 時間　　x 時間
・水位
・水の量　が変化する。

これらの変化する数を（いろいろな値をとる数）変数という。

x の値を1つ決めると，それに対応する y の値がただ1つ決まる。

y は x の関数である という。
例）水位は時間の関数である。

---

2 いつでも関数と言える？

T：比例や反比例の関係になっているものは，いつでも関数であると言えるでしょうか？

S：言えると思います。

T：それはどうしてかな？

S：関係を表にまとめたとき，x の下にくる y の値は1つだけだから。

S：式の形にしたときに，x に値を入れると必ず y の値が1つ計算で出てくるよね。

　関数関係を説明する場合にも表や式が有効である場合が多い。他の対応や変化を考察する際にも，その考え方が生かせるように配慮する。

3 他に関数の関係になる例は？

S：荷物の大きさと料金も料金表に表すことができるから関数かな。

S：大きさが決まると料金が決まるよね。決まらないと困っちゃう。

S：でも，料金が決まっても，具体的な大きさはわからないよ。

T：わからないとはどういうことですか？

S：同じ料金の荷物でも，何cmかの違いがあることがある，ということです。

S：じゃ，大きさは料金の関数とは言えないね。

1 正の数と負の数

2 文字と式

3 一次方程式

4 変化と対応

5 平面図形

6 空間図形

7 データの活用

本時の評価

・具体的な場面では変化する数を文字で表すことができること，また，その値にはとりうる値の範囲があることを理解しているか。
・比例や反比例も関数であることを理解し，さらに他の変化や対応をする関数も存在することを理解しているか。

準備物

・プールの絵や写真（前時のもの）

深さ 1.2m のプールにて…

問1 1時間に8cmずつ水位が増加するように水を入れたとき，水を入れはじめてから x 時間後の水位を y cm とする。

(1)

x 時間	0	1	2	3	4	5	6	…
y cm	0	8	16	24	32	40	48	…

(2) 関数であると言える

(3) $y = 8x$　比例の関係

水を入れている時間 x の範囲は 0以上15以下 となる。

入れはじめ　満水

x の変域 という。

問2 1時間に x cm ずつ水位が増加するように水を入れると，y 時間で満水になる。

(1)

x cm	…	4	8	12	16
y 時間	…	30	15	10	7.5

(2) 関数であると言える

(3) $y = \dfrac{120}{x}$　反比例の関係

比例も反比例も関数である！

示した数を含む　→ ●
含まない →○

$0 \leqq x \leqq 15$

0　5　10 15 20

---

4 x が 6 以降はどうなるの？

S：満水になるまで。満水になったら終わり。

S：満水は15時間後だから，表も15までだと思います。

T：15より先はどうなるのですか？

S：水がこぼれるから水位は変わらない。

S：$y = 8x$ で表すことはできないね。

　具体的な場面から，比例の関係になっている値の範囲が存在することに気付かせる。また，時間があればその範囲外の状況にも意識を向けられるとよい。

具体的な場面からキーワードを引き出す

　本時では，小学校で学習した比例と反比例を関数関係として捉え直すことになる。その際，「○○を決めると，●●がただ１つ決まる」という表現につながるキーワードを生徒の表現からできるだけ引き出すことが重要である。また，比例と反比例だけが関数であるという誤解に陥らないように，授業の中では伴って変わるけれども関数であるとは言えない場合にも着目したい。その際も，「○○を決めると，●●がただ１つ決まる」という表現を意識して説明させるとよい。

本時案

比例を負の数へ広げよう

本時の目標

・変域を負の数まで拡張したときの比例の特徴について統合的・発展的に考え，見いだすことができる。

授業の流れ

1 基準 0 ㎝とは何だろう？

S：水そうが空のときを 0 ㎝とするのではないのですね。

T：その通りです。もう何分間か水を入れている状態です。

S：じゃあ，水位が現在より高いときと低いときがあるってことかな？

S：高いと低いみたいに，反対の性質を表す数量を正・負の数を使って表すことができたね。

T：時間についても同じことが言えますか？

S：現在より「前」と「後」を正・負の数を使って表すことができそうです。

　水そうの図を観察することにより，水が入った状態の水位を基準 0 ㎝とすることを確認する。負の数へ変域を広げる際は，正の数・負の数で学習した知識を引き出せるように配慮する。

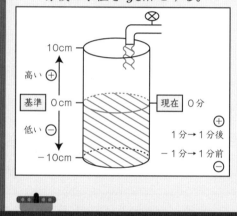

比例を負の数の世界へ
広げよう！

問 深さ 20cm の空の水そうに，
　 1分間に2cm ずつ水位が増加
　 するように水を入れる。
　 現在の水位を基準0cm とし，x
　 分後の水位を $y$cm とする。

既習事項との比較を重視する

　数学を学習する上で，新たな知識を獲得するときには既習の知識を生かしながら発展的に考えることが重要である。また，そのような知識の獲得のプロセスそのものも身に付けさせたい。そこで既習事項との比較をする際は，「今までどのようなことを学習してきたか」をまず，全体で確認したい。その上で，「同じところはどこだろう？」「違うところはどこだろう？」「同じような見方をすることはできないかな？」などの声掛けをしていくことで，生徒たち自身のやり取りの中から比較・検討の視点を生み出していくことができる。

2 表を埋めていくときの考え方は？

S：x が正の数のときは x の値が1増えると y は2増えるので2をたしていきます。

T：x の値が負の数の側でも同じように表を埋めていくことができますか？

S：現在よりも前の時間は水位が低いはずだから，表の左に行くにつれて y の値は2ずつ小さくなるはず。

S：左へ2ずつ減らしながら埋めていこう。

　表を埋める際は水そうの図を確認しながら，一つずつ丁寧に埋めていくことも考えられる。

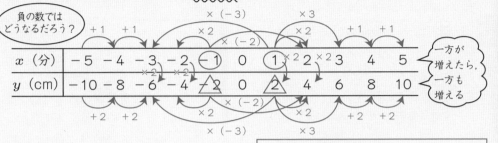

〈表にまとめよう〉　→　どんなきまりがあるだろう。

・$y=2x$　となる。→比例する。
・$\dfrac{y}{x}=2$　となる。→商が一定！
　ただし，$x=0$，$y=0$をのぞく。
・xの値が2倍，3倍，…となると，
　yの値も2倍，3倍，…となる。
・xの値が-2倍，-3倍，…となると，
　yの値も-2倍，-3倍，…となる。
（負の数倍も同じように言える！）

> yはxの関数である
> $y=@x$という式の形
> →「yはxに比例する」という。
> →aを比例定数という。（$a≠0$）

問

（1）$y=40x$　　　（2）$y=4x$

（3）$y=\dfrac{4}{x}$　　　（4）$y=0.05x$

→比例するものは（1），（2），（4）

3 今までのきまりは成り立つかな？

T：小学校で学習した比例にはどんな特徴があ
　りましたか？

S：2倍，3倍。

T：具体的に言うと？

S：一方の数を2倍，3倍，…とするともう
　一方の数も2倍，3倍，…となる。

T：同じことが負の数でも言えるでしょうか？

S：-1に2をかけると-2になって，-2
　を2をかけると-4になるよ。

S：負の数でも2倍や3倍が説明できそうだね。

4 文字の役割の違いに着目しよう

T：文字がx，y，aの3種類出てきました
　が，役割の違いはわかりますか？

S：水そうの場合だと，x，yにはいろいろな
　数が入るけど，aは2って決まっている。

S：あ，だから「変数」と「定数」なんだ。
　生徒は式の上での変数と定数の区別に戸惑う
こともも考えられる。変数xとyの値はいろい
ろ変化するが，定数aはその変化に影響され
ずに変わらない数であることを具体的な場面で
確認しておく。

2	文字と式
3	一次方程式
4	変化と対応
5	平面図形
6	空間図形
7	データの活用

本時案

比例定数が
負の場合を考えよう

本時の目標

・比例定数を負の数まで拡張したときの比例の
特徴について統合的・発展的に考え，見いだ
すことができる。

授業の流れ

1 比例定数 a が負の数の場合とは？

S：負の数になるときなんてあるの？

S：前に進むのと後ろに進むのみたいに反対の
動きをすれば負の数で表せるんじゃないか
な。

T：水そうの場合だと具体的にどういう状況の
ことですか？

S：水を入れて水位が高くなっていくのが正の
数だったから，水を抜いて水位が低くなっ
ていくようにすればよいと思います。

　小学校では反対の動きだからといって負の数
を用いることはしなかった。しかし，正の数・
負の数の計算について確認する過程で反対向き
の動きを正の数・負の数を使って表すことを学
習している。今まで負の数の概念を広げていっ
た過程を振り返りながら，比例定数が負の場合
を導入していくとよい。

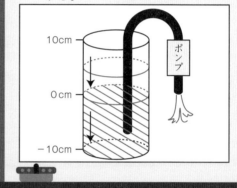

$y = ax$ で $a < 0$ の場合を
考えよう！

水そうの例だと，水が
減っていく場合

問 水がいっぱい入った深さ20cm
の水そうから，1分間に2cm
ずつ水位が減少するように水を
抜く。現在の水位を基準0cm
とし，x 分後の水位を $y$cm と
する。

10cm

ポンプ

0cm

−10cm

2 水を入れたときと比べると？

T：前回と同じきまりが言えそうでしょうか？

S：x の値が増えると y の値が減っていくの
が違うね。

S：x と y の値が異符号なのも違うよ。

S：でも，x と y の値をかけると−2で一定
になるのは同じだよ。

S：2倍，3倍の関係も言えそうだね。

　y の値が減少する関係を比例と捉えること
に抵抗を示す生徒もいる。$a > 0$ と同様に丁
寧に確認を行いたい。

3 比例の性質について整理しよう

S：式の形が $y = ax$ のとき，a が正でも負
でも，x の値が2倍，3倍，…となると
y の値も2倍，3倍，…となります。

S：$\frac{y}{x}$ が一定であることも言えます。

T：x の値が1増えると y の値が2減るのは
どう説明できますか？

S：何か同じように説明できないかな。

S：「2減る」を「−2増える」と表現できるよ。

S：あ，そうすれば x の値が1増えると y の
値が a 増える，と言うことができるね。

1	正の数と負の数
2	文字と式
3	一次方程式
4	変化と対応
5	平面図形
6	空間図形
7	データの活用

本時の評価

・比例定数が負の数になるような場合であっても，2つの数量の関係が，比例定数が正の数の場合と同じ関係になっていることを類推的に考えることができたか。

準備物

・水そうから水を抜いている図

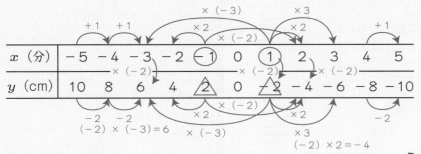

〈表にまとめよう〉──→水を入れた場合と同じことが言えるかな？

・式は $y = -2x$
　$y = ax$ の形→y は x に比例する。

・x の値が2倍，3倍，…となると，y の値も2倍，3倍，…となる。
　　　　　　　　－2倍，－3倍，…　　　　　　　　　　　－2倍，－3倍，…

・$\dfrac{y}{x} = -2$ →商が一定

・x の値が1増えると，y の値は2減る

（－2）増える

$a > 0$ と同じ

「比例」でも減ることがある！

── 小学校のときとちがう。

---

4 新しい比例のイメージづくり

S：小学校のときは「増えたら増える」関係が比例だと思っていました。

S：比例定数が負の数だと x の値が増えると y の値が減るのが変な感じ。

T：今までのイメージを少しずつ変えていかないといけない部分ですね。

　負の数については，言葉で説明はできても，既習のイメージが固定されたままで，とっさに誤った判断をしてしまう場合もある。負の数の世界が広がっていくように声掛けをしていきたい。

同じ場面を繰り返し用いる

　比較をしながら知識を獲得していく場面では，同じ問題場面を見方を変えながら扱うことで比較する視点が明確となり，何が同じで何が違うのか理解しやすくなる。また，どのように場面を捉え直せば別の見方ができるのかという点についても今後の学習に役立つ視点となる。

　例えば，第1時で扱ったプールの問題と，第3時，第4時で扱った水そうの問題では基準の置き方が異なっており，その違いを確認しながら授業を進めることで，比例に対する見方がより広がっていくことが期待される。

本時案

比例の式を
使いこなそう

本時の目標

・対応する1組の x, y の値から，比例の式を求めることができる。

授業の流れ

1 比例の式をつくるには？

T：表にたくさんの数の組が挙げられていないと比例の式はつくれないのですか？

S：たくさんの組がわかった方が安心。

S：でも，比例だってわかっていれば，1組だけでも大丈夫じゃないかな。

S：x の値を何倍したら y の値になるかを確認すれば，$y＝ax$ の a の値がわかるよ。

2 キーワードをどう使おう？

S：式の形がわかればいいんだよね。

S：「y は x に比例し」というところから，式の形が $y＝ax$ になるのがわかるよ。

T：では，その式の形を使うとすると，どのように比例定数を求めることができますか？

S：「$x＝2$ のとき $y＝-8$」だからこの2つの数を入れればいい。

T：数を入れるってどういうこと？

S：$x＝2$，$y＝-8$ を $y＝ax$ に代入するということです。

　問題文のキーワードから丁寧に解答を確認することは具体的な場面で数量を当てはめて考えるときにも役に立つ。順序立てて考えることを意識するとよい。

比例の式を使いこなそう！

問

y は x に比例し，$x＝2$ のとき
$y＝-8$ です。y を x の式で表し
　　　　　　　　｜求めるもの1｜
なさい。また，$x＝-5$ のときの
y の値を求めなさい。
｜求めるもの2｜

① より　$y＝ax$ に

② より　$x＝2$，$y＝-8$ を代入
　　　　すると

　　　　$-8＝a×2$

｜求める
もの1｜→　$a＝-4$
　　　　よって，$y＝-4x$

③ より　この式に $x＝-5$ を代入
　　　　すると，

｜求める
もの2｜→ $y＝-4×（-5）＝20$
　　　　　　　　$y＝20$

---

3 50g，4cmは x の値？ y の値？

S：「ばねののびはおもりの重さに比例する」とあるから，ばねののびが y でおもりの重さが x？

S：ということは，50g が x の値で4cmが y の値かな。

S：あ，50÷4を計算してたけど，間違ってた！

　具体的な場面では何が x で何が y か丁寧に確認を行いたい。特に x の値の方が y の値よりも絶対値が大きい場合において，値だけを見て間違いやすいので注意が必要である。

本時の評価

・比例の式 $y = ax$ や表を活用して，対応する 1 組の x，y の値から，具体的な比例の式を求めることができたか。

準備物

・なし

| 1 | 正の数と負の数 |

| 2 | 文字と式 |

| 3 | 一次方程式 |

$y$cm xg

演習1 y が x に比例するとき

Ⅰ. y を x の式で表す
Ⅱ. $x = -4$ のときの y の値を求める

（1） $x = -3$ のとき $y = 15$
$15 = a \times (-3)$
$a = -5$ →$y = -5x$
$y = -5 \times (-4)$ →$\underline{y = 20}$

（2） $x = -2$ のとき $y = -6$
$-6 = a \times (-2)$
$a = 3$ →$y = 3x$
$y = 3 \times (-4)$ →$\underline{y = -12}$

演習2 ばねののびはおもりの重さに比例する。

あるばねでは，50g のおもりをつるすと，4 cm のびる

（1） $y = ax$
$4 = a \times 50$
$a = 0.08$
→$\underline{y = 0.08x}$

xg	50	80
$y$cm	4	？

（2） 80g のおもりをつるす→$x = 80$
$y = 0.08 \times 80$
$y = 6.4$

ばねののびは
→ $\underline{6.4\text{cm}}$

（3） $0 \leqq x \leqq 100$
$y = 0.08 \times 0 = 0$
$y = 0.08 \times 100 = 8$

100g までは比例の関係で変化する

$\underline{0 \leqq y \leqq 8}$

| 4 | 変化と対応 |

| 5 | 平面図形 |

| 6 | 空間図形 |

4 おもりの重さに変域があるの？

S：重すぎるものを吊るすとばねが伸びきっちゃうよね。

S：そうそう。ばねの役割をしなくなっちゃう。

S：x の変域が100以下ということは，ばねの役割をするのは100g までってことかな。

T：では，そのときのばねののびは何cmになるか確認してみましょう。

変域について問われている場合，なぜその変域が必要なのかに注目することで，数学の場面と現実の場面のつながりを確認することができる。

教科書の問題を生かすには

具体的な場面から離れた教科書の問題を取り扱う際にはどうしても解答の手順の一方的な説明になりがちである。「問題文から何がわかる？」「問題文にある情報をどうやって使ったらいい？」と問いかけ，生徒とやり取りする中で解法の確認ができるとよい。

また，具体的な場面の問題であっても，そこで与えられた数値の意味を確認しながら問題に取り組むことで，実際のイメージがしやすくなり，より問題を身近なものとして捉えることができる。

| 7 | データの活用 |

本時案

平面上の位置の表し方は？

6/17

・座標の意味とその表し方を理解する。

授業の流れ

1　相手に位置を伝える方法は？

S：自分のいる場所の住所を教える。

T：室内の位置だったらどう伝えますか？

S：Aさんの隣…とか…。

S：Aさんがどこにいるかわからなかったら意味がないよ。

T：例えば，座席だったらどう伝えますか？

S：縦の列と横の列の情報を伝える。

S：私だったら，前から2列目の窓側から3列目，なんて言われるとイメージしやすいよ。

　いくつかの例をもとに2つの数の組を使うと位置が伝わりやすいということを確認する。緯度，経度については社会科の地理の学習でも取り扱っているが，同じ位置の表し方として，座標との共通点を確認できるとよい。

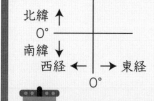

比例のグラフについて
考えよう！
平面上に変化を表す！

〈平面上の位置の決め方・示し方〉

例1：教室の座席
　　　前から 2 列目
　　　窓側から 3 列目　　　基準はどこ？

例2：地球上の位置
　　　北緯 15 度
　　　東　 30 度　　←　基準 0 度を決める

北緯 ↑
　0°　——————
南緯 ↓
　西経 ←　→ 東経
　　　　0°

2　2つの数の組で位置を表すには？

S：1つの数の位置は数直線上に表せるよ。

T：2つの数の組も数直線を使って表すことができますか。

S：小学校で学習したグラフの軸が使えるよ。

S：数直線のときみたいに，小学校で習ったグラフの2つの軸をそれぞれ反対方向へのばせば負の数の位置も表すことができるね。

　小学校での正の範囲のグラフを負の数まで拡張する。その際，数直線の拡張を振り返ることで，軸と数直線のつながりが意識できる。

3　座標の数の組の順番は？

T：座標の数の順番が決まっているのはどうしてでしょう？

S：数の順番が決まっていないと，どちらが x 座標でどちらが y 座標かわからないから。

S：横に動くのか縦に動くのかで，だいぶ位置が変わってしまうよね。

S：アルファベット順だと覚えればいいね。

　例えば $(-4, 3)$ と $(3, -4)$ の位置を確認しながら数の順番の意味と必要性を理解できるとよい。

1 正の数と負の数

2 文字と式

3 一次方程式

4 変化と対応

5 平面図形

6 空間図形

7 データの活用

本時の評価

・座標の意味とその表し方を理解し，具体的な点について座標平面上に表したり，座標平面から読み取ったりすることができたか。

準備物

・グラフ黒板やホワイトボード
　（なければ模造紙）
・グラフ用紙（生徒用）

「2つの数の組」で

→　平面上の点の位置を表せる。

縦と横

「2つの数の組」を「2本の数直線」を使って表す！

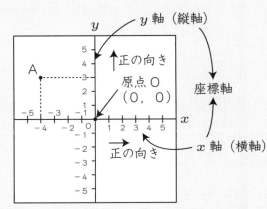

点Aの位置を（−4，3）と表す。

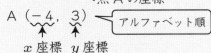

点Aの座標

A（−4，3）　アルファベット順

x座標　y座標

演習

（1）点A〜Eの座標を言いなさい。
（2）次の点を図にかき入れなさい。

P（1，3）　　Q（−3，4）
R（−2，−4）　S（3，−2）
T（0，2）　　U（−4.5，0）

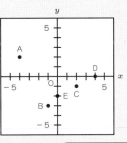

教科書の問題演習を行う。

---

4 x座標やy座標が0のときの位置は？

S：x座標が0は横に全く動かないとき，y座標が0は縦に全く動かないときです。

S：横に全く動かないで縦にだけ動くと，y軸上の点になるよ。

S：同じことが縦に全く動かないときにも言えるね。

S：x座標標が0のときはy軸上，y座標が0のときはx軸上の点になるんだね。

S：逆にしちゃいそう！

点の位置と座標の関係に注目する

　生徒は小学校の「位置の表し方」の学習で「平面上の位置は横と縦の2つの数の組で表すこと」を学習している。また，折れ線グラフを算数や理科でかいた経験もある。それらの経験を素地として左右の位置と上下の位置を意識して座標から点を取ること，点の位置を読み取ることを確認したい。座標軸で区切られた4つの部分にそれぞれ集まる点の座標の特徴を理解することは，グラフをかく活動をする上での手助けになる。

本時案

比例のグラフについて考えよう

本時の目標

・比例の表をもとに，座標の考え方を使ってグラフをかくことができる。
・比例のグラフの特徴を見いだすことができる。

授業の流れ

1 比例のグラフはどんなグラフ？

S：こんな形（身ぶり）。
T：それを言葉で表すとどうなりますか？
S：直線になる。
S：上向きの直線。
S：かならず0を通ったよね。

　小学校で学習した比例のグラフについて確認することによって，変域に負の数まで含めた比例のグラフを類推的に考えるきっかけとする。

2 グラフをかくにはまず何をする？

S：点を取ればいいね。
S：以前に表をかいたから，それを見れば点が取れるよ。
T：表からどのように，点が取れるのですか？
S：例えば，x の値が -2 のとき y の値が -4 だから（-2，-4）の点を取ればいいです。
S：結構取らなきゃいけない点が多いね。

　表をもとに座標を捉え，1つ1つ点を取っていく作業は様々なグラフをかく上での基本作業となる。この作業を丁寧に確認することで，他の関数のグラフをかくときにも生かすことができる。

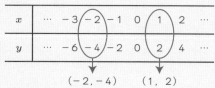

比例のグラフについて考えよう！

問 $y=2x$ のグラフをかこう。

x	$\cdots$	-3	-2	-1	0	1	2	$\cdots$
y	$\cdots$	-6	-4	-2	0	2	4	$\cdots$

　　　　　　　（-2，-4）　　（1，2）

〈手順〉
① （1，2），（-2，-4），…の点をうつ。
② 点と点を直線で結ぶ。

　点と点の間に無数に点があって，それらが一直線上に並んでいるから。

問 $y=ax$ の a の値によって，
　比例のグラフはどうなるだろう。

　→ $y=-2x$，$y=3x$，$y=-3x$
　　 $y=\dfrac{1}{2}x$，$y=-\dfrac{1}{2}x$ をかこう

---

3 $y=2x$ が成り立つ点はこれで全部？

S：図に取れるものはすべて取りました。
S：もっと細かく取ろうと思えば取れるけど，きりがないから面倒だよね。
T：例えばどんな点が取れるのですか？
S：（0.5，1）とか（0.1，0.2）とか。
S：そんなにたくさんかいていたら終わらないよ！点の代わりに線を引いちゃおうよ。

　ただ単に点と点を線で結ぶのではなく，点の集合としての直線という概念を意識させたい。

1 正の数と負の数

2 文字と式

3 一次方程式

4 変化と対応

5 平面図形

6 空間図形

7 データの活用

本時の評価

・比例の表の上での x, y の値の組を座標としてみること，また，それらを座標平面上に表すことで比例のグラフをかくことができたか。

・小学校での学習内容を踏まえながら，比例のグラフの特徴について考えることができたか。

準備物

・グラフ黒板やホワイトボード

・大型定規

・グラフ用紙（生徒用）

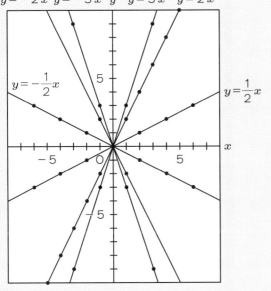

〈グラフより〉

・a の値の絶対値が大きくなると直線が y 軸に近づく。

　　→ a の値の絶対値が大きくなるとグラフの傾き方が急になる。

・a が異符号で絶対値が等しいとき，x 軸，y 軸を対称の軸として線対称になる。

・a の値がどんなときでも，原点を通る直線になる

・$a > 0$ のとき　右上がり

　$a < 0$ のとき　右下がり

　　　　　　　　　小学校とはちがうところ！

---

4 グラフを比べてわかることは？

S：原点を通る直線なのはどれも同じ。

S：a の値が大きくなると直線が y 軸に近づく。

T：確かに，$y = 2x$ より $y = 3x$，$y = -2x$ より $y = -3x$ の方が y 軸に近いですね。

S：-2 よりも -3 の方が値は小さいよ。

S：負の数の方は言い方を変えないとダメ？

T：何か言い方の工夫ができないか考えてみましょう。

イメージを言葉にする大切さ

　直線のグラフについては，形が単純なために数学的な用語を正しく使わなくても言いたいことが伝わってしまう場合が多い。中には言葉の代わりに身ぶり手ぶりで表現する生徒もいる。対話を通して授業を進めていく際には，それらの表現も拾い上げながら，数学的な用語を用いた表現についても指導をしていけるとよい。

本時案

少し難しい比例のグラフをかこう

8/17

本時の目標

・座標の考え方を使って，比例のグラフをかくこと，比例のグラフから式を読み取ることができる。

授業の流れ

1 点（1，$\frac{2}{3}$）はどこ？

S：点がない！

S：点がないわけではないけど，線と線が交わった部分じゃないから点を取りにくいね。

T：どの点なら取りやすそうですか？

S：（3，2）なら取れる。

S：原点と（3，2）の点を結べば（1，$\frac{2}{3}$）も通るんじゃない？

S：そうか，きちんと点を取りたかったら，その線の上に点を取ればいいね。

　格子点に点が取れないことを「点がない」と表現する生徒もいるが，直線上には必ず点が存在することについても触れておきたい。

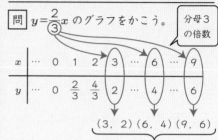

少し難しい比例のグラフをかこう！

問 $y = \frac{2}{3}x$ のグラフをかこう。　分母3の倍数

x	…	0	1	2	3	…	6	…	9
y	…	0	$\frac{2}{3}$	$\frac{4}{3}$	2	…	4	…	6

（3，2）（6，4）（9，6）

点をうちやすい数（整数）になるように，値をさがせばよい！

演習1

(1) $y = \frac{2}{5}x$

x	…	0	1	…	5
y	…	0	$\frac{2}{5}$	…	2

（5，2）

(2) $y = -0.6x$

x	…	0	1	…	5
y	…	0	-0.6	…	-3

（5，-3）

2 どのような点を取るとよい？

S：x も y も整数の点が取りやすい。

S：整数の点がと取いときは分母を見るといいよ。

T：どうして分母に注目するのですか？

S：x の値に分母の倍数を入れると約分されて y の値も整数になるからです。

S：図の目盛りが細かいときはそれに合わせた点も取れそうだね。

　分数係数の場合に点が見つけられない生徒も多い。やみくもに点を探すのではなく，「どうしたら値が整数になるか」に重点を置いて指導をしたい。

3 比例のグラフをかくコツは？

S：すべての点を取らなくても，原点ともう1つ別の点を取れば直線が引けます。

S：点と点の間で線を止めるのではなくて，図の端まで線を引かないと。

S：直線がずれちゃうこともあるよね。

S：原点から離れた点を取るとか，（3，2）と（-3，-2）みたいに反対側の点も取って結ぶとずれにくいよ。

1 正の数と負の数

2 文字と式

3 一次方程式

4 変化と対応

5 平面図形

6 空間図形

7 データの活用

本時の評価

・比例定数が整数ではない場合においても，格子点となるような座標を見つけることで比例のグラフをかくこと，比例のグラフから式を読み取ることができたか。

準備物

・グラフ黒板やホワイトボード
・大型定規
・問題用グラフの図

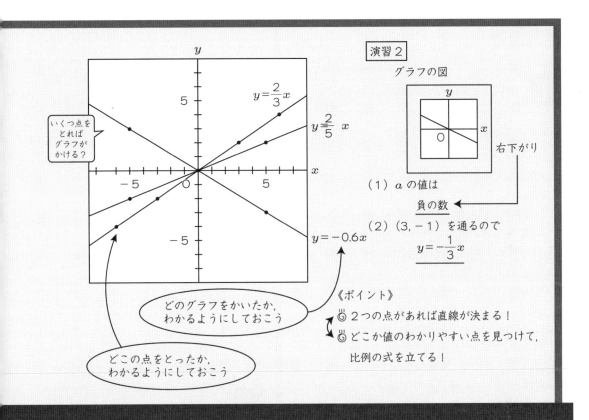

演習2

グラフの図

右下がり

（1）a の値は

負の数

（2）（3，-1）を通るので

$$y = -\frac{1}{3}x$$

いくつ点をとればグラフがかける？

$y = \frac{2}{3}x$

$y\frac{2}{5}x$

$y = -0.6x$

どのグラフをかいたか，わかるようにしておこう

どこの点をとったか，わかるようにしておこう

《ポイント》
☺ 2つの点があれば直線が決まる！
☺ どこか値のわかりやすい点を見つけて，比例の式を立てる！

対話でコツを共有する

　グラフをかく手順やそのときの注意事項をあらかじめ提示してから作業を行う方法も考えられるが，グラフをかくコツはできるだけ生徒の言葉で共有し，まとめていきたい。特にこのような授業場面では作業スピードに個人差がある場合が多い。すばやく正確にかけた生徒に対して，彼らの作業手順や注意したポイントを問いかけ，クラスで共有することで，作業の遅い生徒に対するフォローになるのはもちろん，発表した生徒自身の振り返りを促すきっかけにもなる。

4 比例のグラフから式を求めるには？

S：「比例のグラフ」ってわかっているときでも，原点を通る直線かは一応確認する。

S：グラフが右上がりか右下がりかで比例定数が正の数か負の数かがわかったよね。

S：座標が読み取れる点があれば，その座標を $y = ax$ に代入して，a が求められるよ。

　グラフからどのような式になるかの見通しをもたせた上で，既習の「比例の式の求め方」に立ち返って代数的な方法を確認していきたい。

本時案

反比例について考えよう

本時の目標

・変域や比例定数を負の数まで拡張したときの反比例の特徴について，統合的・発展的に考え，見いだすことができる。

授業の流れ

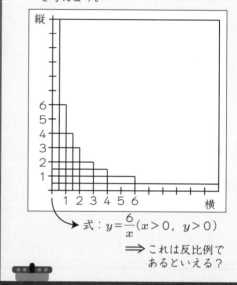

反比例について

問 面積 6cm² の長方形の横の長さ $x$cm 縦の長さ $y$cm として，x と y の関係を考えよう。

式：$y = \dfrac{6}{x}$ $(x > 0,\ y > 0)$

⟹ これは反比例であるといえる？

1 面積 6 ㎠の長方形はいくつかける?

S：縦と横を区別するんだよね？　だとしたら，4つかけました。

S：私は8つかいたよ！

S：え，どうやって？

S：縦0.5cm，横12cm…みたいなのもかいたの。

S：それはずるいよ！　だったらもっともっとたくさんかける！　先生，用紙にかききれなくなっちゃいますよ。

T：どのような長さの長方形をかいたのか，必ずメモしておいてくださいね。

　小数まで範囲を広げれば無限に長方形をかくことができる。この作業過程をグラフをかく際にも振り返ることが，無数の点の存在確認にもつながっていく。

2 負の数まで範囲を広げて考えよう

T：負の数まで範囲を広げるにはどこに着目したらよいですか？

S：表を左側にのばして，負の数も書けるようにする。

S：あと，比例定数が負の場合も考えたね。

S：0のときはどうするの？

S：0でわれないから x に0は入らない。

T：そのようなときは x が0の下の y の欄は×としておきましょう。

　比例のときにどのように範囲を拡張していったか振り返ることで，数の範囲を拡張する方法について意識化させたい。

3 反比例のきまりが成り立つかな?

T：どのようなことを調べていけばよいですか？

S：比例のときと同じように，2倍，3倍，…について調べたい。

S：正の数の側だけでなくて，負の数の側も確認しないとね。

S：表の縦の見方では x と y をかけると一定になるよ。

　生徒自身が比例のときと同じ学び方で学習を主体的に進められるように促していく。

1 正の数と負の数

2 文字と式

3 一次方程式

4 変化と対応

5 平面図形

6 空間図形

7 データの活用

本時の評価

・小学校の学習内容と比較しながら，反比例の変域や比例定数が負の数にまで拡張されたときの特徴について，比例のときと同じように考え，見いだすことができたか。

準備物

・長方形をかくための黒板用方眼用紙
・大型定規
・方眼紙（生徒用）

---

y が x の関数で

式 $y = \dfrac{a}{x}$ と表されるとき

「y は x に反比例する」という

a を比例定数という（$a \neq 0$）

↓

負の数まで範囲を広げよう。

例 $y = \dfrac{6}{x}$

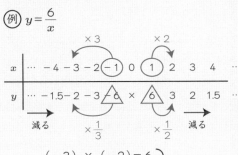

$$(-3) \times (-2) = 6$$
$$(-2) \times (-3) = 6$$
$$(-1) \times (-6) = 6$$
$$1 \times 6 = 6$$
$$\Big\} \Rightarrow xy = 6$$
→積が一定！

例 $y = -\dfrac{6}{x}$

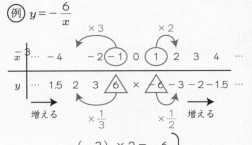

$$\begin{array}{l}(-3) \times 2 = -6 \\ 3 \times (-2) = -6\end{array} \Big\} \Rightarrow xy = -6$$

〈比べると…〉

・x の値が2倍，3倍，…になると y の値は $\dfrac{1}{2}$ 倍，$\dfrac{1}{3}$ 倍，…となる。

・x と y をかけると比例定数になる。（$xy = a$）

・x が増えたとき，

$(a > 0)$　y は減る

$(a < 0)$　y は増える

（今までとちがう！）

---

4 小学校までとの違いはどこだろう？

S：違うところなんてあるかな？

S：私は反比例といったら x が増えたら y は減るイメージだった。そこが違う。

S：あ，比例定数が負の数のときは x が増えると y も増えているね。

S：比例のときと逆なんだね。

　比例定数が負で x の変域が正の場合，y の値は負の数であるために値の変化が増加だと気付きにくい。この部分についてはグラフの指導のときにもあわせて確認していく。

見せ方の工夫をする

　小学校でも，面積が一定の長方形の縦と横の長さが反比例することを学習している。平面に長方形を書き並べていくのではなく，1点を固定して長方形を書いていくと反比例のグラフが浮かび上がってくることに生徒は気付き始める。逆にグラフの指導の際に，常に面積一定の長方形がかけることについてあらためて確認できるとよい。

　中学校で負の数に範囲を拡張する際，具体的な事象の中で負の数へ拡張できればそのような題材を取り扱うのもよい。

本時案

反比例の式を
使おう

授業の流れ

1 比例の問題と比べてみよう

S：同じような文章の問題を以前にやったよ
　　ね。何が違うの？
S：「比例」が「反比例」に変わっただけかな。
S：同じやり方でできそうだね。
T：それでは，比例のときのやり方を振り返っ
　　てみましょう。

　以前学習したことの類題と言えるような問題
は，授業の中で以前の学習を振り返るよいきっ
かけとなる。振り返りを促す声掛けを授業の中
で意識的に行うようにする。

反比例の式を使おう！

問

y は x に反比例し，$x=12$ の
①
とき $y=6$ です。y を x の式で
　　　　　　　　　　　　②
　　　　　　　　　　　求めるもの 1
表しなさい。また，$x=9$ のとき
の y の値を求めなさい。
③
求めるもの 2

①より　$y=\dfrac{a}{x}$ に

②より　$x=12$，$y=6$ を代入すると

　　　$6=\dfrac{a}{12}$

　　　$a=72$

　　　よって，$y=\dfrac{72}{x}$

③より　この式に $x=9$ を代入すると

　　　$y=\dfrac{72}{9}$

　　　　　$y=8$

---

2 考え方は 1 通り？

S：x と y をかけて比例定数を求めるやり方
　　もあります。
S：そちらの方が考えやすい。
S：でも，反比例の場合にしか使えないよ。
S：比例のときと同じ考え方だと，比例や反比
　　例以外の他の関数の場合にも使えそう。
T：いろいろな考え方を知っておくと，その場
　　面に合わせて対応できますね。

　値の導き方が複数通りある場合，どれか 1
つのみを取り上げるのではなく，他のやり方も
取り上げながら状況に合わせて使えるように指
導する。

3 変化しない数量はなんだろう？

T：浴そうに水を入れる場面で変化しない数量
　　は何でしょうか？
S：浴そうの大きさ。大きさの変わる浴そうと
　　か…嫌だな。
S：大きさと似ているけど，浴そうの高さ。
S：浴そうに入る水の量。
S：今回は時間と量の値しか出ていないから，
　　水の量に関する値が使えそう。

　水そうで同様の問題場面を扱っているので，
それを振り返りながら立式を促していく。

本時の評価

・反比例の式 $y = \dfrac{a}{x}$ や表を活用して，対応する1組の x，y の値から，具体的な反比例の式を求めることができたか。

準備物

・なし

演習1 y が x に反比例するとき…
Ⅰ．y を x の式で表す。
Ⅱ．$x = -3$ のときの y の値を求める。

(1) $x = 2$ のとき $y = 9$

$9 = \dfrac{a}{2}$

$a = 18$ → $y = \dfrac{18}{x}$

$y = -\dfrac{18}{3}$ → $y = -6$

(2) $x = 6$ のとき $y = -4$

$-4 = \dfrac{a}{6}$

$a = -24$ → $y = -\dfrac{24}{x}$

$y = \dfrac{-24}{-3}$ → $y = 8$

演習2 1分間に4Lずつ水を入れると1時間で満水になる浴そうがある。
1分間に x Lずつ水を入れると y 分で満水になるとする。

(1) 1時間は60分

$4 \times 60 = 240$ 　浴そうは <u>240L</u>

(2) $x \times y = 240$

$y = \dfrac{240}{x}$

(3) 1分間に5L → $x = 5$

$y = \dfrac{240}{5} = 48$

<u>48分で満水になる</u>

---

4 量と時間に変域はあるのかな？

S：x も y もどんな値でもとれそう。

S：でも実際に水を入れるときは，1分間に入れられる水の量の限界とかがありそうだから，それが変域になるんじゃない？

S：その場その場で確認しないといけないね。

T：変域が負の数になる場合はどうですか？

S：ありえないよ。

S：でも，1分間に−2Lずつ水を入れる…とか，正の数を使った言葉に言い換えができそうだよ。

S：その場合はどんな場面になるのかな？

振り返りを促す声掛けの工夫

　今回の授業のように，以前と似通った問題（第5時）を扱う場合は，まず，以前の問題とどこが同じでどこが違うのか確認させるとよい。「似た問題を学習したのはいつだっけ？」「どこに注目した？」「注意事項はなんだった？」などと声をかけることで，生徒自身が過去の学習を振り返ることができる。数学は過去の学習経験を生かしながら新たな知識・方法を獲得していく教科である。その上でも，その「新たな知識・方法の獲得の仕方」も生徒に身に付けさせたい。

2 文字と式

3 一次方程式

4 変化と対応

5 平面図形

6 空間図形

7 データの活用

本時案

反比例のグラフについて考えよう

11/17

授業の流れ

1 どんなグラフになるかな？

S：曲がったグラフになる。

S：$y = \dfrac{6}{x}$ では，x，y 座標が両方とも＋のときと，両方とも－のときがあるけど，どこでつなげるの？

S：$x = 0$ や $y = 0$ を考えないから，原点も通らないよね。

S：そもそも，すべての点をつなげる必要があるのかな？

　小学校では反比例のグラフが曲線になることまでは扱われていないが，いくつかの点を取って折れ線で結んだりすることで変化の様子を調べ，比例と反比例の違いに気付けるようにしている。それらと，比例のグラフで学習した「点の集まりとしての直線」という考え方を，反比例でも生かせるようにしていく。

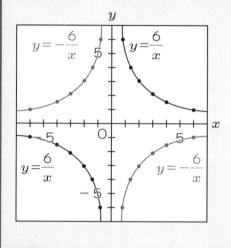

反比例のグラフについて考えよう！

問 $y = \dfrac{6}{x}$，$y = -\dfrac{6}{x}$ のグラフをかこう。

2 点と点の結び方は？

S：これって折れ線グラフになるの？

S：定規で線を引くとそれに当てはまらない点が出てきちゃうんだよね。

S：どんな形になるかは，もう少したくさん点を取らないとわからないよ。

T：電卓などを使ってもよいので，できるだけたくさんの点を取ってみましょう。

　電卓などを使用して，まずは自分で点をたくさん取ってみる経験をさせる。その際，わり切れない数値も出てくるが，四捨五入した概数であっても，点を取るには支障がない。

3 グラフの先はどうなるの？

S：この図は端があるけど，もっと大きいものだったら x 軸や y 軸にぶつかるかも。

S：あれ？y 軸上の点は必ず $x = 0$ だよ？反比例では $x = 0$ を考えないよね。

S：え，じゃあ，絶対 x 軸や y 軸にはぶつからないってこと？

　座標軸上の点が $x = 0$ や $y = 0$ であることを忘れがちな生徒もいる。どの位置にどのような点が存在するかを確認しながら，「本当にその点を通るの？」と問いかけられるとよい。

1	正の数と負の数
2	文字と式
3	一次方程式
4	**変化と対応**
5	平面図形
6	空間図形
7	データの活用

本時の評価

・反比例の表の上での x，y の値の組を座標として捉え，その点を座標平面上に表すことで反比例のグラフをかくことができたか。
・小学校での学習内容を踏まえながら，反比例のグラフの特徴について考えることができたか。

準備物

・グラフ黒板やホワイトボード
・大型定規
・PC
・グラフ描画ソフト

・点と点の間はどうなっているかな？
・グラフの先をのばしていくとどうなるかな？
→ グラフ描画ソフトで確認してみよう！

〈2つの式のグラフを比べると…〉

・どちらも2つのなめらかな曲線になる。
　　　　点と点の間にも
　　　　無数に点がある。
・2つの曲線は原点を対称の中心として点対称になっている。

このような2つで1組になっている曲線を 双曲線 という。

・どちらとも，x 軸，y 軸にはくっつかない。← $x = 0$，$y = 0$ にならない！
・$a = 6$のときは（$a > 0$）
　x の値が増えると，y の値が減る
　$a = -6$のときは（$a < 0$）
　x の値が増えると，y の値は増える

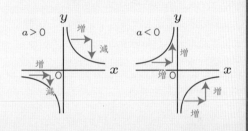

---

4 2つの式のグラフを比べてみよう

S：どちらも2つの曲線になります。
S：a が正の数のときは右上と左下，負の数のときは左上と右下に曲線がかける。
S：1組の曲線を原点を中心にぐるっと回すと，もとの曲線にぴったり重なる。
S：折っても重なりそう。
　反比例のグラフは2つで1組の曲線ということだけでなく，図形としても様々な性質をもっている。それらにも触れることで，より多面的に反比例のグラフを捉えられるように工夫する。

グラフの様子を見せる工夫

　反比例のグラフの場合，比例のグラフと比べて点の集まりが曲線になることを確認するのが難しい。そのような場合は，グラフ作成ソフトや動画教材を用いて，視覚的に理解できるようにするとよい。
　また，反比例全体としては曲線だと知っていても，x 軸や y 軸に近い部分などは直線として扱ってしまいがちである。ICTを活用して，限りなく軸に近づいていくが決して軸にぶつからない様子についても確認することで，極限の不思議さについても感得させたい。

本時案

反比例の演習を
しよう

知識及び技能の定着を図る

　本時では反比例での学習をあらためて振り返り，知識及び技能を定着させることを目的として，教科書の問題（節のまとめや章末問題）に取り組むことを想定している。

　比例でも反比例でも，表・式・グラフの関係やその特徴を確認するにはそれなりの時間数を要する。具体的な事象と関連付けながら，ある程度比例や反比例の特徴の全体像がつかめたところで，知識及び技能の確認を行い，その定着が図れるとよい。

　今回は，反比例のみの演習の時間としているが，比例の演習もあわせて行い，あらためて比例と反比例の全体が見渡せるように工夫を行うことも考えられる。

反比例の演習をしよう！

問1　y を x の式で表しなさい。
　　　また，y は x に反比例すると
　　　言えますか？

（1）18m のロープを x 等分した
　　　ときの１本分の長さ ym
　　　$y = \dfrac{18}{x} \rightarrow$ 言える

（2）500mL のジュースを xmL
　　　飲んだときの，残り ymL
　　　$y = 500 - x \rightarrow$ 言えない

（3）面積 30cm²，底辺 $x$cm の
　　　三角形の高さが $y$cm
　　　$y = \dfrac{60}{x} \rightarrow$ 言える

授業の流れ

1　いつ学習した内容かを思い出せる？

S：いつの授業だったかはだいたい覚えているけど，そのときの具体的な問題までは思い出せない。

S：授業中の問題はノートを見ればわかるけど，なんでそうなったかがわからない。

T：「そうなった」というのは，解き方のこと？

S：そうです。

T：演習をしながら，前の授業で考えたことや話題に上がったこともあらためて振り返っていこう。

　ただ演習の機会とするのではなく，積極的に前時までの授業の振り返りを促したい。

2　隣の人と確認し合おう

S：なんとなく解けたけど，解き方をうまく説明できないな。

S：グラフが正しいかどうかの確認はどうやったらよいだろう？

S：重ねて透かしてみたら？

S：それは大変だよ。

S：まずは通るべき点を通っているかチェックするとよいね。

1 正の数と負の数
2 文字と式
3 一次方程式
4 変化と対応
5 平面図形
6 空間図形
7 データの活用

本時の評価

・反比例の意味や特徴について理解し，表や式で表すことができたか。
・反比例のグラフについて理解し，グラフをかくことができたか。

準備物

・グラフ黒板やホワイトボード（問題に合わせて使用）

問2 面積24cm²，底辺 $x$cm の平行四辺形の高さを $y$cm とする。

（1）x と y の関係を，表にまとめなさい。

x	…	2	3	4	5	6	8	12	…
y	…	12	8	6	4.8	4	3	2	…

（2）y を x の式で表しなさい。

$$y=\frac{24}{x}$$

（3）y は x に反比例すると言えますか。

言える

問3 y は x に反比例し，$x=-2$ のとき $y=9$ である。

y を x の式で表しなさい。

また，$x=6$ のときの y の値を求めなさい。

$$9=\frac{a}{-2}$$
$$a=-18$$
$$y=-\frac{18}{x}$$
$$y=\frac{-18}{6}$$
$$y=-3$$

問4 $y=\dfrac{12}{x}$ のグラフをかきなさい。

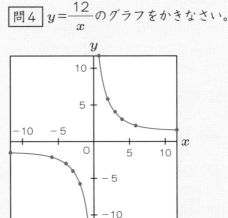

お互いに自分の解答を説明する

演習場面においては，教師が一括して解答を提示する方法もある。しかし，生徒個々が自分で学習を進めていく力をつけるためには，生徒自身が正しく自己の解答を分析できるようになることも大切である。どこまでができて，どこからできなかったのか，などは自分の演習過程を相手に伝えることで振り返ることができる。問題に一人でじっくり取り組む時間と仲間と協働しながら学習過程を振り返る時間をうまく組み合わせた時間構成ができるとよい。

発展問題の提示

教科書での反比例の問題は比例定数が2や3でわり切れるような，比較的扱いやすい数値で出題されていることがほとんどである。しかし日常の問題場面においては，比例定数が大きかったり，整数値でなかったりと，式の形で扱いにくいものも多い（ランドルト環の問題など）。ある程度知識や技能のついてきた生徒に対しては，発展問題として比例定数がより扱いにくい問題（例：$y=\dfrac{7}{x}$ のグラフをかこう）を取り扱うことも検討する。

本時案

ペットボトル キャップを数える方法

13/17

授業の流れ

1 回収について知っていましたか？

T：ペットボトルキャップの回収について知っていましたか？

S：スーパーで集めているのを見たことがある。

S：私は知りませんでした。結構たくさん集めないといけないのですね。

S：1日1本でも1年以上かかるね。1日何本ペットボトルの飲み物を飲んでいたかな。

S：集めたものを数えるのも大変そう。

S：集めたものを保管するのにもスペースをとりそうだよね。

　ペットボトルキャップ回収を知らない生徒もいると考えられるが，「回収したらどういうことが起こりそうか」ということを自分たちの学校やクラスでの活動に置き換えてイメージできるように促す。

ペットボトルキャップを集めて
リサイクル！

・リサイクル

・約430個で10円のワクチン代

・途上国の子ども1人分のワクチン代は20円

問 学校で回収した大量のペットボトルキャップの<u>およその個数</u>を知るには？

→1つ1つ数えるのは大変！

正確な個数でなくてもよい。

→個数を数える
代わりの方法を考える。

---

2 個数を数える代わりの方法は？

S：実際に回収するなら毎日数えるのは大変！

S：でも，まとめて全部数えるのも大変だよ。

S：まとめて…測れるものは何かないかな。

S：重さとか体積とかだったら測れるかも。

T：では，重さや体積からおよその個数を推測する方法はありますか？

　生徒は単位量に注目しがちだが，実際の場面ではもう少し大きい単位で基準をつくった方が効率的な場合もある。「もっといい方法はないか」を常に生徒に問いかけていけるとよい。

3 回収目標をどうやって決める？

S：回収目標は，どのくらいの人数のワクチン代になるかを基準に決めたい。

S：ペットボトルキャップの個数とワクチンの数の関係を確認しないとダメだね。

S：回収したおよその個数からだいたいのワクチンの数がわかるような「公式」がつくれるといいな。

　通常は，いきなり変数を文字で置くことはしないであろう。「公式」のような形で，式で表す有用性を意識させたい。

1	正の数と負の数
2	文字と式
3	一次方程式
4	変化と対応
5	平面図形
6	空間図形
7	データの活用

本時の評価

・ペットボトルキャップのリサイクルに関する数量関係の中から，比例の関係になっているものを見いだし，問題解決に利用することができたか。

準備物

・ペットボトルキャップ収集の写真等

〈およその個数の調べ方〉

・1個の重さと全体の重さを量って，
　（全体の重さ）÷（1個の重さ）＝（およその個数）

ペットボトルキャップの個数は重さに比例している？

　　ペットボトルキャップにもいくつか種類があって，重さがそれぞれ違う

　　⇩

　　1個ではなく，10個とか100個とかの重さをもとに計算したらどうか？

情報　400個で約1kg（1000g）

→重さを x g，個数を y 個とすると
$400 = a \times 1000$
$a = 0.4$　　　$\Rightarrow y = 0.4x$

問 個数とワクチンの数との関係は？

キャップの数を x 個，
ワクチンを y 人分とする。

1人分→20円→約860個
$860 : 1 = x : y \rightarrow y = \dfrac{1}{860}x$

😊他にはどんな比例の関係がありそう？

→個数と容積

→ワクチン代と個数

　関係をうまく見つけて

　利用していこう！

---

4 他に問題になることはないかな？

S：やっぱり，回収場所と保管場所はあらかじめ決めておかないとダメだよね。

S：回収目標の個数を集めたら保管にはどのくらいの場所が必要なんだろう？

S：せめてゴミ袋1袋分に入るおよその個数がわかればいいんだけどな。

S：実際に確かめてみようか！

　問題解決の場面では，関係し合っているいくつかの数量を適切に選び，利用しながら意思決定に活用していることに注目させたい。

道具としての数学

　日常の課題解決場面を取り扱う際は，いかに生徒自身が題材を自分事として捉えられるかが鍵となる。

　今回のペットボトルキャップの回収については，他にも，45Lのゴミ袋1袋分で約7kgなどの情報をもとに，回収場所の提案やその保管方法の検討など，自分たちに置き換えてシミュレーションしてみることもできる。実際に自分たちの家で消費しているペットボトル量から，回収期間などを検討することもできるだろう。

比例や反比例の関係を使おう

本時の目標

・比例と反比例を用いて，具体的な事象を捉え，表現することができる。

授業の流れ

1 数量の関係を確認するには？

T：点の動きと面積の関係を確認するにはどうしたらよいですか？

S：1cm進むごとの面積を表にしていこうか。

S：表にするのもわかりやすくていいけど，12cm分やるのはちょっと面倒くさい。

S：三角形の面積を求める公式があるんだから，それに当てはめて式をつくればいいよ。

S：確かに，表を作らなくても式がわかれば2つの数量の関係の特徴がわかりそうだね。

　数量の関係を見取るのに，表がいいのか，式にするか，グラフにするかは目的に合わせてその都度判断を要する。全く関係がつかめない場合はまずは表にしてみることが有効であるが，ある程度関係がわかっている場合は，すぐに式やグラフに表すことで特徴がつかみやすくなる場合もある。

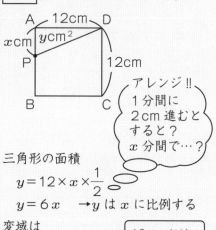

比例や反比例の関係を
使おう！

問1 点PがAからBまで動く

三角形の面積

$$y = 12 \times x \times \frac{1}{2}$$

$$y = 6x \quad \rightarrow y は x に比例する$$

変域は

$$0 \leqq x \leqq 12$$
$$0 \leqq y \leqq 72$$

アレンジ‼
1分間に
2cm進むと
すると？
x分間で…？

$12 < x$とはどういう場合だろう？

---

2 $0 \leqq x \leqq 12$の範囲の外は？

S：点PはBより先にまっすぐは進めないよ。

S：Bまで進んだら，次はCに向かったらよいと思う。

S：でも，点Pが辺BC上にあるときは三角形の面積が変化しないんじゃないかな。

S：変化の仕方が変わっちゃうね。

　$12 < x$のxとyの関係は2年生の学習範囲となるが，点Pが動くにつれて面積の変化の仕方が変わってくることに注目できるとよい。

3 2つの歯車がかみ合うとは？

T：2つの歯車がかみ合っている部分とは具体的にどういう部分ですか。

S：Aの歯とBの歯が交互に通る部分です。

T：交互に通るということは，通過する歯の数は…？

S：AもBも同じ。

S：その考え方を使って，式をつくれそうだね！

　まずは丁寧に歯車同士の関係を理解させたい。歯車の模型を使うなどして動きを確認することも考えられる。

1 正の数と負の数

2 文字と式

3 一次方程式

4 変化と対応

5 平面図形

6 空間図形

7 データの活用

本時の評価

・具体的な事象の中での数量の関係から比例や反比例の関係を見いだし，それを表現することができたか。

準備物

・歯車の図
・天秤の図
・デジタル教科書等の動画教材

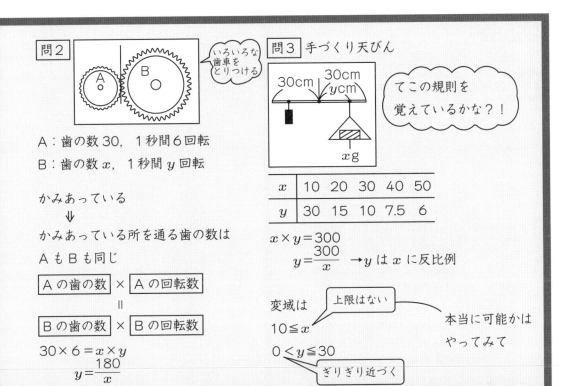

問2 いろいろな歯車をとりつける

A：歯の数 30，1秒間 6回転
B：歯の数 x，1秒間 y 回転

かみあっている
↓
かみあっている所を通る歯の数は
AもBも同じ

Aの歯の数	×	Aの回転数

＝

Bの歯の数	×	Bの回転数

$30 \times 6 = x \times y$
$y = \dfrac{180}{x}$

問3 手づくり天びん

てこの規則を覚えているかな？！

30cm　30cm　$y$cm

xg

x	10	20	30	40	50
y	30	15	10	7.5	6

$x \times y = 300$
$y = \dfrac{300}{x}$ →y は x に反比例

変域は　上限はない

$10 \leqq x$
$0 < y \leqq 30$　ぎりぎり近づく

本当に可能かはやってみて

4 天秤が量れる重さの限界は？

S：おもりの位置を動かせる範囲は決まっているね。30cmよりも遠くには動かせない。

S：そうだとすると，10gより軽いものは量れないということだね。

T：重いものはいくらでも量れるのですか？

S：支点に近づくほど重いものを量ることができるはずだけど…限界もありそう。

　反比例の変域を考えるのが難しいと感じる生徒も多い。具体的に増えているのか，減っているのかなどを丁寧に確認していきたい。

定番の問題の活用

　点の移動の問題，歯車の問題，天秤の問題は多くの教科書や問題集等で取り扱われている定番の問題である。問題場面の理解を助ける工夫として，デジタル教科書や動画教材などで動く様子を見せることも考えられる。定番であるからこそ，生徒の苦手とする部分を適切にくみ取りながら，授業に生かしていきたい。また，他教科との関連もあるため，それらも話題に出しながら，単なる問題演習ではなく，日常場面とのつながりを意識した取り扱いを心がけたい。

グラフを利用して問題を解こう

15/17

授業の流れ

1 グラフからわかることは何かな？

S：Aさんは一定の速さで歩いている。

S：15分で駅についている。

T：どうして15分だと分かるのですか？

S：yが1200のとき，xが14と16のちょうど間にあるからです。

S：目盛りがないから正確には読み取れないけど，10分のとき800mなのは確実に読み取れるから，15分で間違いないと思う。

　グラフの様子からAさんの歩く速さを求めることは小学校でも同様の学習を行っている。中学校では特に式との関連を意識して取り扱いたい。特に，速さと比例定数が一致することについては，2年生での1次関数の変化の割合にもつながっていく内容である。

グラフを利用して問題を解こう！

問 Aさんと妹が同時に家を出て，駅までの1200mの道のりを歩きます。家を出てからx分間に歩いた道のりをymとします。

（1）Aさんの速さは？

80m/min

（2）Aさんについて，yをxの式で表すと？

$y＝80x$

ポイント！

妹の歩く速さを60m/minとします。

（3）妹のグラフを図にかくと？

（4）妹について，yをxの式で表すと？

（5）妹が駅につくのは家を出てから何分後？

---

2 妹の速さから妹のグラフをかこう

S：分速60mはAさんよりも遅いよね。

S：どの点を取るのがいいかな？

S：比例のグラフのときは，原点と他に1点を取ってグラフをかいたね。

S：取れる点はすべて取っていいと思うよ。

S：私だったら正確にかくために，10分のときの600mと駅についた20分のときの1200mは取るかな。

S：もちろん，（0，0）は通るよね。

現実場面の表現と数学の表現

　現実場面を問題で取り扱う際，特にグラフを読み取って問題解決の場に用いるときは，現実場面の表現と数学としての表現を意識して扱いたい。具体的には（10，800）はグラフ上の点の座標であるが，10分のとき800mというのはその座標を現実場面に戻して解釈した表現である。授業のやり取りの中でその表現が混在すると，話についていけずに混乱してしまう生徒もいる。きちんと単位をつけて表現したり，グラフ上の該当箇所を指し示したりしながら，丁寧に表現することを心がけていきたい。

1 正の数と負の数

2 文字と式

3 一次方程式

4 変化と対応

5 平面図形

6 空間図形

7 データの活用

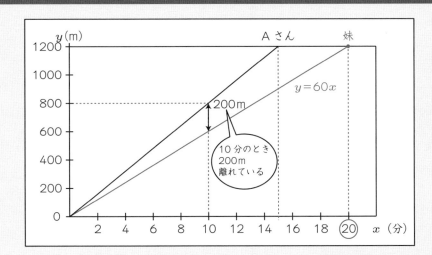

☆A さんと妹がどのくらい離れているかは，
　グラフのどこを見ればわかるだろう？

☆A さんが通過してから妹が同じ地点を通過するまでに
　何分かかるかは，グラフのどこを見ればわかるだろう？

妹の歩き方を変える
と，グラフはどのよ
うに変わるだろう？

---

3 グラフから読み取れることは？

T：2 人がどのくらい離れているかや，同じ地
　点を 2 人が通過したときの時間の差は，グ
　ラフのどこを見れば読み取れるでしょう？

S：グラフを縦に切ったり，横に切ったりする
　と読み取れます。

T：縦に切るってどういうこと？

S：$x = 10$ で縦に切ってグラフのぶつかった
　部分を読み取ると，10 分のときに 2 人が
　どれくらい離れているかがわかります。

4 妹の歩き方を変えると？

T：妹の歩き方を変えると，グラフはどのよう
　に変わるでしょうか。

S：歩く速さが速くなるとグラフが急になっ
　て，遅くなるとゆるやかになる。

S：一定で歩き続けていなくてもいいですか？

T：歩き続けないとはどういうこと？

S：立ち止まったり，引き返したりしてもよい
　かということです。

T：なるほど。そのとき，グラフがどのような
　状態になるか，説明できるとよいですね。

本時案

ランドルト環の大きさは？

授業の流れ

1 ランドルト環が見えません

問題：先生が学校の保健室にある視力検査表を使って，視力検査をしようとしたところ，5mの位置から，一番大きい0.1のランドルト環が見えませんでした。先生の視力（0.02）を測ることができるランドルト環の大きさはどのくらいでしょう。

S：先生，視力悪すぎですよ。

S：本当に見えないんですか？

S：私も一番大きい環でも見えにくいな。

S：0.02で見えるランドルト環とはどのくらいの大きさ何だろう？

　実際にランドルト環の大きさを調べたい，試したいという気持ちが起こるような問題を設定することがポイントである。

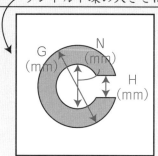

視力 0.02 用の
ランドルト環の大きさは？

何がわかればよいだろう？

では，0.02だとどうなるだろう？

・大きさ→円の直径
（外側と内側）

・ぬけている所の長さ（すき間の幅）

2 何がわかればよいだろう？

S：円の大きさが知りたい。

T：円の大きさって，具体的にはどの部分？

S：円の半径か直径…あれ，直径ってどこからどこまでだろう。

S：ランドルト環の黒い太い線の外側の円と内側の円のそれぞれの直径がわかればいいんじゃないかな。

S：ランドルト環はすき間の部分が重要だから，その部分の大きさも必要だと思います。

　生徒たち自身が自分たちで調べる内容を確認することは，その実験や作業の目的がより明確になり，意欲的な活動を促すことにつながる。

3 どのような関係になっている？

S：なんとなく反比例っぽい。

T：それはどのような特徴から言えますか？

S：視力に外直径，内直径，幅の値をかけるとそれぞれ約7.5，4.5，1.5になる。

S：視力を2倍，3倍としたときに対応する値はだいたい $\frac{1}{2}$ 倍，$\frac{1}{3}$ 倍になっている。

S：ぴったりにならないのは変な感じ。

S：ちょっと数値を疑っちゃうよね。

本時の評価

・視力の値やランドルト環の大きさやすき間の幅に着目して，どのような関係になっているか調べようとしたか。
・実測値の関係から反比例を見いだし，その関係を表現することができたか。

準備物

・ランドルト環の図（提示用）
・0.1から2.0までの5m用ランドルト環の図（配付用）

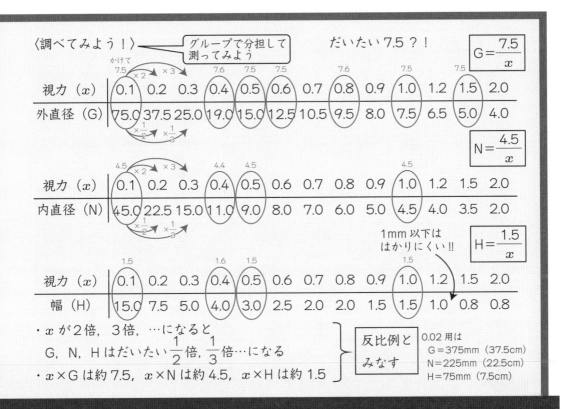

〈調べてみよう！〉 グループで分担して測ってみよう　だいたい 7.5 ？！　$G = \dfrac{7.5}{x}$

$N = \dfrac{4.5}{x}$

1mm 以下ははかりにくい!!　$H = \dfrac{1.5}{x}$

・x が2倍，3倍，…になると　G，N，Hはだいたい $\dfrac{1}{2}$ 倍，$\dfrac{1}{3}$ 倍…になる
・$x \times G$ は約 7.5，$x \times N$ は約 4.5，$x \times H$ は約 1.5

反比例とみなす

0.02 用は
G＝375mm（37.5cm）
N＝225mm（22.5cm）
H＝75mm（7.5cm）

4　本当に反比例？

S：そもそも，自分たちで長さを測っているから，値にちょっとのずれがあるのは当然。
S：定規の1mm以下を読み取るのは難しいね。
S：印刷のときにずれる可能性だってある。
T：では，この自分たちで測った値にはちょっとずれがあるという前提で，視力と外直径の値の関係は反比例と言ってよいですか？

　現実場面では，得られた値の多くは誤差を含んでおり，それを見越した処理が必要なことを生徒自身に気付かせたい。

5　他に視力と関係がある数量は？

S：5mの位置から見えないなら，視力検査表にもっと近づいて検査をすればいいのではないですか？
S：確かに。近づけば物は大きく見えるはず。
S：どのくらい前に近づけば0.1のランドルト環が見えるのだろう。

　生徒からの疑問や予想をうまく生かし，次の活用場面につなげていくことで，より関数を利用して問題を解決する有効性を実感できるものと期待できる。

1　正の数と負の数
2　文字と式
3　一次方程式
4　変化と対応
5　平面図形
6　空間図形
7　データの活用

第16時
185

問題づくりをしよう

本時の目標

・比例と反比例を用いて具体的な事象を捉え，考察し，表現することができる。

問題づくりをしよう

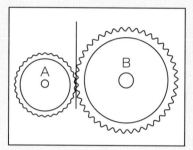

①歯車の問題
2つ以上の歯車を使った問題を考えてみよう。

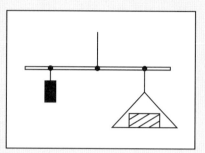

②天びんの問題
左右につるすもの，その位置を工夫して問題を考えてみよう。

自分の好きな題材を1つ選んで問題づくりをしよう。
作った問題を共有して，みんなで問題を解き合おう。

授業の流れ

1 問題づくりをしよう

S：授業でやった問題の数値だけを変えるのではだめですか？

T：はじめはそれでもかまいませんが，文字でおくところを変えるなど，自分オリジナルの工夫にもチャレンジしてみてください。

　問題づくりを通して，比例と反比例に対する見方を深めるのがねらいである。原題から x や y が表す値を変えるだけでも反比例の問題だったものが比例の問題に変わるなど，より多面的に数量の関係を考察できるように促したい。

2 模範解答を作ろう

T：作った問題を隣の席の人と交換して，隣の席の人の問題に模範解答を作りましょう。

S：なんか，問題の設定がおかしい気がする。

S：難しすぎて解けないときはどうしたらいいですか？

T：問題作成者とも確認し合い，協力しながら，できるだけわかりやすい模範解答を作りましょう。

　仲間同士で作成した問題を確認し合うことで，より問題としての質を高めることにつなげる。

1	正の数と負の数
2	文字と式
3	一次方程式
4	変化と対応
5	平面図形
6	空間図形
7	データの活用

本時の評価

・前時までの学習を振り返りながら，比例と反比例を用いて，新たな数
量間の関係を捉え，考察して，問題づくりに生かすことができたか。

準備物

・以前利用した提示用の
絵や図（歯車，天秤，
グラフ，ランドルト
環）

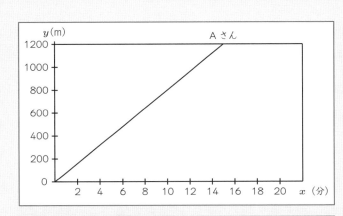

③Aさんと妹の移動の問題
妹の歩き方を変えると，グラフはどのように変わる
だろう？グラフをもとに新たな問題を考えてみよう。

④ランドルト環の問題
ランドルト環の大きさや，
検査の位置を工夫して問題
を考えてみよう。

---

3 作った問題を共有しよう

T：作った問題を共有して，お互いに問題を解
　き合いましょう。

T：問題づくりを振り返って，気付いたことやポ
　イントだと思ったことをまとめましょう。

　問題を作るという作業は，日常の場面から比
例と反比例の関係を取り出し，それを課題解決
に利用するプロセスを実感する場となる。気付
いたことやポイントだと思ったことをまとめる
ことで，実際の問題解決場面に生かすヒント
としたい。

問題共有場面でのICT活用

　生徒自身が作った問題を共有する場面では，
今までならば，まず教員が回収して印刷しなおし
たものを配付する，などの過程が必要であり，全
員のものを一斉に共有するのが難しかった。しか
し，タブレットやPCなどのICTを活用すること
によって，同時に全員の問題が閲覧でき，それに
対してコメントを返すのも容易になった。問題を
作成したその場で他者からの意見がもらえるの
は生徒にとってもモチベーションが高まる。ぜ
ひ，これらのツールを活用していきたい。

学年段階のつながりを意識した題材の取り扱いや発問の工夫

1 学年間のつながりを意識する

　比例と反比例は小学校でも学習しており，その中で生徒たちは「比例とはこういうもの」というような固定したイメージを持っている場合が多い。そのイメージを生かしつつ，中学での関数領域の学習につなげていくためには，小学校で取り上げた題材を中学校でも取り上げ，そこから数学の世界を広げていくような授業展開が望ましい。

　例えば，比例の題材として取り上げられる「水そう」の例では小学校では空の水そうに水を入れていくことが前提とし，1分間に一定量の水を入れていくときの水を入れ始めてからの時間と水そうの底からの水位の関係を考える場合が多い。一方で中学校での学習の中では，水を入れている途中を「基準」として捉え，現在の時間を0分，現在の水位を0cmとして時間，水位，それぞれの数量の変化を負の数まで拡張して考える。この時，生徒たちにどのように教材を提示しているだろうか。いきなり「現在の水位を0cmとします。」と言われても，生徒たちにとってはそのように捉える理由がわからずに，比例を負の数まで拡張する目的もわからない。式やグラフについては理解できても，肝心の具体的な場面における理解が不十分ということになりかねない。そこで，教材提示をする際に，「この水そうが満水になるのは何分後ですか？」「水を入れ始めたのは何分前ですか？」「2分後には何cm水位が増えているの？」「3分前は今より何cm水位が低いでしょう？」などの発問を通して，現在の状態からの変化に着目させる。そして，「正の数・負の数」の単元で学習した知識を用いて，その変化そのものを負の数を用いて数量で表すように促していく。このように，はじめの発問を工夫して手順を踏むことで，同じ題材であっても異なる視点で数量の関係を捉えることができるようになり，それが数学の世界を広げていくことにもつながっていく。

　関数領域では，他の領域以上に学年間のつながりを意識して題材を選ぶことが重要であると考えている。その題材のどのような場面を取り扱うか，また授業で取り扱う際の発問を工夫することで，関数領域で学習した知識がバラバラなものではなく，つながりを持った一連の知識として身についていくことが期待される。

2 「当たり前」の性質を丁寧に見直す

　比例，反比例といえば「一方の値が2倍，3倍，…となったら，もう一方の値も2倍，3倍，…となる」「一方の値が2倍，3倍，…となったら，もう一方の値も$\frac{1}{2}$倍，$\frac{1}{3}$倍，…となる」と覚えている生徒も多く，中学校の比例や反比例の学習においても理解したつもりになっている場合がある。しかし，負の数の範囲での2倍，3倍とはどういうことか，あらためて問われると，うまく説明できないという場合もある。また，生徒によっては，授業で取り扱うのは「新たな性質」であって，「当たり前」だと思ってる性質（例えば，$y=2x$において，xの値が1増えるとyの値が2増える，など）について取り上げようとしないこともある。

　比例や反比例の性質を負の数まで広げて理解する上では，小学校で学習した知識をきちんと確認し，そこから「変域を負の数に広げた場合でも本当に同じことがいえるのかな？」と問い，その性質を1つ1つ確認，言葉で表していくことが有効である。まず，生徒から小学校で学習した比例や反比例の知識についてたくさんあげてもらう。例えば，「比例のときはどのように値が変化する？」と問うと，「2倍，3倍，…」という答えの他に，「増える」と答える生徒もいる。また，「比例のグラフってどんなグラフだった？」と問うと，「直線」という答えの他に，身振りで左下から右上にのび

る線を表現する生徒もいる。比例や反比例という言葉から連想されるイメージをすべて挙げていったのち、「変域を負の数に広げた場合に同じことがいえるかどうか」について一つ一つ確認していくと、「2倍、3倍、…」にはなっているが必ずしも「増える」とは限らなかったり、「直線のグラフ」であっても左下から右上にのびていない場合があったりと、「当たり前」と思っている性質についても負の数の範囲では必ずしも「当たり前」とは言えない場合があることに気付いていく。変域の範囲を負の数にまで広げても成り立っている性質はなんなのか、また負の数ならではの特徴は何なのか、あらためて生徒自身が言葉で表現し、まとめてくことそのものの価値を生徒に伝えていくことが大切である。

3 できるだけ多くの数量関係を取り扱う

　比例と反比例がいかに特殊な関数であるかということについては、それ以外の数量関係を取り扱わないとなかなか理解が難しい。比例と反比例だけが関数であると思い込んでいる生徒も時々見かけることがある。そうでなくても、関数はきれいな変化のきまりを持ったもの、何か1つの式で表せるものと考えている生徒も少なくない。

　関数関係そのものは3年間をかけて関数領域の中で理解を深めていく内容かと思うが、その素地として様々な「日常の場面」から数量の関係を見つけ出すこと、それがどのような関係になっているか調べること、これらは中学校1年生の段階から繰り返し取り扱うことができるとよい。その際は、ICTをうまく活用することで、表から式へ、式からグラフへという操作が、手作業よりも短時間で行うことができるようになる。中にはうまく数量の関係が表現できないものもあるかもしれないが、そのような関係について授業で取り扱うことを避けるのではなく、「数量の関係がうまく表現できないものも存在すること」そのものに気付くということも大きな成果であると捉え、積極的に取り上げていけるとよい。

1 正の数と負の数

2 文字と式

3 一次方程式

4 変化と対応

5 平面図形

6 空間図形

7 データの活用

5 平面図形 （18時間扱い）

単元の目標

・平面図形の性質や関係について直観的に捉えたことを，数学的な表現を用いて筋道立てて考察することを通して，平面図形に対する見方を豊かにするとともに，角の二等分線，線分の垂直二等分線，垂線などの基本的な作図の方法や平行移動，対称移動及び回転移動について理解する。

評価規準

知識・技能	①角の二等分線，線分の垂直二等分線，垂線などの基本的な作図の方法を理解している。 ②平行移動，対称移動及び回転移動について理解している。 ③扇形の弧の長さと面積を求めることができる（空間図形の範囲）。
思考・判断・表現	①図形の性質に着目し，基本的な作図の方法を考察し表現することができる。 ②図形の移動に着目し，2つの図形の関係について考察し表現することができる。 ③基本的な作図や図形の移動を具体的な場面で活用することができる。
主体的に学習に 取り組む態度	①平面図形の性質や関係を捉えることのよさに気付いて粘り強く考え，平面図形について学んだことを生活や学習に生かそうとしたり，作図や図形の移動を活用した問題解決の過程を振り返って検討しようとしたりしている。

指導計画 全18時間

次	時	主な学習活動
第1次 平面図形の基礎	1	直線や線分，半直線の長さの表し方について理解する。
	2	点と直線の距離や2直線間の距離について理解する。
第2次 作図	3	作図の意味を理解する。
	4	垂直二等分線の意味を理解し，作図の方法を考察する。
	5	角の二等分線の作図の方法について理解する。
	6	垂線の2通りの作図方法について理解する。
	7	3点から等距離にある点の作図方法を考察する。
	8	3つの直線から等距離にある点の作図方法を考察する。
	9	図形を1回折ってできる折り目の作図方法を考察する。
	10	75°の作図方法を考察する。
第3次 図形の移動	11	対称移動，平行移動，回転移動について理解する。
	12	平行移動と対称移動の性質を考察する。
	13	三角定規を用いて様々な回転移動の性質を考察する。
	14	麻の葉模様を考察し，移動の見方を深める。

	15	π を用いて円の面積や弧の長さの求め方を理解する。
第4次 円とおうぎ形の計量	16	おうぎ形の弧の長さや面積が中心角に比例することを理解する。
	17	おうぎ形の弧の長さや面積を求める公式を見いだす。
	18	$S = \frac{1}{2}\ell r$ の公式が成り立つことを理解する。

単元の基礎・基本と見方・考え方

⑴第1次「平面図形の基礎」

　第1次では，実験・実測する活動を大切にしつつ，実測した長さの表し方や，角の大きさ及び2直線の位置関係について，$\angle$，$\sslash$，$\perp$ の記号を用いた表し方を理解し，第2次以降で学習する作図や移動について，自分の考えを数学的な表現を用いて考察したり，相手に伝えたりするための基礎を培うことがねらいである。ここでは，方程式や比例や反比例の学習と関連付けて，長さの関係を等式で表すことや，直線は点の集合という見方ができるようにする。

⑵第2次「作図」

　第2次では，平面図形の対称性を根拠に統合的に捉えることで，角の二等分線，線分の垂直二等分線，垂線などの基本的な作図の方法について理解を深めることがねらいである。作図を進めていく上で，コンパスは円をかくだけではなく，長さをうつすことができるという見方を強調する。また，作図の方法を一方的に教えるのではなく，実際に紙を折るなどの操作を行い，作図の見通しをもたせるとともに，作図の方法について考察し，ひし形やたこ形等の線対称な図形の性質を根拠に，筋道を立てて説明し合う活動を重視する。加えて，垂直二等分線は線分の端点からの距離が等しい点の集合，角の二等分線は角をつくる2直線からの距離が等しい点の集合，垂線は点と直線との最短距離（点と直線との距離）という見方ができるようにする。

⑶第3次「図形の移動」

　第3次では，図形の移動に着目し，2つの図形のうち一方を移動して他方に重ねる方法や，1つの図形を移動する前と後で比較する活動を通して，図形の位置関係や相等関係，作図に関する内容とを相互に関連付けながら，図形に対する見方をより豊かにすることがねらいである。例えば，三角形の移動では，3つの頂点に着目し，移動前と移動後で対応するそれぞれの点の関係性についての考察を重視する。特に，平行移動ではどの方向にどれくらいの距離を移動しているか，対称移動では対称の軸が垂直二等分線になっているか，回転移動では回転の中心に対し，どの向きに，何度回転しているかという見方ができるようにする。

⑷第4次「円とおうぎ形の計量」

　円の周の長さや面積の求め方について，円周率 π を用いて表すことを扱う。おうぎ形は円の一部という見方を強調し，同一の円の弧の長さと面積はその中心角の大きさに比例するという考え方ができるようにする。また，単元6（第6章）の円錐の表面積を求める場面につなげるために，扇形の面積 $S = \frac{1}{2}\ell r$ についても扱う。

1 正の数と負の数

2 文字と式

3 一次方程式

4 変化と対応

5 平面図形

6 空間図形

7 データの活用

本時案

宝の場所は
どこだろうか？

1/18

本時の目標

・直線，線分，半直線，角，交点，2直線の
　垂直，2点間の距離の意味を理解する。

授業の流れ

1 宝の場所はどこだろうか？

　「宝の地図」のみを示し，生徒とやり取りをしながら時代設定やどんな宝が眠っているのかについて，ストーリーを構築しながら問題を提示。続いて，「宝のありかを示した文書」と「宝の地図」が記載されている学習プリントを配付し，宝の位置を考える。長さを表現する場面ではコンパスも使えるように，長さをうつすことができる設定とし，単元の学習内容につながる種まきの要素を加えている。

S：地図に線とか書き込んでいいですか？

T：もちろんです。三角定規や分度器，コンパスを使ってもいいですよ。

S：それなら，見つけられそうです。

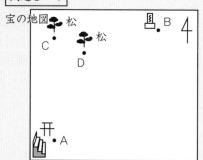

○／○　　　　直線，線分，半直線（など）

問題5－1

宝の地図

問題
　神社の鳥居（A）と石碑（B）を結ぶ線上で2本の松（C）（D）が1本に見える所（E）から東に2本の松の間の距離だけ進み（F），そこから南に松の間の2倍の距離を進んだ所（G）に宝がある。宝はどの地点にあるだろうか。

定規（三角定規），分度器，コンパス

2 2本の松が1本に見えるところとは？

　机間指導で生徒の取組の状況を把握すると，点Aと点Bを結んだ後に，手が止まっている生徒が見られた。そこで，「困っていることは何？」と問いかけて，つまずきのポイントを明らかにし，学級全体で解決できるように配慮する。

S：点Cと点Dを結んでのばして，点Aと点Bを結んだ線と交わったところだと思います。

S：何で点Cと点Dを結んでいいの？

S：（ペンを2本取り出して）だって横から見たら1本に見えるでしょ！

S：なるほど～。

黒板は対話をつなぐツール

　黒板は教師から知識等を伝達するツールであると捉えられがちだが，生徒と生徒の考えをつなぎ，対話を活性化するツールとして使うことが大切である。

・生徒の悩みや思いを板書する

・生徒の立場を板書する

・生徒の考えのポイントを板書する

・複数の考えのメリット，デメリットを板書する

・複数の考えの関連付けを板書する

・生徒が見いだした性質やまとめを板書する

1 正の数と負の数
2 文字と式
3 一次方程式
4 変化と対応
5 平面図形
6 空間図形
7 データの活用

本時の評価

・点，直線をもとにして，垂直という位置関係および点と直線との距離などを捉えることができたか。
・用語や記号を使って，直線，線分，角，垂直を表すことができたか。

準備物

・宝の地図を拡大した掲示物
・学習プリント
・大型定規

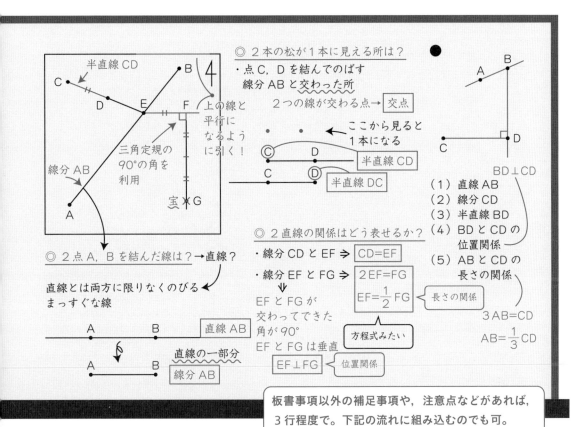

板書事項以外の補足事項や，注意点などがあれば，3行程度で。下記の流れに組み込むのでも可。

---

3 2直線の関係はどう表せるかな?

　直線，半直線，線分の関係について生徒とやり取りを通して確認し，線分は直線の一部分であることを強調する。これを踏まえて，CDとEF，EFとFGの2直線の関係について考えていく。とりわけ，EFとFGの関係では，「2 EF = FG」という長さの関係と「EF ⊥ FG」という位置関係があることを整理する。

　また，多くの生徒は2点C，D間の長さを定規で測ってかくが，コンパスを用いた方法は今後の学習につながるため，取り上げておくとよい。

4 練習問題に取り組もう

　練習問題として，「3 AB = CD」「BD ⊥ CD」という関係の4点A，B，C，Dが記載されているプリントを配付する。例えば，半直線BDについて「何でDの方をのばすの？」等と問い返し，その理由について考え合う活動を設定する。また，教科書で用語を確認して授業内容を振り返ることや，教科書の練習問題に取り組むことも大切である。また，多くの教科書に，地図を用いた題材が扱われており，それを練習問題として取り組むことも考えられる。

2直線は
交わるだろうか？

2/18

本時の目標

・2直線の平行，点と直線との距離，平行な2直線間の距離の意味を理解する。

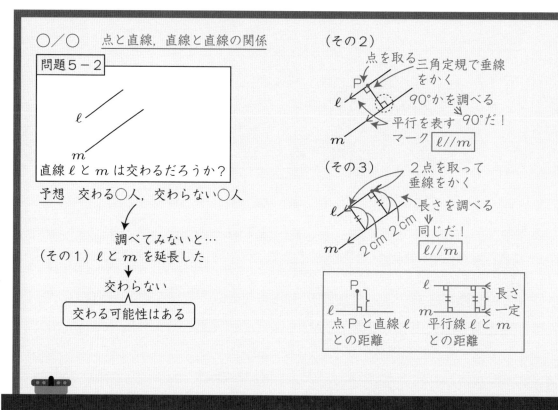

授業の流れ

1 直線 ℓ と m は交わるだろうか？

小学校で学習した平行な2直線の関係について振り返りながら2直線の図（A3サイズ）を提示し，問題を提示する。直観的に予想された人数を挙手により把握する。生徒にも図が記載されている学習プリントを配付する。

S：平行っぽいぞ。

S：でも伸ばしていったら交わりそうだぞ。

S：調べてみないとわからないよ。

T：平行かどうか調べられるかな？

S：調べられる！（多数）

2 本当に平行と言えるのかな？

数分間の個人思考の時間を確保し，自分なりに考える時間を設定する。机間指導では，生徒の考えを把握し，（その1）から（その3）の順番で取り上げていく。特に，（その3）の扱いについて，小学校では，定義と性質の明確な区別がなされていないため，幅が等しければ2直線が平行であることを認めることとした。

（その2）（その3）をもとにして，点と直線の距離及び，直線と直線の距離について定義する。

1 正の数と負の数

2 文字と式

3 一次方程式

4 変化と対応

5 平面図形

6 空間図形

7 データの活用

本時の評価

・２直線間の距離の考察を通して，２直線の平行，点と直線との距離，平行な２直線間の距離の意味を理解できたか。

準備物

・図を拡大した掲示物（Ａ３）
・大型三角定規
・学習プリント
・板書用コンパス

> 直線 ℓ からの距離が３cm となる点を，マグネットを用いて数名の生徒に表現させる。

では直線 ℓ からの距離が
３cm となる点はどこ？

３cm
ℓ　点の集合は直線
３cm　直線 ℓ と平行になる

あっ！
下にもある

●辺 AB と辺 DC との距離

は何 cm だろうか？→ 4cm ？
×

A — 4cm — D
3cm　3.4cm
B　　　　C
AD と DC が垂直でない

3.4cm

●半径３cm の点 O から
の距離が３cm となる
直線 ℓ をかこう！

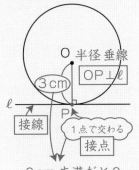

O 半径垂線
OP⊥ℓ
3cm
ℓ
P
接線
1点で交わる
接点

・３cm 未満だと？
→円と接線は2点で交わる

・３cm より長いと？
→交わらない

3 辺 AB と DC 間の距離は何 cm？

平行四辺形の２辺間の距離を求める練習問題を提示する。意外と４cm と考える生徒が多く見られるため，誤答を取り上げて考えていく。

T：４cm と考えている人がいますね。
S：それはダメだと思います。
T：何がまずいのかな？
S：AD と DC が垂直に交わっていないからです。
S：三角定規を使って AB と DC に垂線をかく必要があります。

4 点 O からの距離が３cm の直線 ℓ をかこう！

半径３cm の円を提示して，中心 O からの距離が３cm となる直線について考える。この直線を ℓ として，その特徴を考えていく。これに対して，「円と１点で交わっている」「OP（半径）⊥ℓ の関係になる」といった考えが見いだされ，接点や接線等の用語を定義する。

また，中心 O と直線 ℓ との距離が３cm 未満の場合は交点が２点になることや，３cm より長くなると交点がないことにも触れておくとよい。

本時案

点を特定する方法を考えよう！

本時の目標

・作図の意味について理解する。

授業の流れ

1　点を特定する方法を考えよう

　作図の学習を進めていくに当たり，単元（小節）を通して重要な視点について，生徒とやり取りしながら見いだす活動を設定する。

T：これから様々な条件から平面上の図形をかいたり決めたりする学習を始めていきます。最も単純な図形は何でしょうか？

S：直線，線分。

S：点だ！

T：点が最も単純ですね。それでは，与えられた条件から点を特定する方法を考えていきましょう。
　（問題文を提示し板書する）

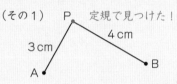

○／○　　作図とは？

問題5－3

A・　　　　　・B
点Aから3cm，点Bから4cmの距離にある点Pはどこ？

まずはやってみよう！

（その1）　P　　定規で見つけた！
　　　　　　　　　4cm
　3cm
A　　　　　　　　　　B

2点A，B間の距離が5cmとなっている学習プリントを配付する。板書は50cm離して提示する。

2　まずはやってみよう

　問題について，定規やコンパスを自由に使ってよいことを生徒とやり取りしながら確認する。（その1）のように定規の目盛りを用いて点Pを探す活動に取り組む生徒が多いと思われる。机間指導で（その2）のようにいくつかプロットする考えや，（その3）のようにコンパスを使っている考えを把握し，指名する生徒を計画することが重要である。ここでは，（その1）の考えから順々に取り上げ，集団で話し合う活動につなげていく。

3　この点が集まると何ができる？

　（その2）の考えについて説明する活動が終わった場面で全体に問い返して，円の定義について考察する。

S：直線になる？

S：いや，円になるんじゃないかな。

S：何で？

S：だって，点Aから取った点までの3cmは，円の半径になるからです。

S：なるほど！（多数）

1 正の数と負の数

2 文字と式

3 一次方程式

4 変化と対応

5 平面図形

6 空間図形

7 データの活用

本時の評価

・円は1点から等距離にある点の集合であるという定義や，コンパスで円をかくことの必要性や意味について理解できたか。
・作図はコンパスと定規（線を引くだけ）で図をかくことであることを理解できたか。

準備物

・板書用コンパス
・大型定規
・学習プリント

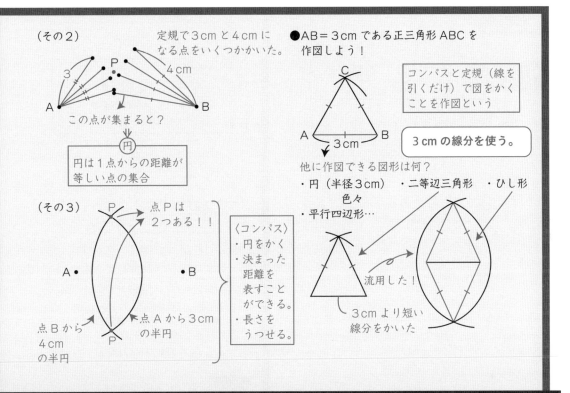

（その2）定規で3cmと4cmになる点をいくつかかいた。

3　P　4cm

A　B

この点が集まると？

↓

円

円は1点からの距離が等しい点の集合

（その3）

点Pは2つある！！

A・　・B

点Bから4cmの半円

点Aから3cmの半円

〈コンパス〉
・円をかく
・決まった距離を表すことができる。
・長さをうつせる。

●AB＝3cmである正三角形ABCを作図しよう！

C

A　3cm　B

コンパスと定規（線を引くだけ）で図をかくことを作図という

3cmの線分を使う。

他に作図できる図形は何？
・円（半径3cm）・二等辺三角形 ・ひし形
　色々
・平行四辺形…

流用した！

3cmより短い線分をかいた

---

4 コンパスでできることは何かな？

S：円をかくことです。

S：決まった距離を表すことができます。

S：長さを定規からうつせることかな。

S：問題の答えを正確に確実に見つけられる。

（その3）の考えで点Pが2つあることに触れたり，コンパスを用いることの必要性や意味について確認したりする活動を通して，次時以降の作図について考察することの意義について触れる。

5 他に作図できる図形は何かな？

　3cmの線分を用いて，正三角形以外で作図することのできる図形を考える。二等辺三角形やひし形の作図は，垂直二等分線，角の二等分線，垂線のすべてで用いるので，この場面で扱うとよいと考える。

S：半径3cmの円です。

S：適当な長さの底辺をかけば，二等辺三角形も作図できるね。

S：ひし形もできるのではないかな。

本時案

2点A，Bから等しい距離の点はどこ？

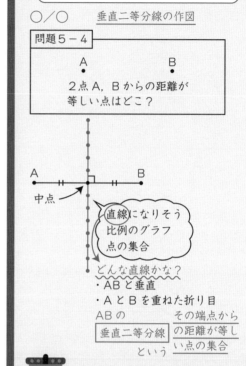

4/18

授業の流れ

1 2点A，Bから等しい距離にある点はどこだろうか？

（2点A，Bのみを板書する）

S：2点の真ん中辺りじゃない？

T：どこかな？ 黒板にかいてください。

S：（黒板にかく）ここです。

S（多数）：その辺りでいいと思う。

S：線分AB上の真ん中にある点です。

S：例えばA，Bから3cmとなる点です。

S：2点A，Bからの距離が等しい点は他にもあると思います。

S：えぇ～？　あっ，わかった！

こうしたやり取りを通して直線の存在に気付かせる。ここでは，関連して中点などの用語を確認する。

> タイトルは本時の学習内容のまとめや，定義付けられた後に，板書する。

○/○　　垂直二等分線の作図

問題5−4

A　　　　　B

2点A，Bからの距離が等しい点はどこ？

A　　　　　B
中点 ↗

> 直線になりそう
> 比例のグラフ
> 点の集合

どんな直線かな？
・ABと垂直
・AとBを重ねた折り目

ABの　　　その端点から
垂直二等分線　の距離が等し
という　　い点の集合

2 この点の集まりはどうなるかな？

2点A，Bから等しい距離となる点を生徒にかかせて，直線のイメージ化を図る。

T：これらの多くの点は何だろうか？

S（多数）：直線になりそう。

S：比例のグラフみたいに点が集まって直線になる（点を色チョークで結び，直線にする）。

T：これはどんな直線になるだろうか？

S：線分ABと垂直になる。

S：AとBを重ねた折り目になっている。

T：線分ABの垂直二等分線といいます。

T：この垂直二等分線を作図できるかな？

（ここで，本授業のテーマを板書する）

3 どのように考えて作図したのかな？

S：コンパスをこれくらい広げて，AとBに合わせてそれぞれ半円をかきます。

T：これくらいとは？

S：線分ABの半分より長くします。

S：そして交点同士を結んでいます。

T：垂直二等分線って本当に言えるかな？

S：だって，半径が同じだからA，Bからの距離が等しい2点を通っている直線だから。

S：ひし形の対角線になっているから。

S：ひし形は線対称な図形だからです。

1 正の数と負の数

2 文字と式

3 一次方程式

4 変化と対応

5 平面図形

6 空間図形

7 データの活用

◎垂直二等分線を作図しよう！

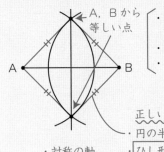

A，Bから等しい点
・コンパスを AB の半分より長く広げる
・A，B を中心に半円をかく
・交点を結ぶ

正しい？
・円の半径
・対称の軸
・ひし形 → 線対称な図形 対角線は垂直に交わる
・ひし形の折り目

◎他に作図する方法はないかな？

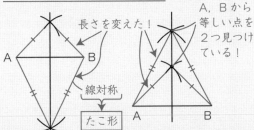

長さを変えた！
線対称
たこ形
A，Bから等しい点を2つ見つけている！

●線分 AB の中点 M を作図しよう。

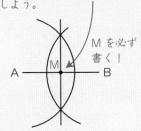

M を必ず書く！

●直線 l 上にあり，2点 A，B から等距離である点 P を作図しよう。

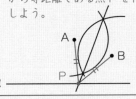

〈垂直二等分線の作図〉
・ひし形，たこ形など線対称な図形を作図する
・2点から等しい距離の点を2つ作図する

作図の理解を深める対話指導のポイント

　対話を活性化させるには，生徒の発した考えに対して適切に問い返すことが大切である。**3** の作図を説明する場面では，「コンパスをこれくらいに広げます」といった曖昧な表現が多く見られる。これに対して「これくらいとは？」と問い返し，「線分 AB の半分より長い」といった考えを引き出していく。

　また，「この作図の方法は正しいかな？」と問うて，「2点を見つけている」「ひし形の対称性を活用している」などの考えを引き出し，垂直二等分線の作図の理解を深めていく。

4 他に作図する方法はないだろうか？

　教科書を用いて作図の手順について確認した上で，「他に作図する方法はないだろうか？」と問いかけ，「A，Bからの距離が等しい2点を見つける」「線対称な図形をかく」といった考え方を引き出す。また，今後の指導のために，たこ形を用いた作図を取り上げておく。

　練習問題では，垂直二等分線の作図により，「中点を作図できる」「2点からの距離が等しい点を作図できる」ことを押さえる。

本時案

折り目の線は
どんな線かな？

授業の流れ

1 折り目はどんな線になるかな？

S：大体こんな線になります（板書させる）。
S：実際に折ってみたいなあ。
S：折ってみると，角の半分の線になりそう。
S：∠XOY の半分になる。
T：本当になる？
S：（実測する）どちらも30°になっている。
S：XO と YO の対称の軸になるのかな？

　折り目は実際にプリント等を折らせて，その特徴を見いださせることが大切である。生徒は角の二等分線になると予想するが，角度を実測させることで実感に変わるだろう。角の二等分線を共有後にテーマ「角の二等分線の作図」を板書する。

○／○　　角の二等分線の作図

問題5－5

線分 XO と線分 YO をぴったりくっつけるように折る。
折り目の線分 ZO はどんな線？

実際に折ってみたい…

折ってみると…

・30°と30°になっている
・XOY が半分になる
　∠XOZ＝∠YOZ
・XO と YO が対称っぽい

2 折り目 ZO を作図してみよう！

（数分の個人思考の場面を設定する）
T：このように作図をしている人がいました。どう考えたのかな？（教師が作図を板書する）
S：点 X,Y から等距離になる点 Z を取った。
S：線対称な図形になってないからおかしい。
T：点 X,Y から等距離を取るのはよくないのかな。
S：等距離はいいと思うけど。
S：X,Y から取るのが，おかしいのでは……。

　修正する中で，前時の作図方法と関連付けながら，ひし形，たこ形という言葉を引き出し，線対称な図形の作図へとつなげたい。

対話を生み出すポイント

　個人思考の場面では，机間指導で生徒の考えを把握することが大切である。（その１）の考えは，よく見られる生徒の誤答である。誤答を取り上げ，点 X,Y から等しい距離になる点 Z を取ったことを解釈し，何がおかしいかを検討したい。そして，XO と YO が等しくないことから，（その２）の作図へと修正していきたい。

　誤答をたたき台とみて検討修正することで正解にたどりつくこと，たたき台を出してくれた生徒はみんなに貢献していることを伝えたい。

1 正の数と負の数

2 文字と式

3 一次方程式

4 変化と対応

5 平面図形

6 空間図形

7 データの活用

本時の評価

・図形の対称性や図形を決定する要素に着目して，角の二等分線の作図の方法を考察し，作図することができたか。

準備物

・作図用コンパス
・大型定規

◎線分 ZO を作図しよう！

（その1）

正しいかな？

× （多い）
・合ってそうだけどダメ
・線対称な図形ではない

（その2）

正しいかな？

○ 全員
・ひし形になっている
・ZO が対称の軸

ひし形，たこ形の作図と同じ

・コンパスを XO より短く広げ，O から半円をかく
・コンパスの幅を変えず XO，YO との交点から Z 辺りに半円をかく
・O と交点 P とを結ぶ　→　変えると…→ たこ形

∠XOY の二等分線
∠XOZ ＝ ∠YOZ

● ∠XOY の二等分線を作図しよう

（1）

（2）

コンパス長さを変える

二等辺三角形だ
線対称！！
OK！

（3）

この二等分線を延長させても OK！

---

3 この作図は正しいかな？

S：（その2の作図）正しいです！（全員）
S：ひし形になっています。
S：ZO がひし形の対称の軸になっている。
T：どのように考えて作図しているかな？

　正しい作図の方法について考察する場面では，生徒から出された表現を生かして板書することが大切である。XO と YO との交点からコンパスの幅を変える，変えないことに着目させて，たこ形をつくる考えにも触れるとよい。

4 ∠XOY の二等分線を作図しよう！

　練習問題として，いろいろな角度の二等分線の作図に取り組ませる。授業で扱った問題の条件を変えていく文脈で，少しずつ角度を大きくしていく。特に，（2）は垂線の作図で扱われることもあるが，二等辺三角形の線対称な図形の性質を用いて作図することから，この場面で扱うこととした。また，（3）は2つの考えが出され，角度の小さい方を作図して延長する考えは，対称性の理解を深めるためにも，ぜひ取り上げたい。

本時案

点Aを通る
垂線を作図しよう

6/18

本時の目標

・線対称な図形の性質をもとにして，垂線の作図の方法について考察し，作図することができる。

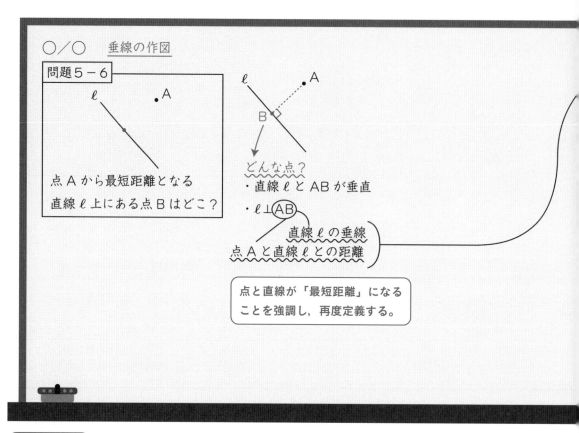

（黒板）

○／○　垂線の作図

問題5−6

ℓ　・A

点Aから最短距離となる
直線ℓ上にある点Bはどこ？

ℓ　・A

B

どんな点？
・直線ℓとABが垂直
・ℓ⊥AB

直線ℓの垂線
点Aと直線ℓとの距離

点と直線が「最短距離」になる
ことを強調し，再度定義する。

授業の流れ

1 最短距離にある点Bはどこかな？

S：この辺りかな？（マグネットで表現）
S：もうちょっと下，その辺！
T：この点をBとする。Bはどんな点かな？
S：直線ℓとABが垂直に交わっている点。
S：ℓ⊥ABとなる交点。
T：ABは最短距離になっているかな？
S：直線ℓの垂線だから最短だと思う。
　第2時のノートを振り返り，点と直線の距離の関係であることを気付かせていく。

2 点Aを通る垂線を作図しよう

　数分間の個人思考に取り組ませ，よく見られる誤答である（その1）の考えを意図的に取り上げる。誤答なので，教師が黒板に作図しながら示すといった配慮が大切である。
　「この作図は正しいかな？」と問いかけると，「正しい」が2割程度，「正しくない」に挙手する生徒は8割程度となることが多い。立場を明確にすることで，活発な対話が生まれ，「線対称な図形ではないから」など，既習事項と関連付いた考えを引き出していく。

1 正の数と負の数

2 文字と式

3 一次方程式

4 変化と対応

5 平面図形

6 空間図形

7 データの活用

本時の評価

・図形の対称性に着目して，垂線の作図の方法を統合的に捉えて考察し表現することができたか。

・ひし形やたこ形などの線対称な図形の性質を用いて垂線の作図ができたか。

準備物

・板書用コンパス

・大型定規

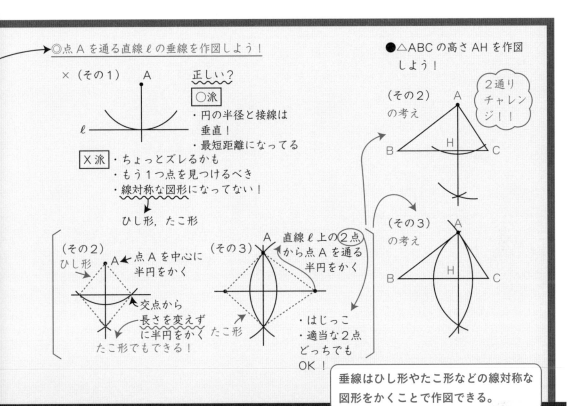

◎点 A を通る直線 ℓ の垂線を作図しよう！

× （その1）　　正しい？

○派
・円の半径と接線は垂直！
・最短距離になってる

×派
・ちょっとズレるかも
・もう1つ点を見つけるべき
・線対称な図形になってない！

ひし形，たこ形

（その2）ひし形
点 A を中心に半円をかく
交点から長さを変えずに半円をかく
たこ形でもできる！

（その3）
直線 ℓ 上の2点から点 A を通る半円をかく
たこ形
・はじっこ
・適当な2点
どっちでもOK！

●△ABC の高さ AH を作図しよう！

2通りチャレンジ！！

（その2）の考え

（その3）の考え

垂線はひし形やたこ形などの線対称な図形をかくことで作図できる。

---

3 どのように作図しているのかな？

（その3の作図について考察する場面）

S：まず直線 ℓ の端っこを中心として，点 A を通る半円をかきます。そして，点 A と半円の交点を結びます。

T：線対称な図形になっているかな？

S：（多数）たこ形になっている。

S：ひし形になる場合もあるね。

T：直線 ℓ の端っこを中心にしないとダメかな？
（少し沈黙）

S：いや，適当に2点を取っても作図できます。

4 △ABC の高さ AH を作図しよう！

練習問題として三角形の高さを作図する問題を提示する。本時を振り返らせて，（その2），（その3）の2通りの作図に取り組む。また，「（鈍角）三角形 ABC の高さを2通りの方法で作図しよう」を宿題として提示し，図のような作図に触れることも大切である。

宿題

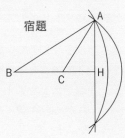

本時案

3点から等距離にある点Pはどこ？

本時の目標

・垂直二等分線の性質を活用して，目的とする作図をすることができる。

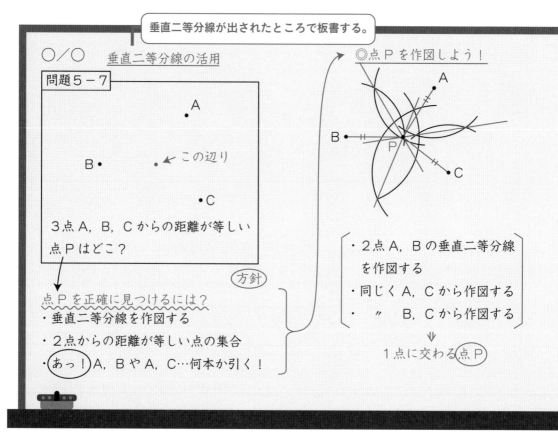

垂直二等分線が出されたところで板書する。

○/○ 　垂直二等分線の活用

問題5−7

・A
B・　　　・← この辺り
　　　　・C

3点 A，B，C からの距離が等しい点Pはどこ？

方針

点Pを正確に見つけるには？
・垂直二等分線を作図する
・2点からの距離が等しい点の集合
・あっ！A，BやA，C…何本か引く！

◎点Pを作図しよう！

・2点 A，B の垂直二等分線を作図する
・同じく A，C から作図する
・　〃　　B，C から作図する

↓
1点に交わる点P

授業の流れ

1　3点から等距離にある点はどこ？

S：この辺りかな（マグネットで表現させる）。
T：この点って正確にどうやって見つける？
S：垂直二等分線をかけばよいのかな。
S：まずAとBの垂直二等分線を作図する。
T：どうして垂直二等分線なのかな？
S：2点からの距離が等しい点の集合だから。
S：あ！垂直二等分線を他にも引けばいいね。
T：問題場面を単純化して，3点ではなく，2点からの距離で考えてみることは有効だね。

2　点Pはどう作図しているかな？

　3点 A，B，C が記載されている学習プリントを配付して，作図に取り組ませる。作図の方針が明らかになっているため，多くの生徒が取り組めるであろう。また，3本の垂直二等分線が1点で交わることを経験させ，作図したことが結論と一致することを実感させたい。

　学級全体でやり取りをしながら作図の過程についてまとめていく。この場面では，「垂直二等分線は2本でよいのでは？」という反応から，新たな課題が生まれる。

1 正の数と負の数

2 文字と式

3 一次方程式

4 変化と対応

5 平面図形

6 空間図形

7 データの活用

本時の評価

・2点からの距離が等しい点の集合であるという垂直二等分線の性質を活用して，目的とする作図の方針を立てて，作図することができたか。

準備物

・板書用コンパス
・大型定規
・学習プリント

◎垂直二等分線は3本必要ない？
2本だけでよい？

・3本は1点で交わる→2本でOK

・点PはA，Bからの距離が等しい
　　　　A，Cからの距離が等しい
　　　↓
　　　B，Cも等しい？

・(例)

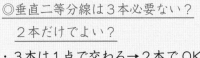

Xさん　　　　Yさん
サッカー部　　サッカー部
同じ！
Zさん
サッカー部

X＝Y
X＝Z
ならば
Y＝Z

（三段論法）

●円の中心Oを作図しよう！

あっ！点Pは円の中心！

円周上に3点取る

外接円
外心という

直径になっている！

●円Oを復元しよう！
3点を取る！

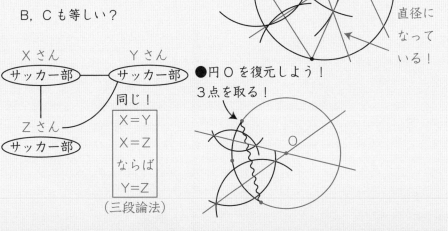

---

3 2本だけでよいのかな？

S：2本でもいいと思います。

S：例えば，2点A，BとA，Cからの垂直二等分線を引いたとすると，点PはAとB，AとCからの距離が等しい点です。だからBとCからも等しいと考えます。

T：サッカー部のX，Y，Zさんで説明できませんか？（3人が前に出て，説明する）

S：XさんとYさんがサッカー部でXさんとZさんもサッカー部だったら，YさんとZさんはサッカー部と言えるでしょう。

4 授業の作図を活用できないかな？

　本時の解決過程を振り返らせて，授業で扱った作図の進め方を活用できないかを問いかける。また，外接円や外心についても紹介する。

S：あ！ 点Pって円の中心になっている！

S：確かに！ AP，BP，CPは半径になっている。

T：点Pを中心に円をかいてみて。

S：あ！ すごい。円がかけた！

S：じゃあ，この問題は円周上に3点取ればいいんじゃないかな。

本時案

3直線から等距離の点Pはどこ？

8/18

8/18

本時の目標

・角の二等分線の性質を活用して，目的とする作図をすることができる。

角の二等分線が出されたところで板書する。

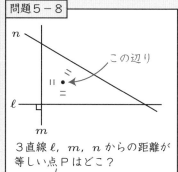

○／○　　角の二等分線の活用

問題5-8

この辺り

3直線 ℓ, m, n からの距離が等しい点Pはどこ？

点Pを正確に見つけるには？

・垂直二等分線を作図→×
・点と直線との距離って？

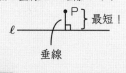

最短！

垂線

授業の流れ

1　3直線から等距離にある点は？

　前時の3点からの等距離にある点の考察と関連付けながら，3直線から等距離にある点Pについて考えていく。

S：点Pはこの辺りだと思います。
　（黒板の図にマグネットで表現する）
T：点Pは正確にどうやって見つけますか？
S：垂直二等分線かな。
S：垂直二等分線なら直線 n 上に点Pがくるんじゃないかな。
S：点から直線までの距離って何だったかな？
S：直線までの垂線だったよね。

2　2直線までの距離が等しい点は？

　問題場面を単純化することで，点から2直線までの距離を考え，垂直に交わっている直線 ℓ と m を抜き出す。ここでも黒板の図にマグネットを付ける活動に取り組ませる。マグネットを貼るだけでなく，2直線までの距離について記号を用いて表現することも大切である。数名の生徒がマグネットを貼ることにより，2つの直線から等距離にある点の集合が角の二等分線と一致することが理解されるであろう。

3　点Pを作図しよう！

　（数分間の作図に取り組む時間をとる）
S：角の二等分線は2本作図すればいいね。
S：昨日の授業と同じだね。
S：角の二等分線も3本が交わるのかな？
T：2本の交点が点Pと言えますね。でも3本は1点で交わるかな？
S：やってみよう。あっ！ 交わる！
　作図の進め方を確認する場面では，必要に応じて3直線の交点をA，B，Cとする。

1 正の数と負の数

2 文字と式

3 一次方程式

4 変化と対応

5 平面図形

6 空間図形

7 データの活用

準備物

・板書用コンパス
・大型定規
・マグネット小 ×10
・学習プリント

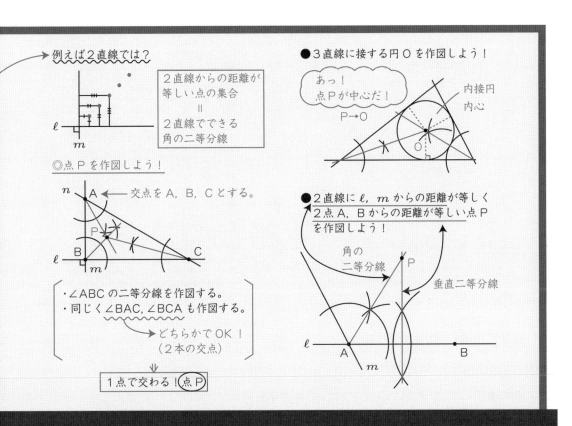

例えば2直線では？

2直線からの距離が
等しい点の集合
＝
2直線でできる
角の二等分線

◎点 P を作図しよう！

交点を A，B，C とする。

・∠ABC の二等分線を作図する。
・同じく∠BAC，∠BCA も作図する。
　→ どちらかで OK！
　（2本の交点）

⇩

1点で交わる！点 P

●3直線に接する円 O を作図しよう！

あっ！
点 P が中心だ！
P→O

内接円
内心

●2直線に ℓ，m からの距離が等しく
2点 A，B からの距離が等しい点 P
を作図しよう！

角の
二等分線

垂直二等分線

対話指導のポイント

　統合・発展的に考えるきっかけづくりとし
て，本時では，前時に扱った外心に続き，内心
についても紹介する。この場面では，「①三角
形の3つの頂点から等しい距離にある点」「②
三角形の3辺から等しい距離にある点」の意
味について，前時を振り返りながらペア等で話
し合う活動に取り組ませる。これに対し，①は
「円の中に三角形が入るときの円の中心」，②は
「三角形の内部に円が入るときの円の中心」と
いった考えをもとに，ノートにポイント等を整
理させていく。

4 条件を満たす作図をしよう！

　高校入試の問題では，2点からの距離や2
直線からの距離といった作図の性質を条件とす
る出題が多く見られる。そこで，「高校入試の
問題にチャレンジ！」などと題して，練習問題
として提示する。

　「2直線からの距離が等しいのは角の二等分
線だね」「そして，2点から等しい距離とくれ
ば垂直二等分線だ！」などと，作図の方針につ
いて，やり取りしながら取り組ませていくとよ
い。

本時案

折り目はどんな
線になるだろうか？

9/18

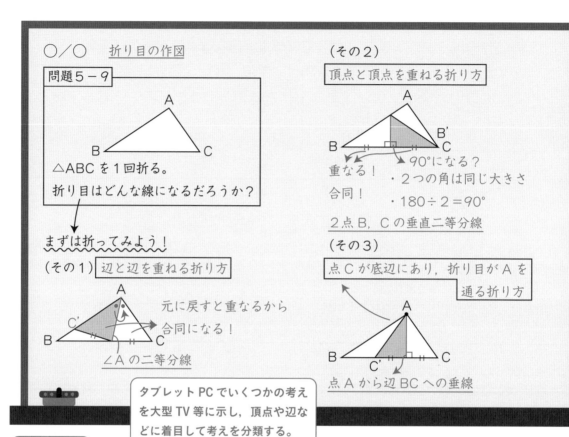

○／○　折り目の作図

問題5－9

△ABC を1回折る。
折り目はどんな線になるだろうか？

↓

まずは折ってみよう！

（その1）辺と辺を重ねる折り方

元に戻すと重なるから
合同になる！

∠A の二等分線

（その2）
頂点と頂点を重ねる折り方

重なる！　・90°になる？
合同！　　・2つの角は同じ大きさ
　　　　　・180÷2＝90°

2点 B，C の垂直二等分線

（その3）
点Cが底辺にあり，折り目がAを
通る折り方

点A から辺 BC への垂線

タブレット PC でいくつかの考えを大型 TV 等に示し，頂点や辺などに着目して考えを分類する。

授業の流れ

1 三角形を1回折ってみよう！

（生徒に三角形を配付する）

T：「○○のように折った」と他の人もできるように折ってみよう。

S：これはどうかな？

S：それは，辺 AB と辺 AC を重ねるように折ったんだね。

S：ぼくは，頂点 B と頂点 C を重ねるように折りました。

S：私の折り方はどうやって説明するといいかなあ。

2 折り目はどんな線になるかな？

　「辺同士を重ねる」「頂点同士を重ねる」という2つの考えに着目し，その折り目の線の特徴について基本の作図と関連付けながら考えさせていく。

S：（その1）は∠A の二等分線です。前の授業で辺を重ねたときは二等分線だったからです（第5時を振り返る）。

S：（その2）は垂直二等分線だと思います。

S：折り目はちょうど中点になり，折り目にできる角は180÷2＝90より90°になるから。

1 正の数と負の数

2 文字と式

3 一次方程式

4 変化と対応

5 平面図形

6 空間図形

7 データの活用

本時の評価

・三角形を折ってできた線が，どの基本的な作図（垂直二等分線，角の二等分線，垂線）と関連付いているかを考察し表現することができたか。

準備物

・掲示用三角形 ×10
・生徒操作用三角形，平行四辺形
・学習プリント
・板書用コンパス

◎作図をして折り目と一致するか確かめよう！

（その1）
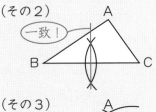
一致！

（その2）
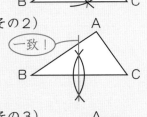
一致！

（その3）
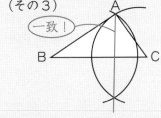
一致！

●BCの中点Mと点Aを重ねると？
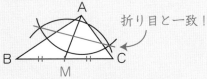
折り目と一致！

2点AとMの垂直二等分線

●平行四辺形ABCDで考えると？

■点Bと点Dを重ねると？
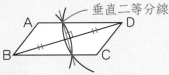
垂直二等分線

■辺ABと辺DCを重ねると？
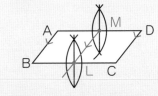
辺ADの中点Ⓜ
辺BCの中点Ⓛ
結ぶ
AB//ML//DC

3 作図で折り目をかけるかな？

　問題提示の際に配付した△ABCと同じサイズの三角形が4つ載っている学習プリントを配付する。生徒は（その1）～（その3）の作図にそれぞれ取り組む。その後，作図した線と折り目が一致することを確かめる活動を通して，折り目が基本的な作図と関連していることを実感させる。

　また，練習問題として点Aと辺BCの中点Mが重なる場合も考えさせることで，さらに理解が深まると考えられる。

4 平行四辺形で考えると…？

　条件変更を意図して平行四辺形を扱い，頂点BとDが重なる場合を考えさせる。実際に折る作業に取り組ませ，作図の結果と一致することを実感させていく。続いて「辺ABと辺DCを重ねると？」と問いかけると，ぴったり重ならない。そこで，ABとCDが一直線上の場合を折り目として，その作図に取り組ませる。

※なお，生徒の実態に応じて，この授業1時間を使って，教科書等の基本的な作図の練習問題に取り組ませることも考えられる。

本時案

75°の角を
作図しよう！

本時の目標

・基本的な作図の方法を活用して，いろいろな角を作図することができる。

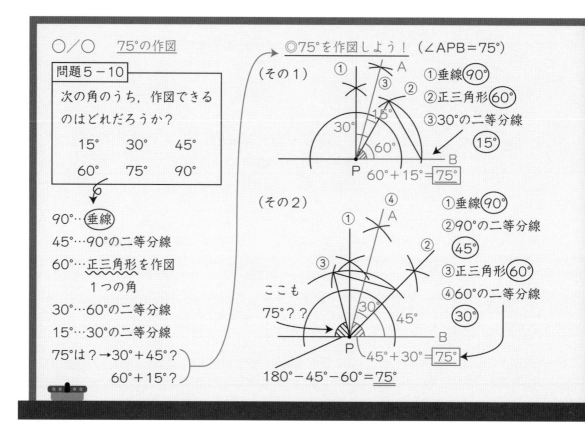

○／○　　75°の作図

問題5−10

次の角のうち，作図できるのはどれだろうか？

15°　　30°　　45°

60°　　75°　　90°

90°…垂線

45°…90°の二等分線

60°…正三角形を作図
　　　　1つの角

30°…60°の二等分線

15°…30°の二等分線

75°は？→30°＋45°？

　　　　　　　60°＋15°？

◎75°を作図しよう！　（∠APB＝75°）

（その1）

①垂線 90°
②正三角形 60°
③30°の二等分線 15°

60°＋15°＝75°

（その2）

①垂線 90°
②90°の二等分線 45°
③正三角形 60°
④60°の二等分線 30°

ここも75°？？

45°＋30°＝75°

180°−45°−60°＝75°

授業の流れ

1　作図できる角はどれだろうか？

S：90°はできる（多数）。

S：垂線を作図すれば90°の角ができます。

S：じゃあ，90°の二等分線を作図すれば45°もできるね。

S：60°は正三角形を作図すればよいのでは？

S：なるほど！　ということは30°ができる。

S：あ！　さらに二等分すれば15°も作図できる。

S：残りは75°だけどできるんじゃないかな？

S：30°と45°を組み合わせればよいのでは？

T：では75°の作図に挑戦してみよう！

2　どのように作図しているのかな？

　机間指導で生徒の考えを把握し，（その1）から1つずつ順に取り上げていく。生徒の黒板への作図はハードルが高いため，生徒の説明に合わせて教師が作図するとよい。この活動は，生徒のノートを大型スクリーン等に提示して行うことも考えられる。

　（その2）の考えでは，手順③の段階で「75°ができている」という考えも出される。180°−45°−60°＝75°という見方の考えについても，関連して扱うとよい。

1 正の数と負の数
2 文字と式
3 一次方程式
4 変化と対応
5 平面図形
6 空間図形
7 データの活用

本時の評価

・基本的な作図の方法と関連付けて，作図可能な角について考察し表現することができたか。
・75°の角について，2つの角の和や差の関係に着目して，作図することができたか。

準備物

・作図用コンパス
・大型定規
・学習プリント

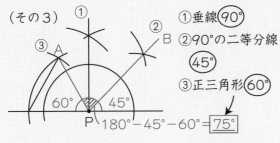

(その3)
①垂線 ㉚90°
②90°の二等分線 ㉕45°
③正三角形 ㉔60°
P 180°－45°－60°＝ 75°

(その4)
①正三角形 ㉔60°
②60°の二等分線 ㉚30°
③150°の二等分線
P 150°÷2＝ 75°

●4つの作図から気付いたことは？

・垂線，正三角形を基に作図している
　90°　　60°
・30°＋45°など，2つの角をたしている
・90°，60°の二等分線を利用している
・180°をうまく使っている

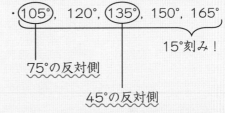

180°
P

●他に作図できる角は？

・7.5，22.5 など〜角の二等分線
・(105°)，120°，(135°)，150°，165°
　　　　　　　　　　　　15°刻み！

75°の反対側
45°の反対側

3 4つの作図から気付いたことは？

（その1）〜（その4）の考えを比較させて，作図方法の相違点について考えさせる。

S：垂線の90°や正三角形の60°をもとに作図している。
S：30°＋45°など，2つ角の和を利用して作図している。
S：90°や60°の二等分線を多用している。
S：(その3)，(その4)など，直線にできる180°をうまく使って作図している考えもある。

4 他に何度の角を作図できるかな？

問題で提示した角以外で作図可能である角度について考えていく。

S：7.5°や22.5°はできる。
S：15°，45°の二等分線で作図できるね。
S：120°や150°は作図できるね。
S：15°刻みで105°，135°，165°もできる。
S：というか75°を作図できれば，105°が作図できているよ。
S：だって，180°－75°だから（なるほど！）。

本時案

どのように動か すと重なるかな？

本時の目標

・移動，平行移動，回転移動および対称移動の
　意味を理解する。

授業の流れ

1 4回折って切ってみよう！

折り紙を下図のように4回折っていく。

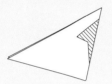

次に下図の赤斜線の矢印のような形をハサミ
で切り取り，広げると完成。

> 3つの移動を定義した場面
> で，本時のテーマを板書する。

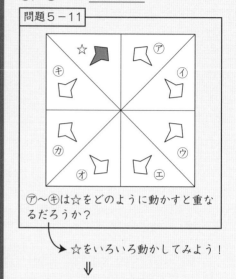

○／○　　　移動の意味

問題5-11

㋐〜㋖は☆をどのように動かすと重な
るだろうか？

　→　☆をいろいろ動かしてみよう！

㋐　㋑　㋒　㋓
㋔　㋕　㋖

2 どのように動かすと重なるかな？

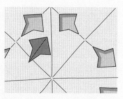

　図のように切り
取った紙を用いて，
㋐〜㋖は☆の図をど
う動かすと重なるの
かについて考える。

　黒板には，A3を正方形にカットした紙でつ
くった図を提示し，切り取った紙は，色をつけ
て，生徒の説明で活用できるように準備する。
生徒には図が記載されている学習プリントを配
付する。㋑と㋕の移動で悩んでいる生徒に対し
て，「悩んでいる人がいますね」と教師がつぶ
やくことで，「できるよ！」という声を引き出
し，説明することへの必要感を高めていく。

3 ㋐はどのように動かしたのかな？

　まずは㋐への動かし方について，全体で考え
合う。

S：☆をひっくり返すと重なります。

S：☆を折り重ねるとよいと思います。

T：折り目はどこかな？

S：この線分です（黒板の図に色を付ける）。

T：これと同じ方法で動かせるものはどれかな？

S：㋒，㋔，㋖です。

S：でも㋒は違う方法で動かすこともできます。

1	正の数と負の数
2	文字と式
3	一次方程式
4	変化と対応
5	平面図形
6	空間図形
7	データの活用

本時の評価

・移動前と移動後の2つの図形の関係に着目して，図形の性質や関係を見いだし，移動，平行移動，回転移動および対称移動の意味を理解できたか。

準備物

・折り紙15cm×15cm
・ハサミ
・掲示用大型折り紙
・マグネット
・学習プリント

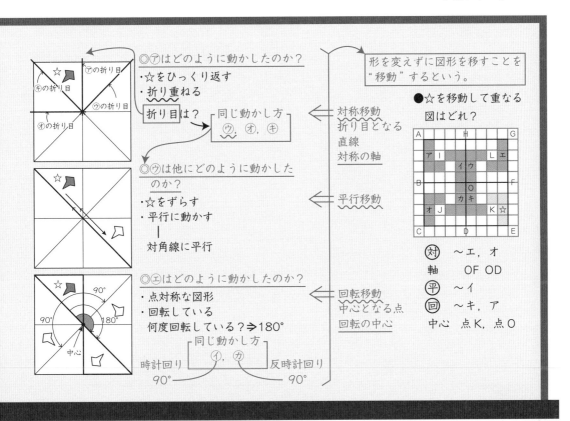

4 ㋑はどのように動かしたのかな？

S：回転したら動かせます。
S：折り目が重なるところが中心です。
S：ここです。（小さいカラーマグネットを貼る）
T：何度，回転しているのかな？
S：180°だと思います。
S：点対称になっているからです。
S：あっ！ ㋑や㋕も同じ方法で動かせるよ。

　移動を組み合わせた考えが出されることもあるが，1回の移動で考えていくことを確認する。

5 ☆を移動して重なる図はどれ？

　練習問題として，板書に示した図を提示し，生徒にはプリントを配付する。☆の図を平行移動，対称移動，回転移動して重なるものについてそれぞれ考えさせる。これに加えて，「対称移動では対称の軸となる線分を考えること」，「回転移動では回転の中心を考えること」について生徒が説明する活動を大切にする。このとき，対称の軸や回転の中心をマグネットバーやマグネットで表現することにより，数学が比較的苦手な生徒でも挑戦できるであろう。

本時案

どのように移動 しているだろうか？

12/18

・移動前と移動後の2つの図形の関係に着目し，平行移動や対称移動した図形をかくことができる。

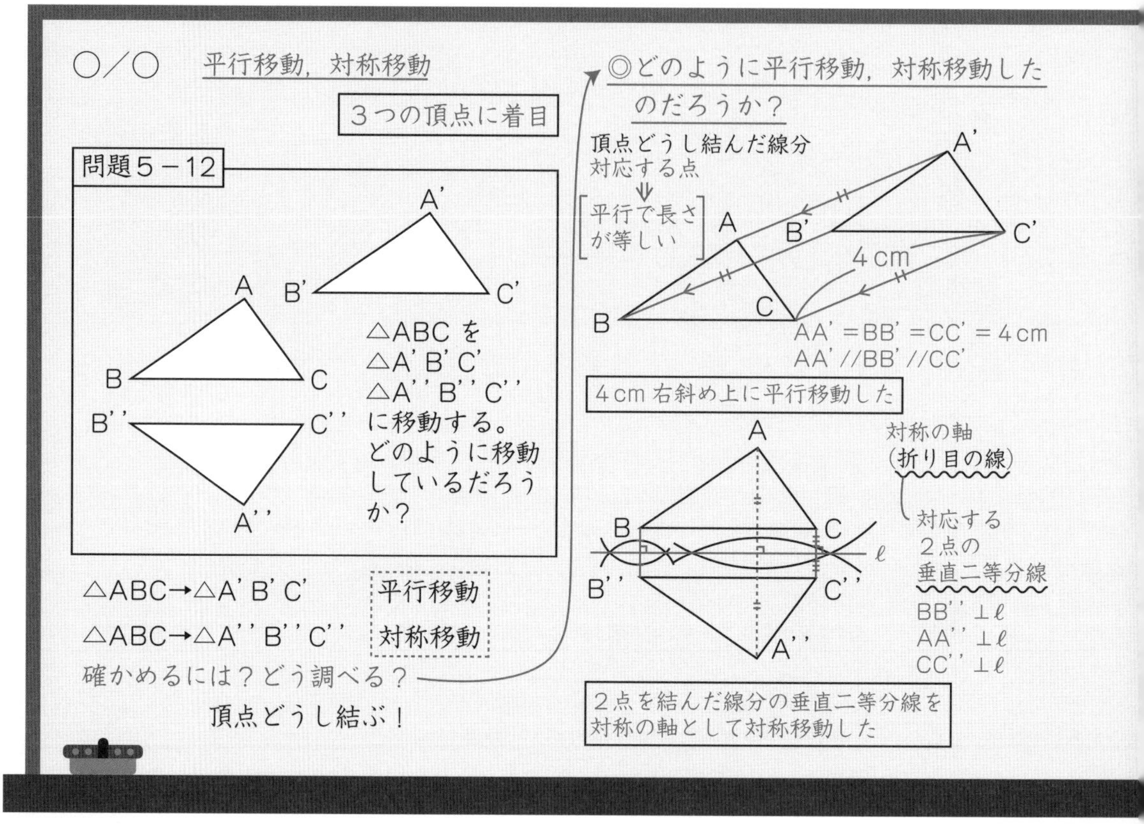

○／○　平行移動，対称移動

3つの頂点に着目

問題5-12

△ABC を
△A'B'C'
△A''B''C''
に移動する。
どのように移動
しているだろう
か？

△ABC→△A'B'C'　平行移動
△ABC→△A''B''C''　対称移動

確かめるには？どう調べる？
頂点どうし結ぶ！

◎どのように平行移動，対称移動した
のだろうか？

頂点どうし結んだ線分
対応する点
[平行で長さが等しい]

AA'＝BB'＝CC'＝4cm
AA'∥BB'∥CC'

4cm 右斜め上に平行移動した

対称の軸
(折り目の線)

対応する
2点の
垂直二等分線

BB''⊥ℓ
AA''⊥ℓ
CC''⊥ℓ

2点を結んだ線分の垂直二等分線を
対称の軸として対称移動した

授業の流れ

1 どのように移動しているかな？

　△ABC に対し，平行移動している△A'B'C'と対称移動している△A''B''C'' の図を提示する。生徒には同様の図が記載されているプリントを配付する。

S：△A'B'C' は平行移動だと思います。

S：△A''B''C'' は対称移動でしょう。

T：平行，対称移動をどう確かめるとよいかな？

S：3つの頂点を結んでみるとよい(なるほど!)。

S：結んだ線分の長さを調べればよさそう。

2 どのように平行移動，対称移動
しているかな？

　予想で出された平行移動と対称移動の2つの考えを認め，どのように確かめるとよいかを問うて，課題として設定する。これに対し，「3つの頂点同士を結ぶとよい」との考えが出される。3つの線分の関係について問うと，平行移動では，「平行」「長さが同じ」などの考えが出される。対称移動では，対称の軸が「三角形を重ねて折ったときの折り目」「対応する2点を結ぶ線分の垂直二等分線になる」との考えが出され，作図をして確かめる。

1 正の数と負の数

2 文字と式

3 一次方程式

4 変化と対応

5 平面図形

6 空間図形

7 データの活用

本時の評価

・移動前と移動後の 2 つの図形の関係に着目して, 図形の性質や関係を見いだすことができたか。
・図形の移動に着目し, 基本的な作図の方法や作図した結果が正しいことを確かめることができたか。

準備物

・学習プリント
・作図用コンパス
・大型定規
・小黒板（マス目あり）

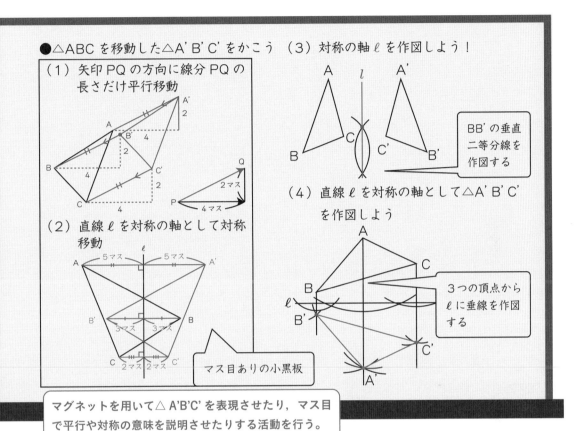

●△ABC を移動した△A'B'C'をかこう

（1）矢印 PQ の方向に線分 PQ の長さだけ平行移動

（2）直線 ℓ を対称の軸として対称移動

マス目ありの小黒板

（3）対称の軸 ℓ を作図しよう！

BB'の垂直二等分線を作図する

（4）直線 ℓ を対称の軸として△A'B'C'を作図しよう

3つの頂点から ℓ に垂線を作図する

マグネットを用いて△A'B'C'を表現させたり, マス目で平行や対称の意味を説明させたりする活動を行う。

---

3 移動した△ A'B'C' をかこう！

　マス目のある小黒板を設置して練習問題を提示する。生徒にはマス目付きの図が記載されているプリントを配付する。

T：A', B', C' はどう考えて取りましたか？

S：矢印と同じく, A, B, C からそれぞれ右に 4, 上に 2 となる点を取りました。

T：(2)の問題はどう考えましたか？

S：点 A から直線 ℓ までの距離が同じになるように, 直線の反対側に点 A' を取りました。

4 対称の軸を作図しよう！

　(3)は, マス目のない設定で対称移動の関係にある△ ABC と△ A'B'C' との対称の軸を作図する問題である。対応する 2 点の垂直二等分線の作図を考える。本時の学習を振り返り, 多くの生徒が垂直二等分線の作図に取り組むことができると思われる。

　取組の状況を見て, (4)としてノートに適当な△ ABC と対称の軸となる直線 ℓ をかき, 対称移動した△ A'B'C' を作図する問題に取り組み, 理解を深めていくことも考えられる。

本時案

何度回転して いるだろうか？

・移動前と移動後の 2 つの図形の関係に着目して，回転移動した図形の性質や関係について考察し表現する。

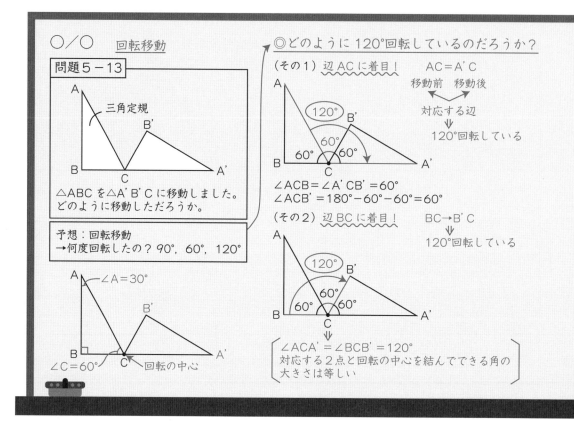

授業の流れ

1 何度回転しているだろうか？

黒板には画用紙をカットした図を掲示しながら問題を提示する。生徒に同様の図が記載されているプリントを配付する。

前時とのつながりから，予想として回転移動という考えがすぐに出される。これに対し，「何度回転移動したのかな？」と問い返すと，90°，60°，120° などの考えが出される。三角定規の角度や回転の中心について振り返り，徐々に「あ！ 120°かも」と考える生徒が増えてくる。このタイミングで課題を設定する。

2 どのように120° 回転しているのかな？

数分の個人思考に取り組ませ，生徒の考えを把握し，（その 1 ）から取り上げていく。

S：∠ACB と∠A'CB' は同じ角で60°です。なので∠ACB' は60°になると思います。

T：なぜ60°になるのですか？

S：180° から 2 つの60°を引いたら60°になるからです（黒板の図を用いて説明する）。

S：辺 AC を A'C まで回転移動すると，120°回転したことになります。

1 正の数と負の数

2 文字と式

3 一次方程式

4 変化と対応

5 平面図形

6 空間図形

7 データの活用

本時の評価

・移動前と移動後の2つの図形の関係に着目して，回転移動した図形の性質や関係を見いだすことができたか。
・図形の回転移動に着目し，基本的な作図の方法や作図した結果が正しいことを確かめることができたか。

準備物

・作図用コンパス
・大型定規
・学習プリント
・小黒板（マス目あり）

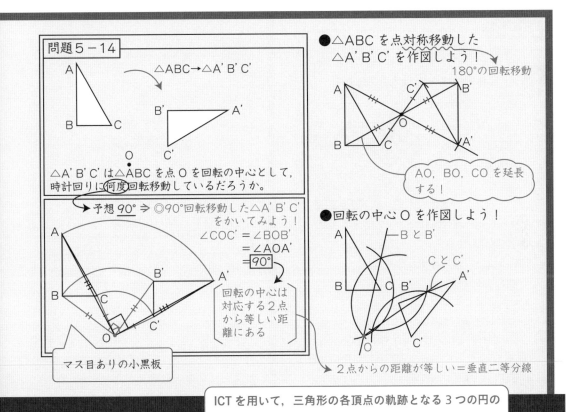

3 何度回転しているだろうか？

　条件を変えていく文脈で，回転の中心を点Cから点Oにずらした設定とし，問題5−14をマス目のある小黒板で提示する。生徒には，マス目付きの△ABCの図が記載されているプリントを配付し，△A'B'C'をかかせる。三角定規やコンパスを使ってかいている考えを全体に紹介しながら取り組ませていく。コンパスの考えから，回転の中心と対応する2点を結ぶ線分が等しいことや，中心角が90°のおうぎ形が3つできることなどにも触れる。

4 作図に挑戦しよう！

　練習として，「点対称移動した三角形を作図する」「回転の中心を作図する」という2つの問題を提示する。解決への方針を話し合い，どちらも対応する2点から回転の中心までの距離が等しいことを根拠にしながら，作図を進めていく。後者の問題でつまずいている生徒には，「前にも似た作図に取り組まなかったかな？」と投げかけ，問題5−7のノートを振り返らせ，解決へのきっかけとする。

麻の葉模様に潜む移動

本時の目標

・平行移動，回転移動および対称移動を組み合わせることで，平面図形をいろいろな位置に移動できる理由を説明することができる。

授業の流れ

1 どう移動すると重なるだろうか？

いくつかの模様を提示し，麻の葉模様を紹介する。その特徴を問うと，「二等辺三角形が敷き詰められている」といった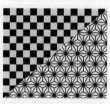反応が見られる。麻の葉模様の一部分を取り出す流れで，問題を提示する。

T：問題について質問ありますか？
S：移動は何回してもよいのですか？
T：必要最小限でお願いします。
S：どの種類の移動でもよいのかな？（認める）
S：2種類の移動を組み合わせてもよいですか？（認める）
S：いろいろな方法がありそう。
S：1回の移動でもできると思うな。

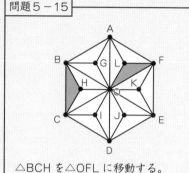

2 どのように移動したのかな？

生徒の主な反応としては，「2回の移動を組み合わせている考え（多数）」「1回で移動する方法の考え（少数）」が予想される。まずは，板書の（その1）〜（その3）のような，2回の移動を組み合わせている考えから取り上げていく。

△BCHと同じサイズで色付きの三角形を準備しておき，操作しながら説明する活動に取り組む。板書以外の考えがある場合も取り上げ，積極的に説明しようとする姿勢を評価する。

3 1回で移動，どう考えたのかな？

（その4）の1回で移動する方法を取り上げる際には，「どのように考えているのかな？」と問い返し，学級全体で考え合う。

S：どうやるのかな。きっと回転移動だよなぁ。
S：垂直二等分線を作図すると見つかるね。
S：回転の中心は点Gだ！
S：回転移動のイメージがつかないなぁ。
S：四角形GBCOに着目するといいよ。
S：おぉ，見えた！ すごい！

1 正の数と負の数

2 文字と式

3 一次方程式

4 変化と対応

5 平面図形

6 空間図形

7 データの活用

本時の評価

・麻の葉模様の一部分の三角形を平行移動，回転移動および対称移動を組み合わせることで，いろいろな位置に移動できる理由を説明することができたか。

準備物

・麻の葉模様，掲示用プリント

・学習プリント

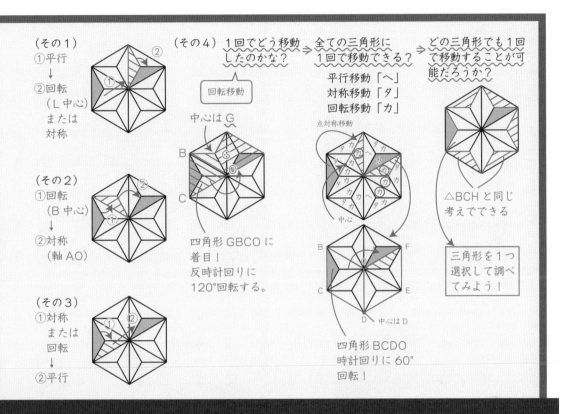

（その1）
①平行
↓
②回転
（L中心）
または
対称

（その2）
①回転
（B中心）
↓
②対称
（軸AO）

（その3）
①対称
または
回転
↓
②平行

（その4）1回でどう移動したのかな？

回転移動

中心はG

B
C
G
O

四角形GBCOに着目！
反時計回りに120°回転する。

全ての三角形に1回で移動できる？

平行移動「ヘ」
対称移動「タ」
回転移動「カ」

点対称移動

中心

B F
C E
D 中心はD

四角形BCDO
時計回りに60°回転！

どの三角形でも1回で移動することが可能だろうか？

△BCHと同じ考えでできる

三角形を1つ選択して調べてみよう！

---

4 全て1回で移動できるだろうか？

平行移動は「ヘ」，対称移動は「タ」，回転移動は「カ」などと，1回で移動できる三角形に書き込んでいく。考えを発表する中で，△COHや△DEJなどは，対称移動と回転移動のいずれでも可能であることが話し合われる。

△OEK，△EOJや△OAGと△DOIで悩んでいる生徒が見られる。とりわけ，△OAGへの移動は，「BOとGとHを結んだ線分との交点を中心として，点対称移動する」といった考えが出され，解決する。

5 他の三角形でも可能だろうか？

△BCH以外の三角形でもすべて1回の移動が可能であるかを問いかける。

T：どこの三角形で考えてみますか？

S：△CDIはどうでしょうか？

S：そこは△BCHと同じでは？（納得）

S：△DEJ，△EFK，△FAL，△ABGも同じだね。

S：内側にある三角形について調べるといいね。

T：好きな三角形を1つ選択して，すべて1回で移動できるか調べてみよう！

本時案

10点の面積は
全体の何分の1？

本時の目標

・半径が与えられた円の円周の長さや円の面積を，πを使って求めることができる。

授業の流れ

1 10点の面積は何分の1かな？

アーチェリーの的を提示し，1点の外側の円が直径122cmであることを紹介する。的の10点部分に着目させ，全体の面積と比較する流れで問題を提示し，予想を聞いていく。

S：$\frac{1}{50}$ いや，$\frac{1}{100}$ 倍くらいかも。

S：10点の面積を求めれば解決できる。

T：ちょっと考えてみようか。

（1，2分程度の個人思考）

S：円と円の間隔は同じですか？

T：同じです（右図の
　　ように確認する）。

S：なら，求められ
　　そうだ！

○／○　　円の面積と周の長さ

問題5-16

122cm

アーチェリーの的がある。
10点の面積は全体の
何分の1だろうか？

予想　$\frac{1}{30}$，$\frac{1}{50}$，$\frac{1}{100}$

面積を求めれば…

→ 円と円の間隔は同じ！

2 どのように考えたのかな？

（その1）から（その3）を順に取り上げて，それぞれの考えを説明させていく。

（その1）では2つの計算結果を比べて，10点の面積が全体の $\frac{1}{100}$ となることが解決される。（その2）では，半径×半径の結果を比べて $\frac{1}{100}$ が見いだされる。最後に（その3）の考えから，学級全体に「お～」と歓声が沸き起こると思われる。ここで，円の面積の大小は半径によって比較できることを振り返り，円周率はπを用いて表すことについて確認する。

対話指導のポイント

（その3）の考えは，生徒から出されない場合がある。そんなときは，（その2）の考えに着目させて，「半径×半径を計算しなくても比べることはできないかな？」と問いかけて，隣の席の生徒と話し合う活動を設定する。それでも（その3）を見いだされない場合は，「隣の学級の生徒が～，みなさんの先輩が～」との文脈で，「61×61＝6.1×10×6.1×10」の式のみを提示する。そして，式の意味について，再度ペア等で話し合う活動に取り組ませていくとよい。

1 正の数と負の数

2 文字と式

3 一次方程式

4 変化と対応

5 平面図形

6 空間図形

7 データの活用

本時の評価

・円周の長さや円の面積が半径の長さで決まることに着目し，それらの
　関係を捉えることができたか。

・半径が与えられた円の円周の長さや円の面積を，π を使って求めるこ
　とができたか。

準備物

・的の掲示物

・電卓

・作図用コンパス

・大型定規

・学習プリント

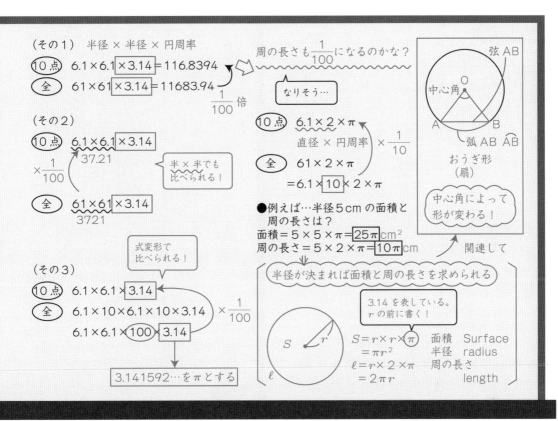

（その1）　半径 × 半径 × 円周率

⑩点　6.1×6.1×3.14＝116.8394

全　61×61×3.14＝11683.94　$\frac{1}{100}$ 倍

周の長さも $\frac{1}{100}$ になるのかな？

なりそう…

（その2）

⑩点　6.1×6.1×3.14　37.21

×$\frac{1}{100}$

全　61×61×3.14　3721

半×半でも
比べられる！

式変形で
比べられる！

⑩点　6.1×2×π

直径 × 円周率　×$\frac{1}{10}$

全　61×2×π

＝6.1×10×2×π

●例えば…半径5cm の面積と
周の長さは？

面積＝5×5×π＝25π cm²

周の長さ＝5×2×π＝10π cm

（その3）

⑩点　6.1×6.1×3.14

全　6.1×10×6.1×10×3.14　×$\frac{1}{100}$

6.1×6.1×100×3.14

3.141592…をπとする

弦 AB

中心角　O

A　B

弧 AB　$\overset{\frown}{AB}$

おうぎ形
（扇）

中心角によって
形が変わる！

関連して

半径が決まれば面積と周の長さを求められる

3.14 を表している。
r の前に書く！

S　r

ℓ

$S＝r×r×\pi$
　＝πr^2

$\ell＝r×2×\pi$
　＝$2\pi r$

面積　Surface

半径　radius

周の長さ　length

---

3 周の長さも $\frac{1}{100}$ なのかな？

　円の面積に関連付けて，円の周の長さの関係
性について問いかける。

S：円周の長さも $\frac{1}{100}$ になると思います。

S：計算して確かめる必要があるのではない
　か。
　（計算に取り組む）

S：あっ！ 10倍だ。

S：式は 2 ×6.1× π と 2 ×61× π（2 ×6.1×10
　× π）になるので，10倍になります。

4 円に関連する用語を確認しよ
う！

　円の面積や円周の長さを求める式について，
文字を用いて表現する。「円の何がわかったら
面積や周の長さを求められるかな？」と問う
て，「半径が決定することで求められる」とい
う考えを引き出す。また，π は定数のため，円
の半径 r（変数）より前に書くことも確認する。

　関連して，ICT 等を用いておうぎ形を提示す
る。中心角が大きくなるにしたがって，形が変
化していく様相を可視化し，次時以降の学習に
つなげていく。

本時案

中心角は何度になるだろうか？

16/18

・おうぎ形の中心角と，それに対する弧の長さや面積は比例することを理解する。

授業の流れ

1 中心角は何度になるだろうか？

3回折り返しとは

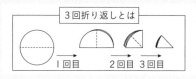

1回目　2回目 3回目

　画用紙等で作成した円を提示し，3回折ることを操作しながら提示する。折ってできた図形はおうぎ形であることや，中心角などの用語を生徒とやり取りして振り返り，問題を提示する。

S：見た目は30°くらいかな。

S：たぶん45°だと思うな。

T：どうやって確かめるとよいですか？

S：実際に折って，分度器で角度を調べる！

S：角度を調べなくても求められるよ。

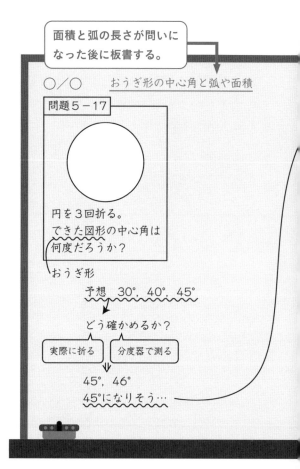

面積と弧の長さが問いになった後に板書する。

○/○　おうぎ形の中心角と弧や面積

問題5-17

円を3回折る。
できた図形の中心角は何度だろうか？

おうぎ形

予想　30°，40°，45°

どう確かめるか？

実際に折る　分度器で測る

45°，46°
45°になりそう…

2 なぜ45°になるのだろうか？

　理科の実験で使用するろ紙等を配付して考える手がかりとする。角度を実測すると45°になることが見いだされるため，その理由を問う。
　（その1）の考えは，折るという作業から，角が二等分されることに着目し，360°→180°→90°→45°という説明となる。（その2）の考えは，折った円を広げると8等分されていることから，360°÷8＝45°という説明となる。ここでは，「他に8等分されているのは何だろうか？」と問うて，面積や弧の長さといった考えを引き出していく。

実測を大切にしよう！

　分度器で実測する活動を通して，「45°になった」「私は46°だなぁ」など，円の折り方によって微妙な誤差が生まれる。この誤差によって，自然と対話が生まれ，「本当に45°になるのかなぁ？」などと，解決への必要感が高まると思われる。教師は「なぜ45°になるのかな？」と問いかけて，「だって！～」と生徒が考えを発したくなるように仕掛ける。この場面では，「隣同士で話し合ってごらん」と投げかけて，ペア学習を設定することも考えられる。

1 正の数と負の数

2 文字と式

3 一次方程式

4 変化と対応

5 平面図形

6 空間図形

7 データの活用

本時の評価

・おうぎ形の中心角が 2 倍，3 倍…になるに伴って，面積や弧の長さも 2 倍，3 倍…になることに着目して，面積や弧の長さは中心角に比例していることを理解できたか。

準備物

・ろ紙（生徒数）
・提示用の円
・大型分度器
・大型定規

◎なぜ 45°になるのかな？

（その 1）

$360° \rightarrow 180° \rightarrow 90° \rightarrow \boxed{45°}$

1回目　2回目　3回目

（その 2）

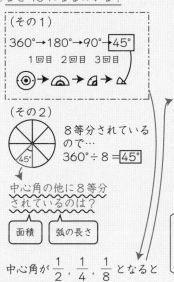

8等分されているので…

$360° \div 8 = \boxed{45°}$

中心角の他に8等分されているのは？

┌面積┐ ┌弧の長さ┐

中心角が $\frac{1}{2}$，$\frac{1}{4}$，$\frac{1}{8}$ となると面積はどうなるかな？

→面積も $\frac{1}{2}$，$\frac{1}{4}$，$\frac{1}{8}$ となる

あっ！比例関係だ！

中心角が2倍，3倍になると…？

$45° \rightarrow 90° \rightarrow 135°$

面積 $S \rightarrow 2S \rightarrow 3S$

弧の長さ $\ell \rightarrow 2\ell \rightarrow 3\ell$

⇓

「□は○に比例する」で表現すると？

┌面積は(中心角)の大きさに比例する。
└弧の長さは(中心角)の大きさに比例する。

●面積や弧の長さは，円全体の何分のいくつ？

中心角 120°
　→360° ÷ 120° = 3

$\boxed{\dfrac{1}{3}}$

中心角 80°
　→360° ÷ 80° = 4.5

　→ $\dfrac{80°}{360°} = \boxed{\dfrac{2}{9}}$

中心角 1°

　→ $\boxed{\dfrac{1}{360}}$

中心角が a°だったら？

$\boxed{\dfrac{a}{360}}$

---

3 中心角が 2 倍，3 倍になると…？

　問題で提示した図などを用いて，8 等分された 1 つのおうぎ形の中心角を 2 倍，3 倍したときに変化する数量について考える。ここでは，独立変数と従属変数について確認する。

S：面積は 2 倍，3 倍…になります。

S：弧の長さもなると思います。

S：面積や弧の長さは比例しているんだ！

T：何は何に比例してるのかな？

S：面積や弧の長さは中心角に比例しています。

4 円全体の何分のいくつかな？

　練習問題として，同一の円における中心角の大きさに対する面積や弧の長さの割合について考える問題を提示する。

　中心角が80°の場合では，「$\frac{80°}{360°}$」の考えが出される。また，中心角が 1°を提示し，「$\frac{1}{360}$」について確認する。この文脈で，中心角が $a°$ の場合について問うと，「$\frac{a}{360}$」という式が比較的容易に理解されると考えられる。この活動は，次時のおうぎ形の面積や弧の長さを求める学習につなげていく。

どっちの面積が
大きいだろうか？①

17/18

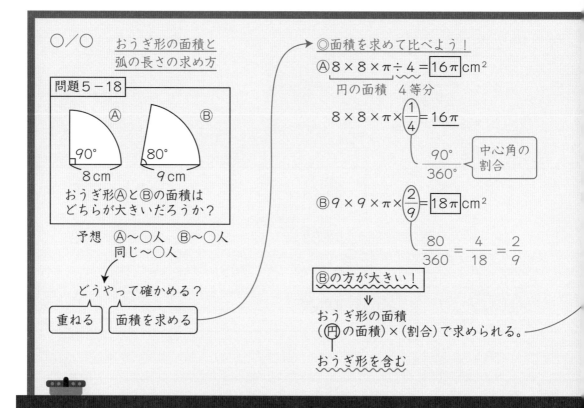

○/○　おうぎ形の面積と
　　　　弧の長さの求め方

問題5−18

Ⓐ　Ⓑ

90°
8cm

80°
9cm

おうぎ形ⒶとⒷの面積は
どちらが大きいだろうか？

予想　Ⓐ〜○人　Ⓑ〜○人
　　　同じ〜○人

どうやって確かめる？

重ねる　　面積を求める

◎面積を求めて比べよう！

Ⓐ $8 \times 8 \times \pi \div 4 = 16\pi$ cm²
　　円の面積　4等分

$8 \times 8 \times \pi \times \dfrac{1}{4} = 16\pi$

$\dfrac{90°}{360°}$　中心角の割合

Ⓑ $9 \times 9 \times \pi \times \dfrac{2}{9} = 18\pi$ cm²

$\dfrac{80}{360} = \dfrac{4}{18} = \dfrac{2}{9}$

Ⓑの方が大きい！
↓
おうぎ形の面積
（円の面積）×（割合）で求められる。

おうぎ形を含む

授業の流れ

1　どっちの面積が大きいだろうか？

　拡大した2つのおうぎ形の図を提示しながら問題を提示する。第15時，16時で丁寧に円やおうぎ形を扱っているため，意欲的に予想する姿が期待できると思われる。

S：Ⓑの方が大きいのでは？　いやⒶかな。

S：私は同じ大きさに見えるけど。

T：どうやって確かめるとよいでしょうか。

S：切って重ねる！

S：面積を求めるといいと思います。

2　面積を求めて比べよう

　まずはⒶの面積を求めるための「$8 \times 8 \times \pi \div 4$」を取り上げる。8は半径，$8 \times 8 \times \pi$は円の面積など，既習事項を振り返りながら説明する活動に取り組む。また，「$8 \times 8 \times \pi \times \dfrac{1}{4}$」の考えを取り上げる。$\dfrac{1}{4}$の意味を問うて，「$\dfrac{90}{360}$」という360°に対するという中心角の割合がかけられているという表現を引き出す。続けて，Ⓑの面積を求める「$9 \times 9 \times \pi \times \dfrac{2}{9}$」という式を取り上げて，$\dfrac{2}{9}$の意味について確認する。

1	正の数と負の数
2	文字と式
3	一次方程式
4	変化と対応
5	平面図形
6	空間図形
7	データの活用

本時の評価

・おうぎ形の面積と中心角が比例することに着目して，中心角が与えられたおうぎ形の面積と弧の長さの求め方を考察し表現することができたか。

・中心角が与えられたおうぎ形の面積と弧の長さを求めることができたか。

準備物

・おうぎ形掲示物
・学習プリント

◎じゃあ弧の長さはどっちが長いかな？

同じ？

Ⓐ $8 \times 2 \times \pi \times \dfrac{1}{4} = \boxed{4\pi}$ cm　←　単位に注意しよう

　円周の長さ

Ⓑ $9 \times 2 \times \pi \times \dfrac{2}{9} = \boxed{4\pi}$ cm

弧の長さは，
面積と同じく(円周の長さ)×(割合)で求められる！

公式を考えよう！

〈おうぎ形の面積，弧の長さの公式〉

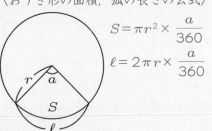

$$S = \pi r^2 \times \dfrac{a}{360}$$

$$\ell = 2\pi r \times \dfrac{a}{360}$$

● 面積と弧の長さは？

6cm　240°

$$S = 6 \times 6 \times \pi \times \dfrac{240}{360}\,\dfrac{2}{3}$$
$$= \boxed{24\pi} \text{ cm}^2$$
$$\ell = 6 \times 2 \times \pi \times \dfrac{2}{3} = \boxed{8\pi} \text{ cm}$$

● 斜線部分の面積は？

6cm　3cm　60°

$$S = 6 \times 6 \times \pi \times \dfrac{60}{360} - 3 \times 3 \times \pi \times \dfrac{60}{360}$$
$$= 6\pi - \dfrac{3}{2}\pi = \boxed{\dfrac{9}{2}}\pi \text{ cm}^2$$
$$S = (6 \times 6 - 3 \times 3) \times \pi \times \dfrac{1}{6}$$
$$= 27\pi \times \dfrac{1}{6} \qquad \text{分配法測}$$
$$= \boxed{\dfrac{9}{2}}\pi \text{ cm}^2$$

面積や周の長さに，円全体に対する割合をかけるとよい。

---

3 公式をつくってみよう！

　弧の長さを求めると，どちらも 4π であることで解決される。ここで，おうぎ形の面積や弧の長さを求める公式を考えていく。

T：何を文字にしたら公式をつくれますか？

S：半径と中心角を文字にすればできそうです。

S：面積は πr^2 だからこれに割合をかけます。

S：割合は $\dfrac{a}{360}$ で表せます。

S：面積は $S = \pi r^2 \times \dfrac{a}{360}$ になります。

S：弧の長さは，$\ell = 2\pi r \times \dfrac{a}{360}$ になります。

4 面積と弧の長さを求めよう！

　板書のように中心角が180°より大きいおうぎ形を練習問題として提示する。

　続けて，おうぎ形の斜線部分の面積を求める練習問題を提示する。「斜線部分はおうぎ形全体の何分の何かな？」と問いかけ，結果を予想させながら提示する。分配法則を用いて工夫している考えも取り上げ，公式の構造の理解を深めていく。関連して，斜線部分の周の長さを求める問題を宿題として提示することも考えられる。

本時案

どっちの面積が大きいだろうか？②

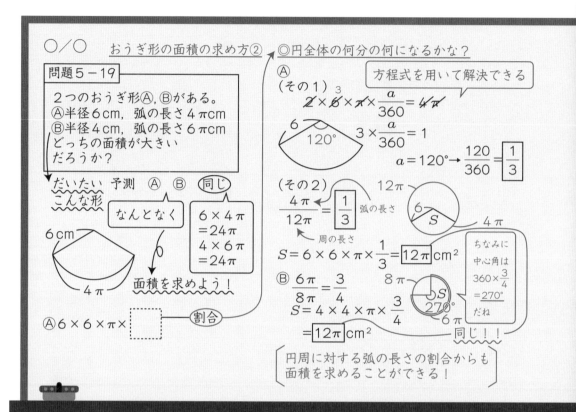

本時の目標
・弧の長さと半径が与えられたおうぎ形の面積の求め方を理解する。

○/○　おうぎ形の面積の求め方②　◎円全体の何分の何になるかな？

問題5−19

2つのおうぎ形Ⓐ，Ⓑがある。
Ⓐ半径6cm，弧の長さ4πcm
Ⓑ半径4cm，弧の長さ6πcm
どっちの面積が大きい
だろうか？

だいたい　予測　Ⓐ　Ⓑ　同じ
こんな形

なんとなく

6cm

4π

面積を求めよう！

Ⓐ6×6×π×□　割合

6×4π
＝24π
4×6π
＝24π

Ⓐ
(その1)
$2 \times 6 \times \pi \times \dfrac{a}{360} = 4\pi$

120°　6

$3 \times \dfrac{a}{360} = 1$

$a = 120° \rightarrow \dfrac{120}{360} = \boxed{\dfrac{1}{3}}$

(その2)　12π

$\dfrac{4\pi}{12\pi} = \boxed{\dfrac{1}{3}}$　弧の長さ

周の長さ

$S = 6 \times 6 \times \pi \times \dfrac{1}{3} = \boxed{12\pi}$cm²

6　S　4π

ちなみに
中心角は
$360 \times \dfrac{3}{4}$
$= 270°$
だね

方程式を用いて解決できる

Ⓑ $\dfrac{6\pi}{8\pi} = \dfrac{3}{4}$　8π

$S = 4 \times 4 \times \pi \times \dfrac{3}{4}$

$= \boxed{12\pi}$cm²

S　270°　6π

同じ！！

円周に対する弧の長さの割合からも
面積を求めることができる！

授業の流れ

1　どっちの面積が大きいだろうか？

　生徒とやり取りをしながら，Ⓐのおうぎ形の概形を示しながら問題を提示する。

S：Ⓐかな，Ⓑかな。

S：どちらの面積も同じになるのでは？

T：どうして同じになると予想しましたか？

S：6×4πと4×6πで両方とも24πになるからです。

S：面積を求めたいが，中心角がわからないなあ。

S：でも弧の長さがわかれば求められると思う。

2　円全体の何分の何になるかな？

　Ⓐの面積から求めることを確認する。円全体の面積に対する割合について，「どうやって割合を求めたらよいかわからない」と手が止まる生徒が見られるため，それを課題として設定する。解決の方針についてヒントを出し合う活動に取り組み，「前回の公式を使えば中心角を求めることができるよ」「円周を求めれば割合がわかると思います」等を手がかりとして，再度考えていく。円周に対する弧の長さの割合からも面積が求められることを確認する。

1	正の数と負の数
2	文字と式
3	一次方程式
4	変化と対応
5	平面図形
6	空間図形
7	データの活用

本時の評価

・おうぎ形を含む円の周の長さに対するおうぎ形の弧の長さの割合に着目し，弧の長さと半径が与えられたおうぎ形の面積の求め方を考察し表現することができたか。
・弧の長さと半径が与えられたおうぎ形の面積を求めることができたか。

準備物

・問題提示用の図
・学習プリント

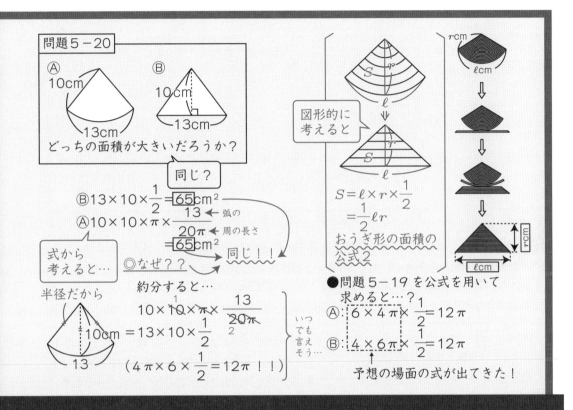

3 なぜ，三角形と同じ面積になるの？

　おうぎ形と三角形の図を示しながら 問題 5 –20 を提示する。⑧の面積の65cm²を確認し，Ⓐの面積を求めていく。式のみを板書し，「$\frac{13}{20\pi}$」の意味についてペアで確認する活動に取り組ませるとよい。

S：おうぎ形の半径は⑧のように高さを表せる。
S：約分をしていくと，10と13と$\frac{1}{2}$が残る。
S：あ！　すごい。はじめの問題でも $6 \times 4\pi \times \frac{1}{2} = 12\pi$ と計算できる！

4 三角形とみなすことができる！

　おうぎ形と三角形の面積が等しいことを式だけでなく，図で視覚的に捉えられるようにする。また，教科書を用いて，おうぎ形を細かく分割して，平行四辺形に等積変形する考えも紹介する。

　おうぎ形の弧と半径を三角形の底辺と高さとみなせることを強調し，「$S = \frac{1}{2} \ell r$」という公式が成り立つことを確認する。

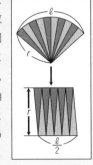

対話を生み出す「提示する問題」と「考えの取り上げ方」の工夫

1 「提示する問題」を工夫する

　問題解決的な学習を展開する中で，生徒が解決すべき問題をしっかりと把握し，必要感をもって主体的に取り組むためには，生徒の実態や本時の目標に応じて，「提示する問題」を工夫することが大切である。

　 問題5-4① は，本単元で紹介した問題である。この問題に場面設定を加えて， 問題5-4② のようにアレンジした。

問題5-4①	問題5-4②
A ・　　　・ B　　　2点 A，B からの距離が等しい点はどこ？	A───────B　　　ゆうとさんは A 地点，ゆうかさんは B 地点にいる。2人の地点から等距離の場所で待ち合わせをすることにした。その場所はどこだろうか？

　 問題5-4② では，実在する人物を問題に登場させることや，「友達と会う約束をするとき，どんな場所で待ち合わせをしますか？」と問うなど，生徒と問題をつくり上げていく過程で，対話を生み出すことが期待できる。また， 問題5-4① の2点 A，B を線分 AB に変更することで，予想の結果やその後の展開が変化すると考えられる。このように，問題の図や数値等を検討することも，対話を生み出すポイントである。

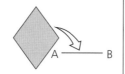

問題5-4③
線分 AB を対角線とするひし形を作図しよう。

　 問題5-4③ は，図形の対称性に着目して，作図方法を考察する展開となるようにアレンジした。まずは問題のひし形の図のみを提示し，図の名前や特徴を考える。ひし形等の小学校の学習内容を振り返ることで，自然と対話が活性化すると思われる。また，ひし形の対角線の性質を考察することで，垂直二等分線の作図方法につなげることができる。

2 「考えの取り上げ方」を工夫する

　問題や課題の解決過程において，対話する場面を活性化するためには，生徒の「考えの取り上げ方」を工夫することが大切である。その前提となるのが，指名計画を立てることである。指名計画とは，個人思考等の机間指導の場面で，ノートの記述を見て生徒の考えを把握し，取り上げる順番や取り上げ方を計画することである。指名計画は，取組の状況を見て柔軟に対応することもあるが，授業構想の段階で予想される生徒の反応や，どのように取り上げて授業を展開していくかについて，準備しておくことが基本となる。以下，対話を生み出す「考えの取り上げ方」を紹介する。

1

正の数と負の数

2

文字と式

3

一次方程式

4

変化と対応

5

平面図形

6

空間図形

7

データの活用

1 図，式のみを取り上げる

　ある生徒の考えをすべて取り上げて説明させるのではなく，図や式のみを取り上げて板書し，学級全体で考え合うことを大切にしたい。例えば，問題5-10 による授業では，75°の角を作図することが主な活動である。机間指導で4つの考えを把握する。集団解決の場面で，4つの考えの関連性が理解できるよう計画し，板書に示した（その1）の考えから1つずつ順番に取り上げていく。ここでは，図1のように作図のみを板書し，「○○さんはどのように考えて作図したのか

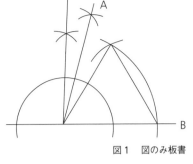

図1　図のみ板書

な？」と問いかける。挙手する生徒をすぐに指名せず，ペアで話し合うなど，対話する活動を充実させていく。

　また，問題5-18 による授業では，A，B2つのおうぎ形の面積を求めることが主な活動である。「A：$8 \times 8 \times \pi \div 4$」，「B：$9 \times 9 \times \pi \times \frac{2}{9}$」という式のみを取り上げて板書し，式を読む活動を通して対話を生み出していく。

2 考えの途中までを取り上げる

　個人思考の場面で，手が動かずに悩んでいる生徒に対するヒントや解決へのきっかけとするために，考えの途中までを取り上げ，その続きを学級全体で考え合うことを大切にしたい。例えば，問題5-7 による授業では，3点から等距離にある点を作図することが目標である。個人思考の場面で作図の方針を見いだせない生徒が多く見られる。そこで，図2のように，作図の途中までを取り上げて板書し，その考えの意味をペア等で対話

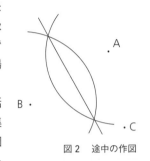

図2　途中の作図

する活動を設定する。垂直二等分線は2点A，Bから距離が等しい点の集合であるという既習事項を振り返ることで，垂直二等分線をもう1本作図する必要性に気付いていく。対話を通して，「あ！　なるほど！　できる！」といった気付きや発見することを繰り返し経験させていきたい。

3 誤答を取り上げる

　机間指導で考えを把握している中で，誤答を記述している生徒が少なからず見られる。そこで，教師が意図的に誤答となる考えを取り上げて，学級全体で考え合うことを大切にしたい。

　例えば，問題5-6 による授業では，垂線の作図に取り組むことが主たる活動である。個人思考では，図3のような誤答となる作図をする生徒が少なからずいる。そこで図3を板書し，

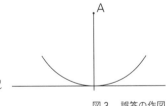

図3　誤答の作図

「この作図は正しいかな？」と問いかけ，問題点についてペアや学級全体で対話する活動を設定する。ここでは，「だって〜」，「なぜなら〜」といった表現を評価し，対話の質を高めていく。また，誤答を取り上げる際は，生徒の心情に配慮し，教師が取り上げることを基本とする。

　最後に，授業の様々な場面で仲間のつまずきや誤答も含めて考え合う経験を重ねたり，集団で対話することの価値を伝えたりすることを繰り返し行いたい。そして，何でも話し合える学級の雰囲気づくりを目指したい。このような支持的風土の醸成こそが，対話を生み出す重要なポイントであると考える。

6 空間図形 　(18時間扱い)

単元の目標

・空間図形の観察や操作，実験などを通して，位置関係を把握できるようになるとともに，空間図形を理解する。また，構成要素に着目したり，多方向から空間図形を把握したり，空間図形を平面図形の移動によって構成されたものと捉えたりすることができる。

評価規準

知識・技能	①空間における直線や平面の位置関係を把握できる。 ②柱体や錐体，正多面体といった基本的な空間図形の特徴を理解する。 ③展開図や投影図の特徴を知り，空間図形を展開図や投影図に表現することができる。 ④基本的な柱体や錐体，球の表面積と体積を求めることができる。その際に，おうぎ形の弧の長さと面積を求めることを活用することができる。
思考・判断・表現	①空間図形を平面図形の移動によって構成されたものと捉えたり，空間図形を平面上に表し，平面上の表現から空間図形の性質を見いだしたりすることができる。 ②立体図形の表面積や体積の求め方を考察し表現することができる。
主体的に学習に取り組む態度	①空間図形の性質や関係を捉えることのよさに気付いて粘り強く考え，空間図形について学んだことを生活や学習に生かそうとしたり，空間図形の性質や関係を活用した問題解決の過程を振り返って検討しようとしたりしている。

指導計画 　全18時間

次	時	主な学習活動
第1次 いろいろな立体	1	多様な見方で立体を分類する。
	2	形や構成要素等に着目して立体の特徴を考える。
	3	頂点や面に着目して正多面体の特徴を考える。
第2次 空間図形の見方と調べ方	4	三脚が安定する理由を考え，説明する。
	5	直方体をもとに直線や平面の位置関係について考える。
	6	直線と平面の垂直や2平面の位置関係について考える。
	7	平面図形を動かしてできる立体について考える。
	8	展開図を利用して側面にかけたひもの最短の長さを考える。
	9	正三角柱と正四角錐の展開図を考える。
	10	円錐の展開図をかく中で側面のおうぎ形について考える。
	11	投影的な見方を使って円錐の高さを調べる。
	12	投影図をかいたり，見取図や模型と関連付けて投影図をよんだりする。

	13	階段の形をした立体の体積を求め，その求め方を説明する。
第3次 立体の体積と表面積	14	角錐や円錐の体積とその求め方について考える。
	15	展開図を利用して円柱や角錐の表面積について考える。
	16	おうぎ形の面積の求め方を利用して円錐の表面積を求める。
	17	実験を通して球の体積と表面積について考える。
第4次 空間図形の性質の利用	18	事象を単純化・理想化し，既知の体積公式を利用して問題を解決する。

単元の基礎・基本と見方・考え方

⑴第1次「いろいろな立体」

　第1次のねらいは，柱体や錐体および正多面体といった基本的な空間図形の特徴を理解することである。ここでは，空間図形を観察する活動を特に重視し，生徒が働かせる見方と関連付けながら空間図形の特徴を理解できるようにしたい。そのために働かせたい見方・考え方は，頂点や辺，面といった構成要素に着目して空間図形をみる見方である。構成要素に着目して立体を分類したり，立体の性質を見いだしたりすることを通して，構成要素に着目する見方のよさを感得させたい。

⑵第2次「空間図形の見方と調べ方」

　第2次のねらいは，空間における直線と平面の位置関係を把握でき，投影図や展開図を使って空間図形の性質を考察できるようにすることと，空間図形を平面図形の移動によって構成されたものとしてみることができるようにすることである。ここでも空間図形の観察や操作を重視し，観察や操作したことと関連付けて，位置関係や移動による空間図形の構成の見方，投影図等を理解できるようにする。

　働かせたい見方・考え方は3つある。1つ目は，空間図形をみる方向に関する見方である。空間図形をみる方向は，正面，真上，真横が基本になる。この3方向からみることによって立体を特定できるからである。位置関係の把握でも，直線と平面の垂直については2方向からみることが基本となる。学習指導では，どの方向からみているかを問い，生徒に意識づけることが重要である。2つ目は，空間図形を平面図形の移動によって構成されたものとしてみる見方である。平面図形が動く様子を観察させたり，ICTを使ったシミュレーションを見せたりして，平面図形の移動によって立体ができていく様子を実際にみることが重要である。3つ目は，空間図形を平面上に表すという考え方である。空間図形を平面に表すには空間図形の構成要素やその位置関係に着目する見方が重要である。同時に，展開図や投影図に表すことによって，空間図形のままではわかりにくい性質がみえてきた，問題解決することができたといったよさを生徒に実感させることも重要である。

⑶第3次「立体の体積と表面積」

　第3次のねらいは，立体図形の体積と表面積について求め方を説明でき，求めることができるようにすることである。求め方を見いだす場面で働かせたい見方・考え方は，既知の事柄と関連付けるという考え方である。錐体の体積は，底面が合同，高さが等しい柱体の体積の求め方がもとになり，球の体積と表面積は円柱をもとに考えることができる。個々の体積の求め方を個別の知識として学ぶのではなく，既知の体積公式と関連付けて学ぶようにしたい。また，球の体積や錐体の体積が同じ底面積と高さの柱体の $\frac{1}{3}$ 倍になることを調べる実験では，得られた実験結果を解釈し，そこからどのような体積公式をつくることができるかを考える過程を大切にしたい。

1 正の数と負の数

2 文字と式

3 一次方程式

4 変化と対応

5 平面図形

6 空間図形

7 データの活用

立体を仲間分け しよう

授業の流れ

1 身の回りの建物はどんな形かな？

T：（直方体のビルがみえる写真を示して）何が見えますか？

S：（「山」「海」「自動車」「ビル」など）

T：ビルはどんな形をしていますか？

S：直方体。　　S：四角柱。

T：（三角柱のビルの写真を示して）
　　このビルの形は？

S：三角柱。

T：どうして三角柱ってわかるの？

S：三角形の面があるから。

　こうしたやり取りを通して，底面に着目させたり，真上や正面からみる見方を働かせたりして立体の見方を引き出し，**2** につなげる。

2 立体を仲間分けしてみよう

T：（7種の立体模型を提示して）

S：いろいろな形がある。S：とがった形だ。

T：基準を決めて立体を仲間分けしてみよう。

　分類基準では，「底面の形」等の数学の言葉だけでなく，「柱の形ととがった形」「転がるか転がらないか」等の生徒の言葉も大切にしたい。それを柱体と錐体，平面だけで囲まれた立体（多面体）といった数学につなげることで生徒の考えをいかした学習指導ができる。

　なお，例えばAさんの分類では，小学校で未習の錐体の底面の定義が問題になるが，分類結果を検討する中で定義していくという展開をとる。

建物はどんな形？

	ア	イ	ウ
直方体のビル画像 直方体			

立体を，いろいろな見方で仲間分けしてみよう

	エ	オ
三角柱のビル画像 三角柱		

	カ	キ
円柱のビル画像 円柱		

立体を，ICTを利用して黒板に投影できると，図をかく手間が省ける。

3 友達の仲間分けを考えよう

T：Bさんは「柱の形ととがった形と球」で仲間分けしたそうです。この基準がわかりますか？

S：わかります。

T：この基準で仲間分けができますか？
　　（仲間分けを考える時間をとる）
　　Eさん，仲間分けしてください。

S：（仲間分けをし，説明する）

T：Bさん，こういう仲間分けですか？

S：はい。

1 正の数と負の数

2 文字と式

3 一次方程式

4 変化と対応

5 平面図形

6 空間図形

7 データの活用

本時の評価

・「柱の形ととがった形と球」や「底面の形」「転がる形と転がらない形」等，立体の形や構成要素に着目して立体を分類することができたか。

準備物

・立体模型
（三角柱，三角錐，直方体，四角錐，円柱，円錐，球）
・各立体の写真

A さん 底面の形で分類

三角形：ア，イ

四角形：ウ，エ

円：オ，カ

底面なし：キ

底面

C さん 転がる形と転がらない形

転がる形：オ，カ，キ

転がらない形：ア，イ，ウ，エ

B さん 柱の形ととがった形と球

柱：ア，ウ，オ

とがった形：イ，エ，カ

球：キ

とがっている！

立体のどの特徴に関する考えかがわかるように、図と対応づけて考えを板書する。

D さん 正面からみた形で分類

長方形：ア，ウ，オ　　円：キ

三角形：イ，エ，カ

正面からみるとこの面がみえている！

大切な立体の見方
立体の形や面の形に注目してみる
正面や真横，真上からみる

対話指導のポイント

全体の話し合いが「考えの発表会」にならないように，話し合いの中に生徒が考える場をつくりたい。その手立てとして「友達の考えを考えさせる」がある。**3** に示したように，特にねらいにつながる考えは，発表者に考えのすべてを言わせるのでなく，その一部にとどめ，残りを他の生徒に考えさせるとよい。例えば基準だけを発表させ，その分類を全員に考えさせるなどである。こうした活動を様々な授業で取り入れていくと，友達の発表を考えながら聞く態度を育むことにつながる。

4 立体のどこに注目しているかな？

T：いろいろな基準が出たけど，皆さん，立体のどこに注目して分類していますか？

S：立体の形。

S：底面の形。

S：正面や真上からみた形。

発表された分類の基準を振り返り，何に着目しているかを問うことにより，立体の形や構成要素に着目する見方，正面や真上からみる見方等を引き出し，立体の大切な見方として価値付け，まとめる。

本時案

立体の特徴を調べよう

本時の目標

・前時の立体の分類を振り返り，立体の形や構成要素，面の位置関係に着目して立体を観察することを通して，多面体，角錐，円錐の意味や立体の特徴を理解する。

分類した立体にはどのような特徴があるだろうか？

C さん 転がる形と転がらない形

転がる形

曲がった面があるから
　　　曲面

転がらない形　　　　　　　面の数に注目して
五面体　　五面体　　　　四面体　　六面体

平面だけでできているから

多面体 平面だけで囲まれた立体

授業の流れ

1 どうして転がるのかな？

T：どうして転がるの？
S：曲がった面があるから。
T：転がらないのはどうして？
S：平面だけでできているから。

　「転がる」「転がらない」という生徒の言葉を面の観点から数学の言葉で捉え直し，多面体を定義する。また，面の数に着目して，四面体，五面体等も導入する。こうしたやり取りから構成要素に徐々に着目させていく。

2 柱の形ととがった形の違いは？

S：柱は底面が2つ，とがった形は1つ。
T：柱の底面の2つはどこ？
S：平行で合同になっている2つの面。
T：側面はどう？
S：角柱は長方形，角錐は二等辺三角形。
S：円柱，円錐の側面はないのかな？

　角錐，円錐を導入した後，柱体と錐体の違いを考えさせる。その上で，上記のように，底面や側面に着目させてその特徴を話し合うようにする。

1 正の数と負の数

2 文字と式

3 一次方程式

4 変化と対応

5 平面図形

6 空間図形

7 データの活用

本時の評価

・分類された立体について，面の形や面の数に着目してその特徴を理解することができたか。

準備物

・立体模型（三角柱，三角錐，直方体，四角錐，円柱，円錐，球）

Bさん 柱の形ととがった形　　Aさん 底面の形で分類

柱の形

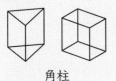

角柱　　円柱

三角形

三角柱　　三角錐

四角形

四角柱　　四角錐

底面なし

球

とがった形

　← 頂点

角錐　　円錐

柱の形ととがった形のちがいは？

・柱は底面が2つ，錐は底面が1つで，点が1つ
・平行で合同な面が柱の底面
・角柱の側面は長方形
・角錐の側面は合同な二等辺三角形

大切な立体の見方
面の形や数，位置関係に
注目して立体を見る

対話指導のポイント

　特徴を問うとき，「どんな特徴がありますか？」と聞いても，生徒の反応が乏しい場合が多い。先生が聞く「特徴」の基準がわからないからである。そこで，2 のように，「違い」を聞くとよい。「違い」ならば生徒にとってわかりやすいし，その「違い」は柱体と錐体の特徴を表している。関連して「同じ」を聞くことも重要である。それにより，いくつかの事柄に共通する特徴を見いだすことができるからである。

3 何に注目して分類しているかな？

T：立体をいろいろ分類しましたが，何に注目して分類していますか？

S：面が平面か曲面か。

S：面の形や数。

　前時のまとめでは，生徒の言葉による分類をもとに立体の形や構成要素に着目する見方や正面等からみる見方を価値付けた。ここでは，数学的な分類に基づいて立体の構成要素，特に面に着目する見方をまとめる。

本時案

正多面体を
つくろう

・正多面体をつくり，観察する活動を通して，正多面体の意味や特徴を理解するとともに，頂点や辺などの構成要素に着目する見方を深める。

教材について

　正多面体は正多角形から類推すればたくさんありそうだが，実際には5種類しかないところが不思議な点であり，面白い点である。本時では，このことに迫るために，正四面体，正六面体，正八面体のみを先に提示し，それをもとに他の正多面体を考える活動を行う。まず，提示した3種から，面の形と頂点に集まる面の数という正多面体の特徴を確認する。次に，面の形と数の2つの変数のうち，まず面の形を固定し，面が正三角形の場合について，頂点に面を4つ集めたら，5つ集めたらと考えていく。次に，面の形を正方形，正五角形と変え，同様に調べていく。こうした活動により，正多面体が5種類しかないことを直観的につかませていく。なお，ポリドロンのような面を自由に組み合わせることができる教具があると効果的である。

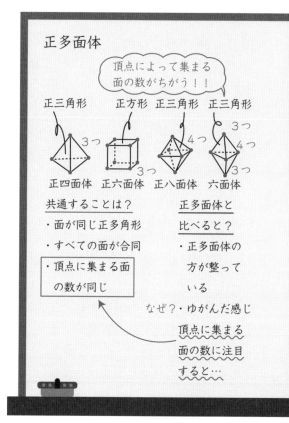

授業の流れ

1 正多面体に共通することは？

T：3つの正多面体に共通することは？
S：すべての面が合同。
　3つの正多面体の共通点を観察させる。3つの正多面体の模型が全員にあれば理想だが，4人以下のグループで1セットでもあるとよい。難しい場合は，展開図を配り，グループで模型をつくらせたり，端末を使ってアニメーションで代用したりすることも考えられる。生徒は，頂点に集まる面の数には気付きにくい。そこで，**2**につなげる。

2 デルタ六面体と比較すると？

T：（デルタ六面体を提示して）すべての面が正三角形ですが，正多面体の仲間にみえる？
S：みえない。ゆがんでいる感じがする。
T：正多面体とは違うところがあります。わかる？（反応がなければ）頂点に集まる面の数はどうですか？
S：正多面体は頂点に集まる面の数が全部同じですが，六面体は頂点によって違う。
　頂点に集まる面の数が違う多面体を示すことで，正多面体の特徴を際立たせる。

本時の評価

・面の形や頂点に集まる面の数に着目して，正多面体の特徴を理解することができたか。

準備物

・5種の正多面体の模型，または正多面体の展開図や端末
・ポリドロン

他に正多面体はないかな？

調べるために…

知っている正多面体について表で整理する

面の形	頂点に集まる面の数	面の数
正四面体	正三角形	③	4
正六面体	正方形	3	6
正八面体	正三角形	④	8

大切な立体の見方
頂点や面に注目する

面が正三角形のとき ⇒ 面が正方形のとき

頂点が集まる面の数

3つ	正四面体
4つ	正八面体
5つ？	正二十面体
6つ？	できない!! なぜ？ 360°

面の形を変える

| 3つ | 正六面体 |
| 4つ | できない!! なぜ？ 360° |

平面になってしまう!!

面が正六角形

2つ？
3つ？ } できない!!

面が正五角形

2つ？	できない
3つ？	正十二面体
4つ？	できない

3 正多面体は他にないかな？

T：面が正三角形のときを考えます。頂点に集まる面の数が3つだと正四面体，4つだと正八面体。次は？

S：5つのとき。

T：5つのときにできるのが正二十面体です。

　面の形と頂点に集まる面の数のうち，面の形を固定し，面の数を変えるという考え方を生徒だけで働かせるのは難しいので，教師と一緒に考えを進めていく。正二十面体は，展開図を与え，つくらせてもよい。

4 正三角形を6つ集めると？

T：（正二十面体の頂点に面が5つ集まっていることを確認した上で）次は？

S：6つにする。

T：6つ集めるとどうなるかな？

S：平面になりました。

T：どうして平面になるんだろう？

S：6つ集まると360°になるから。

　6つ集まると平面ができてしまうことを直観的につかませる。実態に応じて点のまわりが360°になることに触れてもよい。

本時案

どうして三脚が安定するの？

本時の目標

・三脚が安定する理由を考える活動を通して、平面が決まる条件を理解する。

三脚

三脚の写真

平面が決まるから安定する

・写真を撮るときに使う。
もし脚が1本だったら？
・安定しない、倒れる
・2本でも倒れる

問題
なぜ三脚は
安定して立つの？

・2本だと傾くので3本目で支える必要がある
・3つの脚が1つの平面にのるから
・3か所で支えるとノートが安定するのと同じ

・2か所では安定しない
4本でも安定しない。

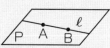

平面：限りなくひろがっている
直線：限りなくのびる

平面上の2点A，Bを通る直線ℓは平面Pに含まれる
直線ℓは平面P上にある

曲面
球

直線ABは
曲面にふくまれない

授業の流れ

1 もし脚が1本だったら？

T：（三脚を提示して）使ったことある？
S：ある。
S：写真を撮るときに使った。
T：もし脚が1本だったらどうですか？
S：安定しない。
S：持たないと立たない。
T：2本ではどうですか？

　こうしたやり取りを通して、脚が3本と「安定して立つ」ことの関係を意識させ、三脚が安定する理由を問題にする。

2 なぜ三脚は安定して立つの？

T：なぜ三脚は安定して立つのですか？
S：2本だと傾くので、3本目が必要。
S：3つの脚が1つの平面にのるから。
S：ノートを3か所で支えると安定する。

　三脚が安定する理由について、三脚の代用として、全員がペンを3本用意し、手元で調べられるようにする。また、ペンの本数が2本、4本の場合も調べさせたい。平面が1つに決まることを書いている生徒がいれば意図指名し、それをもとに次の活動につなげる。

1 正の数と負の数

2 文字と式

3 一次方程式

4 変化と対応

5 平面図形

6 空間図形

7 データの活用

準備物

・三脚（できるだけ多く）
・ペン4本（生徒全員）
・身の回りの例の写真

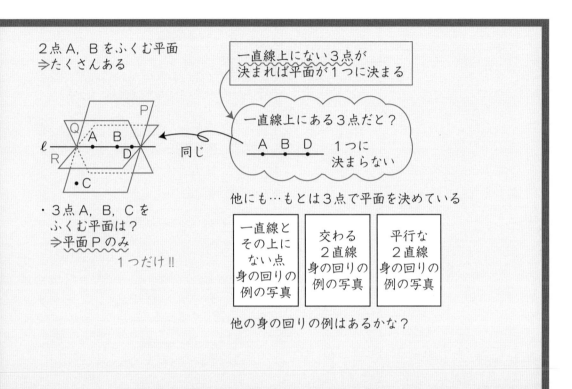

2点A，Bをふくむ平面
⇒たくさんある

一直線上にない3点が決まれば平面が1つに決まる

一直線上にある3点だと？
A B D 1つに決まらない

同じ

・3点A，B，Cをふくむ平面は？
⇒平面Pのみ
1つだけ!!

他にも…もとは3点で平面を決めている

一直線とその上にない点 身の回りの例の写真	交わる2直線 身の回りの例の写真	平行な2直線 身の回りの例の写真

他の身の回りの例はあるかな？

3 2点を含む平面はいくつある？

　直線が平面上にあることを考える場面もそうだが、具体物を操作することが、数学的な見方・考え方を働かせるきっかけになる。直線が平面上にあることならばノートの上に鉛筆を置いたり、2点を含む平面が1つに決まらないことならば、ノートにかいた2点を含む下敷きの置き方が下敷きとノートの角度を変えればいくつもあることを確認したりすることが大切である。

4 身の回りの平面を決める例は？

T：身の回りに平面を決めている例はありますか？
S：イス。
S：安定とは思うけど、教室のイスだと、ガタガタするときがあります。
T：三脚のときに、4本だと安定しないという意見も出ていたね。どうしてかな？
　学習した内容を視点に身の回りをみる課題である。こうした活動により、身の回りを数学の眼でみる力を養うことができる。

本時案

直線，平面の 位置関係を調べよう

5/18

本時の目標

・直方体の辺を直線，面を平面とみて，その位置関係を調べる活動を通して，2直線の位置関係と，直線と平面の位置関係を理解することができる。

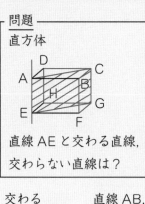

問題

直方体

直線 AE と交わる直線，交わらない直線は？

ちがいは？

平行は同じ方向（上下）

平行ではない直線はちがう方向（左右）

平面上の平行としてみることができない？

AE∥BF：面 ABFE 上

AE∥DH：面 ADHE 上

AE∥CG：面 ACGE 上

交わる	直線 AB, AD, EF, EH
交わらない	直線 BC, CD, BF, CG
平面では平行	DH, FG, GH

平行と平行ではないものは？

平行 　直線 BF, CG, DH
AE と同じ平面上

平行ではない 　直線 BC, CD, FG, GH
ねじれの位置 　同じ平面上にない

まとめ 2直線の位置関係

交わる　　　　　　　交わらない

ねじれの位置

ℓ m
　A
同じ平面上にある

平行
ℓ m
同じ平面上にある

同じ平面上にない

授業の流れ

1 交わらない直線は平行？

T：平面のとき，交わらない2直線の位置関係は何でしたか？

S：平行。

T：挙げてくれた交わらない直線は平行？

S：そうじゃないものもある。

T：それはどれかな？ 平行との違いは？

　交わる直線と交わらない直線を確認した後に，交わらない直線について，生徒が直観的に捉えている平行とねじれの位置の違いを問題にし，説明させる。

2 平行とねじれの位置の違いは？

T：空間で2直線の平行を考えていますが，今まではどういう図形の平行を考えてきた？

S：平面の図形。

T：そこに戻って，例えば AE と BF を同じ平面上の平行とみることができない？

　同じ平面上とみる見方は生徒から出にくい。そこで，平面での平行を想起させ，それに帰着させることで，同じ平面とみる見方を引き出したい。

1 正の数と負の数

2 文字と式

3 一次方程式

4 変化と対応

5 平面図形

6 空間図形

7 データの活用

本時の評価

・直線の位置関係について，直線が同じ平面上にあるかを視点に説明することができたか。
・直線と平面の位置関係を理解することができたか。

準備物

・直方体の模型
（教師用と 4 人グループに 1 つあると望ましい）

直線 AE と 6 つの面の位置関係は？

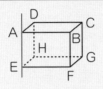

平行　　　面 BCGF，面 CDHG
（交わらない）

垂直？

交わる　　面 ABCD，EFGH
　　　　　面 ABFE，ADHE
　　　　　平面上にある？

練習

直方体から三角柱を切り取った立体

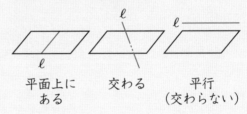

直線 CG と各直線，各平面の位置関係は？

直線と平面の位置関係

平面上にある　　交わる　　平行（交わらない）

---

3 直線と平面の位置関係は？

T：1つの直線を平面に変えます。直線 AE と 6 つの面の位置関係はどうなっていますか？

　前時に「直線が平面上にある」ことを扱っていれば，「平行」「交わらない」「交わる」「垂直」「平面上にある」といった反応が予想される。これをもとに，平面と直線の位置関係をまとめ，「垂直」については「交わる」の特殊という程度にとどめ，次時で詳しく扱う。

4 他の立体で位置関係を調べよう

T：直方体以外の立体で，平行とねじれの位置が言えるかな？

　直方体は，交わる直線や平面が互いに垂直な立体である。そのため，「交わる」＝「垂直」と誤解する生徒がいることが予想される。そこで，板書の図のような垂直に交わらない面をもつ立体について位置関係を考えさせ，位置関係の理解を深める。

本時案

直線と平面の垂直について調べよう

本時の目標
・ 直線と平面，2平面の位置関係を考える活動を通して，直線が平面に垂直の意味を知るとともに，2平面の位置関係を理解することができる。

直線 AE と面 ABCD，面 EFGH は垂直？

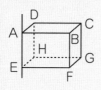

問題
机に鉛筆を垂直に立ててください

こんな感じ

・ どの方向にも傾いていない
・ 机の面に対してまっすぐ

鉛筆をどの方向にも傾かないように立てるには？

・ 三角定規の直角を利用する
・ 1つの方向からだと傾く
・ <u>いくつかの方向からあてる</u>

少なくとも何枚必要？

<u>2枚</u>　実際にやってみよう!!

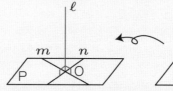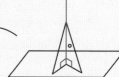

直線 ℓ は平面 P に垂直
平面 P と交わる直線 ℓ が，その交点 O を通る
P 上の異なる2直線と垂直

交わる2直線で平面が決まる

授業の流れ

1 傾いても「垂直」？

T：前回の授業で「垂直」が出てきましたが，机の面に対して鉛筆を垂直に立てることができますか？

S：（垂直に立てる）

T：（生徒に対して奥に鉛筆を傾けて）これは垂直ですか？

S：違う。

T：なぜ違う？

S：奥に傾いているから。

　生徒の直観的な捉え（垂直）を引き出す。

2 傾かないように立てるには？

T：三角定規を使って，どの方向にも傾かないように立てるにはどうすればいいですか？

S：直角を当てればいい。

S：1枚だと傾くので，何枚か必要。

T：少なくとも何枚あればいい？

S：2枚。

　操作を通して，直線 ℓ が平面に垂直になるには，少なくとも2方向で垂直になればよいことを確認する。また，2方向での決定を，交わる2直線での平面の決定と関連付ける。

1 正の数と負の数

2 文字と式

3 一次方程式

4 変化と対応

5 平面図形

6 空間図形

7 データの活用

本時の評価

・直線が平面に垂直であることの意味を理解することができたか。
・2平面の位置関係を理解することができたか。

準備物

・直方体の模型
　（教師用）
・三角定規

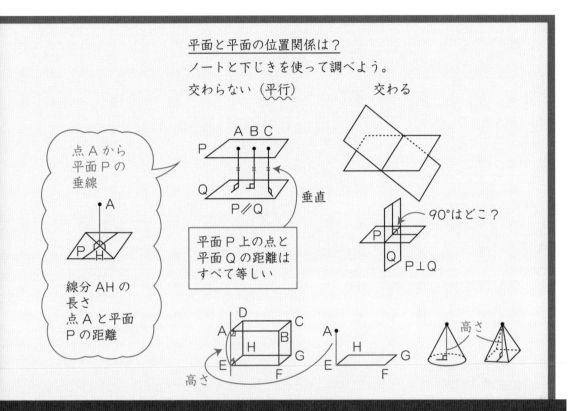

対話指導のポイント

　生徒は，平面に対する直線の垂直を「まっすぐ」「傾いていない」といった言葉で表現することが多い。本時に限らず，空間図形の学習指導では，そうした生徒の直観的な捉えに基づく言葉を大切にし，それを数学的な言葉で整えるようにしたい。そのために，「『まっすぐ』ってどういうこと？」「『傾いていない』を数学の言葉を使って言えない？」などと問い返し，直観的な捉えを数学的な観点から振り返らせることを大切にしたい。

3 平面と平面の位置関係は？

T：空間での2直線の位置関係，直線と平面の位置関係を考えてきました。次は？

S：平面と平面の位置関係。

T：2平面の位置関係にはどのようなものがあるか，ノートと下敷きを使って考えよう。

　「平行」「交わらない」「交わる」「垂直」といった生徒の考えから位置関係をまとめる。「垂直」は教科書の表紙を開かせ，どこが90°かを問うとよい。なお，2直線との関連で2平面で「ねじれ」があるかを考えさせるとよい。

本時案

平面図形を動かしてできる立体は？

7/18

問題1

どんな立体にみえる？

百人一首の札を重ねた画像	10円玉を重ねた画像

百人一首：直方体

10円玉：円柱

どんな図形をどのように動かした？

直方体：長方形　　　　　円柱：円

どれだけ動かす？ 机に垂直の方向 高さの分だけ

机に垂直の方向 高さの分だけ動かす

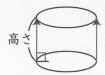

高さ

高さ

面が動くと，立体ができる

授業の流れ

1 積み重ねるとどんな立体になる？

T：百人一首の札と10円玉を積み重ねたものですが，どんな立体に見えますか？

S：百人一首は直方体。

S：10円玉は円柱。

T：どんな図形をどのように動かしてできた立体とみることができるでしょうか？

　提示する立体は，生徒の興味・関心に従って工夫したい。ここでの生徒の考えをもとに，移動してできる立体の見方につなげる。

2 辺や面は何が動いてできた？

T：直方体を底面が動いてできた立体とみると，辺AEは何が動いてできたとみることができますか？

S：点A。

T：面ABFEは？

S：辺AB。

　立体は面が，面は線が，線は点が動いてできた図形とみる見方を確認する。こうした見方は，回転体の母線や直線を点の集合とみる見方につながる。

1 正の数・負の数
2 文字の式
3 方程式
4 比例と反比例
5 平面図形
6 空間図形
7 データの活用

本時の評価

・平面図形の移動や回転によってできる立体や，立体がどのような平面図形の移動や回転によってできるかを理解することができたか。

準備物

・百人一首の札
・十円玉
・ICT
（移動や回転の提示用）

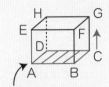

直方体：底面が動いてできた立体

辺 AE に注目すると何が動いてできた？
⇒点 A

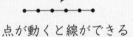

点が動くと線ができる

面 ABFE は？
⇒辺 AB

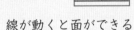

線が動くと面ができる

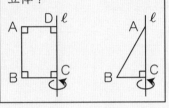

問題2
ℓ を軸に回転させてできる立体？

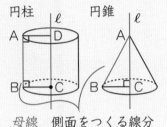

円柱　　円錐

母線　側面をつくる線分

球は何を回転している？

半円

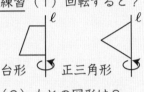

練習（1）回転すると？

台形　正三角形

（2）もとの図形は？

動かしてできる図形
・点が動くと，線ができる
・線が動くと，面ができる
・面が動くと，立体ができる

教材について

　移動でできる立体を考えるとき，移動の要素を確認することが大切である。それは，「何を」「どのように」移動するかである。「何を」は移動する図形である。「どのように」は，平行移動ならば，例えば，面に対して垂直な方向に，立体の高さの分だけ移動するといった移動の方向と距離であり，回転移動ならば，何を軸に回転するかである。こうした要素を生徒に意識させることで理解を深めるだけでなく，対話の視点も増え，対話の活性化にもつながる。

3 回転させるとどんな立体ができる？

　平面図形から回転体の見取図をかかせたり，逆に回転体からもとの平面図形を考えさせたりして回転体の理解を深める。そのとき，円錐台や複合図形といった過度に複雑にならない程度の立体も扱えると，生徒が目にする立体にも幅が出て，立体の見方がより豊かになることが期待できる。

本時案

ひもの長さが
短いのはどっち？

本時の目標

・最短のひもの長さを，展開図に表して求めることができるとともに，それを通して展開図を使って線分の長さを調べられることを知る。

教材について

展開図の導入問題として，最短のひもの長さを考える問題を扱う。この問題は，展開図を学習した後の利用の場面で扱うことも考えられるが，展開図の導入で扱うことにした。その意図は，展開図が立体模型をつくるためにかくものという価値だけではなく，実際の形や大きさを調べることができるという計量的なよさももつことを生徒に感じさせるためである。こうした展開図のよさをここで感得させることにより，この後の展開図や投影図の学習にそのよさを生かし，学びが一層豊かになることを期待している。

問題

側面に最も短くなるように A から B までひもをかける どっちが短い？

4 cm
5 cm A
B

A
5 cm
B
4 cm

予想　円柱多数，正四角柱●人
なぜ？
・正四角柱の方が底面の周の長さが長いから，その分ひもが長くなる
・正四角柱はかどがあるからひもが長くなりそう

授業の流れ

1 最短のひもの長さを調べるには？

T：最短のひもの長さをどのように調べる？
S：ものさしで測る。
S：計算する。
S：円柱は側面が曲がっていて測りにくい。
T：立体だと測りにくいときどうする？
S：平面の図にひもを表す。
S：展開図にする。

ひもの長さを実測するという方針のもと，円柱の側面が曲面であること，立体のままでは実測しにくいことから，「展開図に表す」考えを引き出したい。

2 展開図では，最短のひもはどうなる？

T：最短のひもを展開図に表せないかな？
S：最短は，2点A，B間の距離になる。
S：A，B間の距離は線分 AB の長さになる。
T：じゃあ，展開図をかいて調べてみよう。

展開図に表して調べるという見通しを立てたら，最短のひもを展開図に表すことを考える。ここでは，最短の長さは2点間の距離を表し，線分の長さになることを想起させ，自力解決につなげる。

1 正の数と負の数

2 文字と式

3 一次方程式

4 変化と対応

5 平面図形

6 空間図形

7 データの活用

本時の評価

・最短の長さが線分の長さになることを理解し，その長さを展開図に表して求めることができたか。

準備物

・最短にかけたひもを加筆した直方体と円柱の画用紙の模型

調べてみよう!!
どうやって最短の長さ
を調べる？

・ものさしで測る
・計算する
円柱は側面が曲がって
いるので測りにくい
最短のひもを平面の図
に表す　　　展開図
・2点A，B間の距離
　⇒線分ABの長さ

展開図をかいて調べてみよう。

円柱

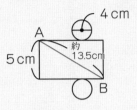

正四角柱

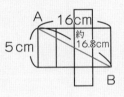

問題を解決するのに
　　　　　　どの考えが大切？
・展開図に表すこと
・「最も短い」が線分に
　なること
・展開図を正確にかくこと

実際の形，大きさを表す

---

3 最短のひもの長さを測るには？

T：最短のひもの長さを実際に測って調べるには，図を正確にかく必要があります。丁寧に作図してください。

　知りたい長さを展開図に表して実測することから，展開図を実際の長さで正確に作図する必要がある。ただし，円柱の側面の横の長さは，4πになるため約12.6cmで作図すればよい。なお，ひもの長さもどちらが短いかがわかればよいので概数で測定できればよい。

4 どの考え方が大切だった？

T：どの考え方が大切だったと思う？
S：展開図に表すこと。
S：平面に表すこと。
S：最も短くなることを線分とみたこと。
S：展開図を正確にかくこと。

　振り返りでは，立体を平面に表すことで考えやすくなるというよさを確認したい。また，辺や角の大きさの他に，側面上にかかれた線分の長さなど，実際の形や大きさを表すという展開図のよさにも触れたい。

本時案

正四角錐の模型をつくろう

9/18

本時の目標

・角柱や角錐の展開図をかく活動を通して，正四角錐の展開図をかくことができるとともに，辺や頂点に着目して立体をみる見方を深める。

教材について

　展開図や投影図の指導では，目的をもって図をかかせるようにしたい。それにより，展開図や投影図をかく必要性やよさがわかるからである。そのために，本時では，模型をつくるという問題の解決の中で展開図をかく活動を行う。模型をつくる文脈にした理由は，立体をつくることが展開図をかくもっとも基本的な目的と考えたからである。

　また，模型を「きれいに」つくることを条件とすることにより，辺や頂点の対応だけでなく，辺の長さや角の大きさなど，より詳細に立体を観察したり，展開図をかいたりすることを促し，見方・考え方をよりよく働かせることをねらう。

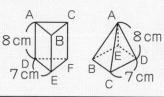

問題

正三角柱と正四角錐の模型をつくろう。

まず何をする？

・展開図をつくる

どの長さが知りたい？

　　正三角柱：底面の1辺と高さ

　　正四角錐：底面の1辺と斜めの辺

授業の流れ

1 模型づくりで，まず何をする？

（立体模型と見取り図を示して）

T：模型を作りたい。まず何をしますか？

S：展開図をかく。

T：展開図をかくには，どこの長さがわかればいいですか？

S：正三角柱は底面の1辺の長さと高さ，正四角錐は底面の1辺の長さと斜めの長さ。

　はじめから長さを与えるのではなく，展開図をかく目的からどの長さがわかればよいかを問う。それにより，展開図を予想させ，立体の特徴や，辺や頂点のつながりを意識させる。

2 どの辺で切り開いたのかな？

T：この展開図は見取図のどの辺で切り開いていますか？

S：辺BC，CA，DE，EF，AD。

　展開図の各頂点に，見取図の各頂点のアルファベットを書かせたり，展開図が見取図のどの辺を切り開いたものかを考えさせたりして，見取図と展開図の関連付けを行う。

1 正の数と負の数

2 文字と式

3 一次方程式

4 変化と対応

5 平面図形

6 空間図形

7 データの活用

本時の評価

・正四角錐の展開図をかくことができたか。

準備物

・正三角柱，正四角錐の
　模型
・方眼画用紙
・はさみ
・セロハンテープ

正三角柱の展開図をかいて
模型をつくろう

⊛注意 きれいな立体になる
　　　ように辺の長さなど
　　　正確に !!

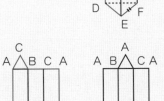

どの辺で切り開いている？

辺 AD, BC,　　辺 AB, CA,
　CA, DE,　　　AD, DE,
　EF　　　　　　FD

正四角錐も展開図をかいて
つくろう

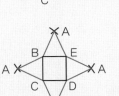

どの辺で切り開いている？

辺 AB, AC,　　辺 AB, BC,
　AD, AE　　　CD, DE

展開図をかくのにどう
考えればいい？

・頭の中で立体を
　イメージする
・どの辺を切れば
　よいかを考える
・どの辺と辺，頂点と
　頂点が重なるかを考
　える

---

3 正四角錐の展開図はどうなる？

T：左の展開図は，見取図のどの辺で切り開い
　　たものかな？
S：辺 AB, AC, AD, AE。
T：（実際に画用紙の模型を用意し，切り開い
　　てみるとよい）じゃあ，右の展開図は？

　正四角錐の展開図について，生徒の多くは左
の展開図をかくと予想されるが，右の展開図
も，底面の辺の数，それに伴う側面の数を増や
していくと，円錐の展開図につながる（次時の
板書参照）ため確認しておきたい。

4 どのように展開図をかいた？

T：どのように考えて，展開図をかいた？
S：頭の中で立体を切り開いてみた。
T：それを，模型を使って説明できる？
S：（模型を使いながら説明）
S：どの辺とどの辺が重なるかを考えた。

　展開図をかくのにどのような見方・考え方を
働かせたかを振り返らせる。説明では，口頭だ
けでなく，模型を使いながら説明させると見
方・考え方を共有しやすくなる。

本時案

円錐の模型を
つくろう

授業の流れ

1 円錐の展開図はどうなる？

S：底面は円になる。

T：側面は開くとどんな形になるかな？

S：三角形？

S：おうぎ形？

T：前の時間にかいた正四角錐の展開図を手掛かりに考えることができないかな？

　円錐の見取図から側面の形を想像することは難しい。そこで，前時にかいた同じ錐体の正四角錐の展開図を手掛かりに，底面の辺の数を増やすという考え方を使って，側面の形を予想させる。その上で，アイスクリームの包み紙などを開いて，おうぎ形になることを確認する。

問題

円錐の模型をつくろう

8cm

5cm

展開図はどんな形？
・底面は円
・側面は？三角形？おうぎ形？
知っている
正四角錐の展開図から考えられない？

辺の数を増やすと → 小学校の円のときの考え方

おうぎ形に近づきそう

アイスの包み紙で確認

ひらくと → おうぎ形

2 何がわかればいいかな？

T：底面の円はかけるね。側面のおうぎ形はかけたかな？

S：半径しかわからないからかけない。

T：おうぎ形をかくには，あと何がわかればいいかな？

　母線と半径を与えているのは，これらの長さは円錐の模型から調べることができるからである。しかし，これだけではおうぎ形をかくことはできないことから，中心角を考える必要性に気付かせる。なお，半径が同じで中心角が異なるおうぎ形を用意し，丸めて円錐をつくってみせると，中心角によって底面の円の大きさが変わることが実感できる。

3 おうぎ形の中心角を求めよう

T：どのように考えているか，方針を教えて。

S：弧の長さがわかれば中心角がわかる。

S：弧と底面の円周は重なるので等しい。

T：例えば，さっき（2）みせた中心角が150°のおうぎ形を丸めると，底面の円の半径が5cmよりも小さくなる。半径がちょうど5cmになる中心角をみつければいいね。

　自力解決中に方針を共有する。おうぎ形の弧の長さがわかれば中心角がわかることを，2の中心角が異なるおうぎ形を使って確認する。

1	正の数と負の数
2	文字と式
3	一次方程式
4	変化と対応
5	平面図形
6	空間図形
7	データの活用

本時の評価

・母線の長さと底面の半径をもとに円錐の展開図をかくことができたか。

準備物

・画用紙
・はさみ
・セロハンテープ
・コンパス

円錐の展開図を考えてみよう!!

<u>こまった!!</u>　・側面のおうぎ形が
　　　　　　　　　　かけない
　　　　　　　　　・半径しかわからない

<u>あと何がわかればいい?</u>

・<u>中心角</u>を知りたい

かけたとすると…

等しくなる

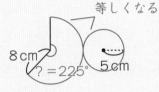

8cm　? =225°　5cm

中心角を求められない?

<u>方針</u>　・おうぎ形の弧の長さがわかれば
　　　　　いい
　　　　　・おうぎ形の弧と円周は重なるの
　　　　　で等しい

<u>考え</u>　中心角を a とすると

$$8 \times 2 \times \pi \times \frac{a}{360} = 5 \times 2 \times \pi$$

$$a = 360 \times \frac{5}{8}$$

$$a = 225°$$

おうぎ形の弧の長さは円周と等しいので

$$5 \times 2 \times \pi = 10\pi$$

半径8cmの円の円周

$$8 \times 2 \times \pi = 16\pi$$

弧の長さは中心角に比例

$$360° \times \frac{10\pi}{16\pi} = 225°$$

対話指導のポイント

　自力解決で手が止まる生徒がいる。こうした生徒の背中を押すために，自力解決の途中に解決の方針を共有するとよい。「困っている人がいるので，考えの方針を教えてくれる？」などと聞き，解決が進んでいる生徒に方針を言わせることで，学級全体で解決に取り組む雰囲気づくりもできる。比較検討の場面で，友達の解決と結論を知るのも一つだが，こうした方針の共有を生かし，できるだけ自分の力で解決させるようにしたい。

4 展開図から模型をつくろう

　かいた展開図を実際に組み立て，目的の円錐になっているかを確かめたい。確認の仕方は，できた円錐の模型の半径と母線の長さを調べればよい。こうした確認は，数学を使って問題を解決したことを生徒が実感できる瞬間でもあるので大切にしたい。

　なお，側面のおうぎ形の形を調べることは，生徒にとって簡単なことではない。この活動の後に，母線と半径の長さを変えた問題に取り組ませ，深めるようにしたい。

本時案

円錐の高さを
図を使って調べよう

11/18

本時の目標

・円錐の高さを図をかいて調べる活動を通して，立体を正面や真上からみる見方を知るとともに，投影図について理解し，かくことができる。

授業の流れ

1 高さを正確に測ることができないかな？

T：円錐の高さをどうやって調べる？
S：横からものさしを当てる。
T：やってごらん。
S：だいたい6cm。
T：正確に測ることはできないかな？

模型の高さに直接ものさしを当てることができないので，正確に測定することが難しい。そこで「正確に測る方法」を問題にする。

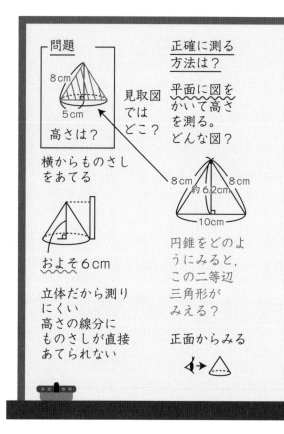

2 どのように見ると実際の高さが見えるかな？

T：円錐をどの方向から見ると，実際の高さが見えますか？
S：真横（正面）から見ればいい。
T：実際にどのようにみるの？ やってみて？

実際の高さを見ることができる見方を共有した後，正面から見える図の作図に取り組む。作図は，前時につくった模型と同じ母線と半径の長さで行う。そうすることで，できた立面図が実際の長さを表すというよさを知ることができるからである。そして，**3**の活動後，真上から見た図，平面図を作図させる。

3 正面から見た図は見取図のどこ？

T：正面から見た図は二等辺三角形になるけど，見取図ではどこですか？

投影図の指導では，「見取図ではどこ？」「模型ではどこ？」と問い，投影図，見取図，具体物の三者を相互に関連付けながら，投影図の理解を深めるようにしたい。また，どの方向から立体を見ているかも確認し，立体をこの方向から見ているから投影図や見取図のように見えるというように確認する。

1	正の数と負の数
2	文字と式
3	一次方程式
4	変化と対応
5	平面図形
6	空間図形
7	データの活用

本時の評価

・立体を正面や真上からみて，円錐と正三角柱の投影図をかくことができたか。

準備物

・第9時と第10時につくった正三角柱，円錐の模型
・プロジェクター
・スクリーン

<u>真上からみた図は？</u>

投影図：立面図と
　　　　平面図を
　　　　あわせた図

教科書にある
垂直な画面に
投影している図

立面図　　点線で
正面から　同じ点を
みた図　　対応づける

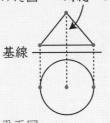

基線

平面図
真上から
みた図

正三角柱の投影図をかいてみよう

7cm
8cm

この方向からみる　　　この方向からみる

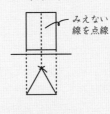
みえない
線を点線

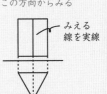
みえる
線を実線

立体の置き方によって投影図が
変わる

どのように置くか
どの方向からみるかが
大切!!

対話指導のポイント

　空間図形に関する考えを生徒に説明させるとき，口頭だけではなく，模型や見取図，投影図を使いながら説明させるようにする。立体をどの方向からみて，立体のどこに着目しているかを口頭だけで表現するのが難しいからである。立体模型を使って実演したり，見取図や投影図等に加筆したりすると，考えを共有しやすくなり，苦手な生徒でもついていくことができる。空間図形の指導全体を通して留意したい。

4 正三角柱の投影図をかこう

　正三角柱の置き方によって，投影図は変わる。ここでは，まず1つの側面を正面に置いた場合の投影図をかき，その後で側面の長方形の縦の辺を正面に置いた場合をかく。投影図をかく練習をしつつ，立体の置き方によって投影図が変わることに気付かせ，投影図の理解を深めることを意図した活動である。なお，この活動でも第9時でつくった模型を観察しながら考えるようにしたい。

正四角錐の
投影図をかこう

本時の目標

・正四角錐の投影図をかく活動や投影図をよむ
活動を通して，画面に平行な面が図に表れる
ことを知り，投影図の理解や立体の見方を深
める。

教材について

　正四角錐の投影図をかかせると，多くの生徒
は，１つの側面が正面になるように置いてか
く。このとき問題になることは，立面図の二等
辺三角形の等辺の長さである。多くの生徒は，
与えられた８cmの長さでかくが，投影図に表
れる長さは，そうではなく，側面の高さであ
る。このことを考えることを通して，投影図に
は画面に平行な面の形が表れることを直観的に
捉えさせ，投影図の理解を深めることが本時の
ねらいである。なお，側面の高さは，三平方の
定理を使えないので，実測で求めればよい。

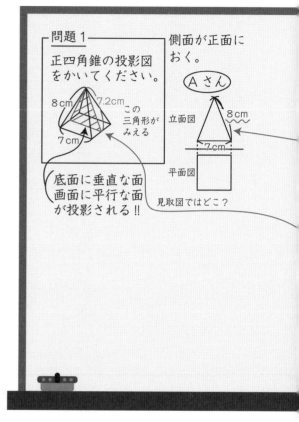

授業の流れ

1　正四角錐の投影図をかこう

S：置き方は決まっていますか？

S：見る方向，正面は決まっていますか？

T：それもあわせて考えてみてください。

　「教材について」に示したねらいから，正四
角錐の置き方を指定せずに考えさせたい。１
つの側面を正面に置いたときは，立面図の二等
辺三角形の等辺の長さが問題になり，８cmの
辺が正面になるように置けば立面図の底辺の長
さが問題になる。もちろん生徒の実態によって
は置き方を指定してもよい。なお，方眼のワー
クシートを用意し，実際の長さで作図させると
よい。また，第９時につくった模型を観察し
ながら考えさせたい。

2　立面図の等辺の長さは？

T：立面図の二等辺三角形の底辺は何cm？

S：7cm。

T：等辺の長さは？

S：8cm。

S：だいたい7.2cm。

T：どっちなの？

　はじめに１つの側面を正面として正四角錐
を置いていることを確認する。その上で，立面
図の二等辺三角形が見取図ではどこに表れてい
るかを問題にする。

1 正の数と負の数

2 文字と式

3 一次方程式

4 変化と対応

5 平面図形

6 空間図形

7 データの活用

本時の評価

・正四角錐の模型から必要な長さを調べ，正四角錐の投影図をかくこと
ができたか。
・投影図が表す立体をよみ取ることができたか。

準備物

・第9時につくった正四角錐の模型
・方眼のワークシート
・プロジェクター
・スクリーン

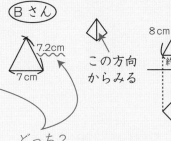

なるように　Ｃさん　辺 OA が正面に
なるようにおく

Ｂさん

7.2cm
7cm

この方向からみる

8cm　8cm
約9.9cm

問題2

投影図が表す立体は？

長方形

直方体　　　円柱　　　三角柱　　半円柱？
　　横　　　　　横
いろいろな立体が考えられる‼
あと何がわかれば立体が決まる？
・横からみた図⇒側面図
　　　　　設計図など

どっち？
・8cm は斜めの辺の長さ
・7.2cm は側面の二等辺三角形の高さ
・側面は奥に傾いているから
　8cm よりも短くみえる
・正面からみえる二等辺三角形は，
　頂点を通って底面に垂直な面

投影図を考えるときの大切な考え方は？
・見る方向・立体の置き方を決める
・どの面が投影されているかみえている
　面とちがう場合がある
・立体をいろいろな方向からみる

3 立面図は見取図や模型ではどこ？

前時にも示したように，投影図，見取図，模型の三者を相互に関連付ける問いである。ここでは，立面図が見取図のどこに表れているかだけでなく，なぜ側面の二等辺三角形の 8cm が投影図に表れないのかについても模型を使って説明させたい。そうすれば，「側面は奥に傾いているから」「底面に垂直ではないから」「画面に平行ではないから」等の反応が予想され，画面に平行な面の形が投影図に表れることが確認できる。

4 あと何がわかればいい？

T：投影図が表す立体がいろいろ考えられるけど，あと何がわかれば決まる？
S：別な方向から見た図。
S：横から見た図。

立体が1つに決まらない場合に，あと何がわかればよいかを考えさせる。考えが出ない場合は，「あとどの方向から見ればいい？」と見る方向に絞った発問をしたい。そして，側面図を使った自動車等の図面を示すと，投影図の考えが身の回りで使われていることがわかる。

階段の形をした立体の体積は？

・階段の形をした立体の体積について，面を動かしてできる立体の観点から捉え，階段の形を底面とみて立体の体積を求めることができる。

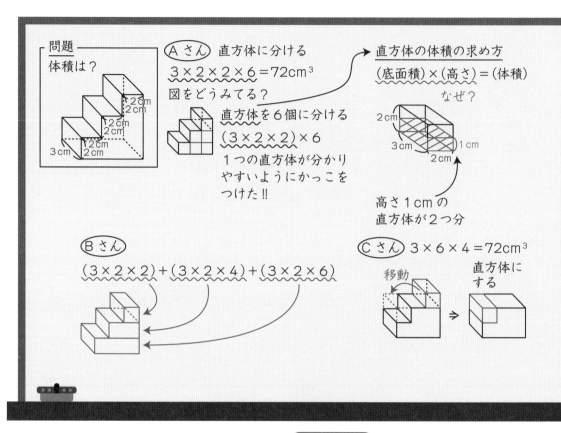

問題
体積は？

2cm
2cm
2cm
2cm
2cm
3cm 2cm

Aさん　直方体に分ける
$3 \times 2 \times 2 \times 6 = 72cm^3$
図をどうみてる？

直方体を6個に分ける
$(3 \times 2 \times 2) \times 6$

1つの直方体が分かりやすいようにかっこをつけた!!

直方体の体積の求め方
(底面積)×(高さ)=(体積)
なぜ？

2cm
3cm　1cm
2cm

高さ1cmの
直方体が2つ分

Bさん
$(3 \times 2 \times 2) + (3 \times 2 \times 4) + (3 \times 2 \times 6)$

Cさん　$3 \times 6 \times 4 = 72cm^3$

移動　　　　　直方体にする

⇒

授業の流れ

教材について

　階段の形をした立体の体積を扱う。これにより，多様な解決が出ることが期待できるからである。例えば，直方体に分割する考えや階段の形を底面，高さ3cmの立体とみる考え等が予想される。後者は，階段の形をした面を垂直方向に3cm動かしてできた立体とみて，体積の求め方を（底面）×（移動した距離）と見直すことにつながる。こうした生徒の考えを生かし，柱体の体積の求め方を深めていく。

1　どのように図を見ている？

T：Aさん，$3 \times 2 \times 2 \times 6$ という式で求めたけど，どのように図をみていますか？

S　（Aさん以外の生徒）：縦3cm，横2cm，高さ2cmの直方体6個分とみている。

　式から考えをよませることで考える場ができ，対話の活性化につながる。また，式が考えを表す見方・考え方を働かせることもできる。複合図形の体積を求めることは，小学校でも扱っており，生徒は，A，B，Cさんのような考えを経験している。

本時の評価

・階段の形の立体の体積を求めることができたか。
・階段の形をした立体を，底面を動かしてできた立体とみて，その体積を求めることができたか。

準備物

・百人一首の札を重ねたもの
・十円玉を重ねたもの

面を動かしてできた立体とみることができない？

 を底面として垂直方向に3cm動かす

垂直に移動 ↑

この見方で体積を求めると？

$(2 \times 2 \times 6) \times 3$

底面積　高さ

角柱，円柱の体積

底面積を S，高さを h
体積を V とすると，
（体積）＝（底面積）×（高さ）
$V = Sh$

$(2 \times 2 + 2 \times 4 + 2 \times 6) \times 3$

2 面を動かしてできた立体とみると？

　直方体に分割したり帰着したりする考えを扱った後で，面を動かしてできた立体とみて体積を求めることを考えさせる。この考えをしている生徒がいれば，その生徒に考えを言わせる。いなければ，「階段の形をした立体を，面を動かしてできた立体とみることができませんか」などと問う。移動の見方を確認した上で，**3** の活動につなげる。

3 階段の形の面を底面とみたときの体積の求め方はどうなる？

S：$(2 \times 2 \times 6) \times 3$
T：底面積を表すのは式のどの部分ですか？
S：$2 \times 2 \times 6$
T：高さは？
S：3
T：底面が複雑な形の立体でも，体積の公式が使えるね。

　既習の体積の公式について，底面が複合図形の場合でも使えることを確認する。

本時案

角錐や円錐の
体積を考えよう

本時の目標

・四角錐を組み合わせる活動や水を移す実験を通して，錐体の体積が同じ底面，高さの柱体の $\frac{1}{3}$ になることを理解する。

問題

四角錐の体積は？

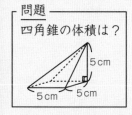

組み合わせるとどんな立体ができる？

3つ組み合わせると立方体ができた!!

ということは…

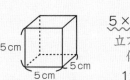

$$\underset{\substack{\text{立方体の}\\\text{体積}}}{5 \times 5 \times 5} \times \underset{\text{1つ分}}{\frac{1}{3}}$$

$$= \frac{125}{3} (cm^3)$$

四角錐と立方体を比べると？

底面と高さが同じ

⇒他の四角錐だったら？

調べてみよう!!　底面と高さが同じ

水を入れる

どうなりそう？

3杯でいっぱいになる

さっきの四角錐の体積が立方体の $\frac{1}{3}$ 倍だったから

教材について

　錐体の体積を，同じ底面，高さの柱体の $\frac{1}{3}$ として理解させたい。そのためには，$\frac{1}{3}$ になることを，教師から与えるのではなく，操作や実験を通して生徒が見いだせるようにしたい。本時では，3つ組み合わせると，同じ底面と高さの立方体ができる四角錐の体積を考える。組み合わせてできた立方体ともとの四角錐を比べることで，底面と高さが同じことに気付かせ，角錐の体積が底面と高さが同じ柱体の $\frac{1}{3}$ になるという予想につなげたい。

授業の流れ

1 四角錐を組み合わせると？

T：体積を求められそうですか？
S：わからない。
T：この四角錐を組み合わせると，ある立体ができます。まわりの人と協力してつくってください。

　展開図を配付し，四角錐をつくらせた後，問題を提示する。自力解決では多くの生徒の手が止まる。そこで，上のように問い，四角錐を持ち寄り，周囲と協力して考えさせる。

1 正の数と負の数

2 文字と式

3 一次方程式

4 変化と対応

5 平面図形

6 空間図形

7 データの活用

本時の評価

・立方体と四角錐の観察や水の実験をもとに，角錐の体積について予想することができたか。

・錐体の体積を求めることができたか。

準備物

・同じ底面，高さの角柱と角錐，円柱と円錐の容器

・問題の四角錐の展開図

角錐の体積についてどんなことが言えそう？

予想　角柱の体積の $\frac{1}{3}$
　　　同じ底面で同じ高さ

確かめてみよう

水の実験　　　　次，どんな立体を調べる？
　　　　　　　　・五角錐，円錐

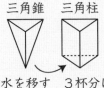

三角錐　三角柱

水を移す　3杯分になるはず!!
　　　　　なった!!

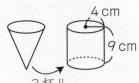

4 cm
9 cm

3杯!!
とすると…
円柱の底面の半径4cm，高さ9cmより
円錐の体積
$4 \times 4 \times \pi \times 9 \times \frac{1}{3} = 48\pi$ (cm³)

角錐，円錐の体積

底面積を S
高さを h とすると
$V = \frac{1}{3} Sh$

底面積と高さが同じ
角柱，円柱の体積の $\frac{1}{3}$

練習　教科書 P.●●問▲

---

2 他の四角錐だとどうなる？

T：立方体と四角錐を比べて，同じところはありませんか？

S：底面。

S：高さも同じ。

T：底面と高さが同じ他の四角錐と四角柱を比べたらどうなるかな？

　上記のようなやり取りから，直方体と正四角錐の体積を比較する水を使った実験を行う。そして，その結果と原題をもとに角柱の $\frac{1}{3}$ 倍を帰納的に見いだし，**3** につなげる。

3 三角錐や円錐の体積は？

T：三角錐の体積は，三角柱の体積と比べてどうなると予想しますか？

S：$\frac{1}{3}$ 倍。

T：ということは，角錐の容器何杯分で，角柱の容器が満水になりますか？

S：3杯。

　実験を行う前に，$\frac{1}{3}$ 倍という予想から，三角錐の容器何杯で三角柱の容器が満水になるかを考えさせたい。数学的な予想を，現実場面と照らして解釈する活動である。

本時案

ペンキをたくさん使うのは？

15/18

本時の目標

・立方体と円柱，正四角錐の表面積を考える活動を通して，表面積の意味やその求め方を理解するとともに，表面積を求めることができる。

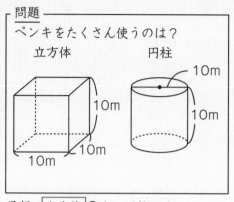

問題
ペンキをたくさん使うのは？
立方体　　　円柱

10m　10m　10m
10m　10m

予想　 立方体●人　　円柱▲人
600（m²）　　　　150πm²
たくさん使う‼　150×3.14＝471（m²）

どのように考える？
・表面全体の面積を求める
なぜ？　　　　　　　　　　表面積
・ペンキを塗る面積が増えれば使う量も増えるから
・表面全体を同じように塗る

立方体の表面積
10×10×6＝600（m²）
1つの　　面の数
面の面積

授業の流れ

1　どうして表面の面積を調べるの？

T：この問題，みんなだったら，どう考える？
S：表面全体の面積を求める。
T：どうしてペンキを使う量を調べるのに，表面全体の面積を調べるの？
S：ペンキを塗る面積が大きくなれば，使う量も増えるから。

　現実の問題を数学の問題に整理する過程を大切にする。ペンキを均等に塗るとき，ペンキの量は面積に比例すると仮定していることを意識させたい。

2　円柱の側面積を調べるには？

T：円柱の側面の面積をどのように求めるのか困っている人がいます。

　まず立方体の解決で，表面積は各面の面積の総和で考えればよいことを確認しておく。続く円柱では，側面が問題になる。その問題点を共有したところで，表面積の基本となる展開図をかく考えを引き出す。生徒が困っているタイミングで考えを共有することで，そのよさを一層実感することができる。

ペンキをたくさん使うのは？
260

1 正の数と負の数

2 文字と式

3 一次方程式

4 変化と対応

5 平面図形

6 空間図形

7 データの活用

・表面積の意味を理解し，円柱と正四角錐の表面積を求めることができたか。

・なし

円柱の表面積

底面の面積　底面積

$$5 \times 5 \times \pi \times 2 = 50\pi \, (m^2)$$

　1つの　　上と下
　底面積　　の面

側面積

側面の面積は？

方針　展開図を考える

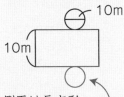

10m

側面は長方形
横の長さは底面の円周と等しい
$$10 \times (10 \times \pi) = 100\pi \, (m^2)$$
　たて　　　横

よって $50\pi + 100\pi = 150\pi \, (m^2)$

（底面積）＋（側面積）＝（表面積）

角錐の表面積を考えてみよう

4cm
3cm

正四角錐の表面積

底面：正方形

側面：二等辺三角形

どこの長さを知りたい？

・正方形の1辺 → 3cm

・二等辺三角形の高さ → 4cm

練習　教科書
　　　P.●●問▲

展開図をかくと…
　　　　　こんな感じ

4cm
3cm

$$3 \times 3 + 3 \times 4 \times \frac{1}{2} \times 4$$
　底面積　　　側面積
$$= 9 + 24$$
$$= 33 \, (cm^2)$$

対話指導のポイント

　自力解決で手が止まる生徒がいるとき，その生徒に「何に困っているの？」などと声をかけ，困りごとを引き出したい。そして，それを全体で共有し，解決が進んでいる生徒に乗り越えるためのアイデア，方針を言わせるようにする。解決が進んでいない生徒に考える余地を残すために，あくまでアイデア，方針の共有にとどめることが大切である。このようにして進んでいる生徒をいかしながら，なるべく多くの生徒が自力で解決できるようにしていく。

3 何がわかればいいですか？

T：正四角錐の表面積を考えます。正四角錐ってどんな形でしたか？

S：底面が正方形で，側面は二等辺三角形。

T：そうすると，何がわかれば表面積を求めることができますか？

　はじめから数値を与えるのではなく，立体の形から表面積を求めるのに必要な長さを考えさせると，展開図を想起させ，また関数の考えを働かせることにもつながる。

本時案

円錐の表面積を考えよう

本時の目標

・円錐の表面積を考える活動を通して，円錐の表面積の求め方を理解するとともに，円錐の表面積を求めることができる。

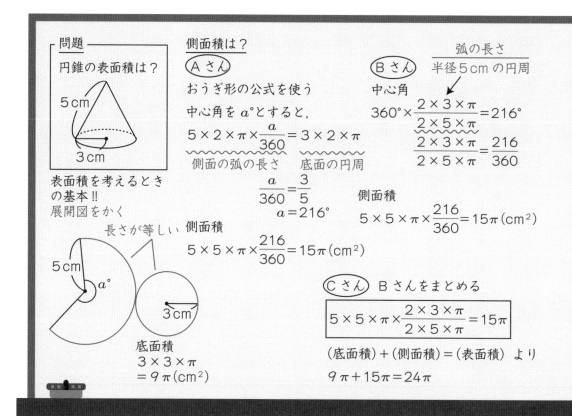

問題

円錐の表面積は？

5cm

3cm

表面積を考えるときの基本!!
展開図をかく

長さが等しい

5cm $a°$

3cm

底面積
$3×3×π$
$=9π(cm^2)$

側面積は？

Aさん

おうぎ形の公式を使う

中心角を $a°$ とすると，

$5×2×π×\dfrac{a}{360}=3×2×π$

側面の弧の長さ　底面の円周

$\dfrac{a}{360}=\dfrac{3}{5}$

$a=216°$

側面積

$5×5×π×\dfrac{216}{360}=15π(cm^2)$

Bさん

　　　　　弧の長さ
中心角　半径5cmの円周

$360°×\dfrac{2×3×π}{2×5×π}=216°$

$\dfrac{2×3×π}{2×5×π}=\dfrac{216}{360}$

側面積

$5×5×π×\dfrac{216}{360}=15π(cm^2)$

Cさん Bさんをまとめる

$5×5×π×\dfrac{2×3×π}{2×5×π}=15π$

（底面積）＋（側面積）＝（表面積）より

$9π+15π=24π$

授業の流れ

1 展開図はどうなるかな？

T：表面積を考えるときに，考えるとよいことは何でしたか？

S：展開図。

T：この円錐の展開図をかけますか？

　円錐の表面積を見取図だけで考えることは難しい。そこで，表面積の基本的な考え方である展開図を全員にかかせ，具体的にどのような図形の面積を求めればよいかの見通しをもたせる。

2 側面積をどのように求めたの？

S：（式のみを発表させる）

T：式からどんな考えか，わかりますか？

　比較・検討の場面では，まず底面積を確認し，その後で側面積に焦点を当てる。そこでは，生徒に式のみを発表させ，他の生徒にその内容を読み取らせると主体的な学習の場となる。また，中心角の求め方は，第10時の内容を振り返らせ関連付けたい。

1 正の数と負の数

2 文字と式

3 一次方程式

4 変化と対応

5 平面図形

6 空間図形

7 データの活用

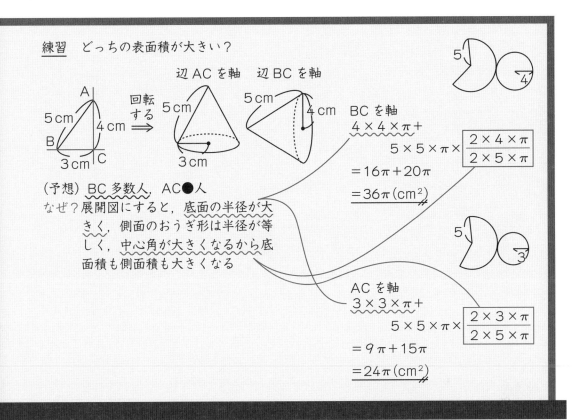

練習　どっちの表面積が大きい？

辺 AC を軸　　辺 BC を軸

回転
する ⇒

BC を軸
$4 \times 4 \times \pi +$
$\qquad 5 \times 5 \times \pi \times \boxed{\dfrac{2 \times 4 \times \pi}{2 \times 5 \times \pi}}$
$= 16\pi + 20\pi$
$= 36\pi \,(\text{cm}^2)$

（予想）BC 多数人，AC ●人
なぜ？展開図にすると，底面の半径が大
きく，側面のおうぎ形は半径が等
しく，中心角が大きくなるから底
面積も側面積も大きくなる

AC を軸
$3 \times 3 \times \pi +$
$\qquad 5 \times 5 \times \pi \times \boxed{\dfrac{2 \times 3 \times \pi}{2 \times 5 \times \pi}}$
$= 9\pi + 15\pi$
$= 24\pi \,(\text{cm}^2)$

対話指導のポイント

受動的に友達の考えを聞く場になりがちな比較・検討の場を，主体的に考える場にするには，生徒に式や図等のみを発表させ，その考えを他の生徒に読み取らせ，説明させるとよい。これにより，「この式はどういう考えなのだろう？」という問いが自然に生まれ，学級全体で考え，説明する場をつくることができる。特に，式は生徒の考えを表す。本単元に限らず，数学の学習全体を通して，こうした活動を取り入れ，式をよむ力を育みたい。

3 表面積が大きいのはどっち？

T：表面積を求めた円錐を回転してできた立体とみると，どんな図形を回転している？
S：（3 cm，4 cm，5 cm の直角三角形を板書）
T：さっきは AC を軸にしたけど，BC を軸にするとどうなる？
S：（回転体を板書）
T：軸が BC のときと軸が AC のときでは，どちらの表面積が大きいかな？

この後，生徒にどちらが大きいかを予想させ，実際に表面積を求めさせる。

本時案

球の体積と 表面積を考えよう

本時の目標

・円柱を使った実験を通して，球の体積，表面積が円柱の体積，表面積をもとに考えられることを知り，その求め方を理解することができる。

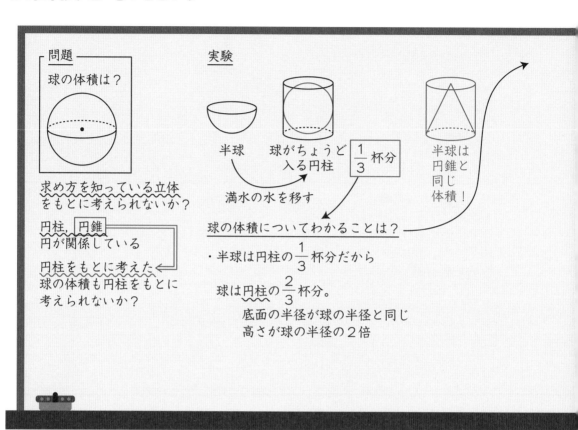

問題

球の体積は？

求め方を知っている立体をもとに考えられないか？

円柱，円錐
円が関係している

円柱をもとに考えた
球の体積も円柱をもとに考えられないか？

実験

半球　　球がちょうど入る円柱　　$\frac{1}{3}$ 杯分　　半球は円錐と同じ体積！

満水の水を移す

球の体積についてわかることは？

・半球は円柱の $\frac{1}{3}$ 杯分だから

球は円柱の $\frac{2}{3}$ 杯分。
底面の半径が球の半径と同じ
高さが球の半径の 2 倍

授業の流れ

1　球の体積を調べるには？

T：球の体積を，公式を知っている立体をもとに考えられないかな？

S：円錐，円柱が同じ円があって似ている。

T：球の体積を円柱をもとに考えられない？

　球の体積の調べ方をなるべく生徒に考えさせたい。ここでは，公式を知っている立体をもとにする考えから，円錐の体積を円柱から考えたことを想起させ，円柱を使った水の実験につなげることを意図している。

2　実験から言えそうなことは？

T：実験結果から，球の体積について言えそうなことは？

　実験結果を解釈させ，同じ半径の円を底面とし，高さが球の直径と同じ円柱の体積と球の体積がどのような関係になっているのかを考えさせる。またあわせて，円錐の体積との関係にも気付かせたい。なお，実験に手間がかかる場合は，一人一台端末を活用してシミュレーション動画で代用とすることも考えられる。

1 正の数と負の数
2 文字と式
3 一次方程式
4 変化と対応
5 平面図形
6 空間図形
7 データの活用

本時の評価

・円柱の体積，表面積と球の体積，表面積の関係を理解できたか。
・球の体積，表面積を求めることができたか。

準備物

・半球の容器と同じ半径の球が入る円柱の容器
・水
・ひもを使った実験の画像等

例えば球の半径を5cmとすると？

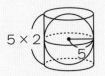

5×2

$5 \times 5 \times \pi \times 5 \times 2 \times \dfrac{2}{3}$

$= \dfrac{500}{3} \pi \, (\text{cm}^3)$

半径が「どんな長さでも」を考えると？

半径を r cm にする

$r \times r \times \pi \times r \times 2 \times \dfrac{2}{3}$

$= \dfrac{4}{3} \pi r^3 \, (\text{cm}^3)$

球の表面積は？

ひもをまく

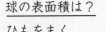

まいたひもを円柱にまく

側面の下半分

球の表面積についてわかることは？
その球がちょうど入る円柱の側面積と等しい

$2 \pi r$　$2r$

⇒半径を r cm とすると
$2 \times r \times \pi \times 2r = 4 \pi r^2 \, (\text{cm}^2)$

── 球の体積と表面積 ──

半径 r の球の体積を V 表面積を S とすると
$V = \dfrac{4}{3} \pi r^3$, $S = 4 \pi r^2$

練習
教科書
P.●問▲

3 例えば半径が 5 cm だったら？

T：球の体積は，同じ半径の円を底面とする円柱の体積の $\dfrac{2}{3}$ 倍になりそうですね。例えば，球の半径が 5 cm だったらどうなるのかな？

S：（計算する）

T：半径が r cm になったらどうかな？

　球の体積が円柱の $\dfrac{2}{3}$ 倍であることを確認したら，まずは半径 5 cm の場合を考え，円柱の高さが半径の 2 倍になることやその求め方を確認し，その上で半径を文字化するとよい。

4 表面積について言えることは？

　体積と同様，実験結果を解釈させ，表面積の公式を考えさせる。体積の経験があるので，はじめから半径 r cm で考えさせたいところだが，実態に応じて具体的な数を考えてから文字化という手順でもよい。なお，実験結果は，球の表面積が，円柱の側面積の半分になることを示す場合と，球の直径を半径とする円の面積になることを示す場合がある。生徒の実態に応じて選択したい。また，実験は端末を活用したシミュレーション動画で代用してもよい。

本時案

アイスクリームの量が多いのは？

18/18

・アイスクリームの体積を考えることを通して，事象を理想化，単純化することの意味を理解し，体積公式を使って問題を解決することができる。

問題

どっちを買う？

A　　　　　B

コーン

コーンの下までアイスが入っている　コーンの上に2個のっている

値段は同じ

A●人，B▲人

どうして？

・Bの方が量が多そう

・Aの方が食べやすそう

・コーンの大きさは同じ？

⇒同じ　コーンが好きだから

量が多い少ないは何を比べる？

・重さ　・体積

　アイスの量をリットルで表していた!!

体積を調べるのにアイスをどういう立体とみる？

A 円錐　B 半球2個（球1つ分）

コーンの厚さは考える？

⇒考えない

理想化

仮定して考える

どのように考えると体積が考えやすいか？

アイスの形

A　8cm

12cm

B　6cm

6cm

どこの長さが分かると，体積がわかる？

円錐の直径と高さ，半球の直径

授業の流れ

1　みんなだったら，どっちにする？

T：値段が同じだったらA，Bどっちにする？

S：量が多い方。

S：食べやすいのはAかな。

S：コーンは同じ？ コーン好きなので。

T：同じです。アイスが多いかを調べるには，A，Bの何を調べればいい？

S：重さか体積。

S：アイスの量をリットルで表していたよ。

T：じゃあ，体積で比べてみようか。

　実際の商品表示を確認し，体積に着目する。

2　アイスクリームをどのような形とみるといいかな？

T：体積を調べるには，それぞれのアイスをどのような形とみればいいですか？

S：円錐と半球が2つ。

S：コーンの厚さは考えますか？

T：どのように考えると体積が考えやすい？

S：厚さを考えない方が考えやすいです。

T：どこの長さがわかると，比べられるかな？

　数学を使えるように，アイスやコーンについて仮定をおき，立体とみなしていく。

1 正の数と負の数

2 文字と式

3 一次方程式

4 変化と対応

5 平面図形

6 空間図形

7 データの活用

本時の評価

・アイスクリームを立体とみなして体積を求め，問題を解決することが
　できたか。

準備物
・アイスクリームの画像

量がわかったところでどっち買う？

A
$4 \times 4 \times \pi \times 12 \times \dfrac{1}{3}$
$= 64\pi \,(\mathrm{cm}^3)$

・A‼　$28\pi\,(\mathrm{cm}^3)$ 多い

・値段が同じなのに B は損

大切な考え方は？
・体積を考えやすいように立体とみなしたこと

B
$\dfrac{4}{3}\pi \times 3^3$
$= 36\pi\,(\mathrm{cm}^3)$

もし C のアイスがあったら？

C　6cm

コーンの下まで
アイスが入っている

9 cm

$3 \times 3 \times \pi \times 9 \times \dfrac{1}{3} + \dfrac{4}{3}\pi \times 3^3 \times \dfrac{1}{2}$
$= 27\pi + 18\pi$
$= 45\pi\,(\mathrm{cm}^3)$

教材について

　数学を活用して問題を解決するには，現実の問題場面を数学が使えるように整理することが必要である。「アイスを円錐や半球と考える」「コーンの厚さを考えない」と理想化してはじめて数学を使うことができる。本時では，そうした条件を整理する場面である **1** と **2** の活動を授業の「山場」とし，時間をかけて議論する。そして，**3** では，その議論を振り返り，理想化の考えに触れ，数学を活用して現実場面の問題を解決する考えを深めるようにする。

3 どの考え方が大切だったかな？

S：アイスクリームを立体とみたこと。

T：実際は円錐や半球ですか？

S：違う。

T：実際は違うけど，アイスを立体とみることで，どんないいことがあった？

S：公式を使って計算することができた。

　実際のアイスを想起させることにより，仮定して考えていること，それにより数学が使えるようになったことを際立たせるようにする。

1 空間図形を観察，操作する活動の重視

　単元全体を通して，空間図形の模型をつくったり，空間図形を手に取って観察や操作をしたりする活動を重視している。そうした活動が，空間図形に対する見方・考え方を豊かに働かせ，内容をより深く学ぶことにつながると考えるからである。

　第1，2次はこうした活動を特に重視している。例えば，第1時「立体を仲間分けしよう」では，立体模型を観察させることにより，立体の形や面の特徴，ある方向から見たときの見え方など生徒の多様な見方を働かせ，空間図形の分類につながる観点を引き出すことを意図している。第3時「正多面体」では，頂点に着目して正多面体を観察させることにより，すべての頂点に同じ数の面が集まるという特徴に気付かせ，それを手がかりに正多面体が5種類しかない理由を追究していく。第9，10時「展開図」では，立体の模型づくりに取り組む。「きれいに」つくることを条件にすることにより，辺や頂点のつながりだけでなく，重なる辺の長さなどの細部にまで眼を向かわせ，空間図形をより詳細に観察し，展開図に表現させることを意図する。第11，12時「投影図」では，立体を実際に正面や真上からみたり，立体からの距離を調整してみたりすることにより，「見えているもの」と投影図との関連を生徒が捉えることが期待できる。

　空間図形の学習指導は，ともすると，教科書の紙面上に示された空間図形や板書された空間図形のみを使って進められがちである。しかし，それらはあくまで平面上に表された空間図形であり，図である。空間図形そのものではない。空間図形を学ぶのだから，実際に空間図形に触れ，見ることは，空間図形の理解の第一歩となるはずである。また逆に，平面上の図から推測したことを空間図形の実物に戻って確認したり，図から空間図形を想像したりすることも空間図形の理解を深める上で重要である。このように，空間図形を手に取り，空間図形から平面の図へ，また平面の図から空間図形へと行き来する活動を重視することが，見方・考え方を働かせるための強力な手立てになる。

　しかし一方で，立体模型を準備することは大変である。生徒に模型をつくらせれば時間がかかる。筆者の場合，第9時の模型づくりについて，授業で最大限時間を保障したが，完成できなかった生徒が10人程度おり，放課後や休み時間を活用したのが実際であった。本提案では，観察操作の活動を最大限に取り入れているが，準備や授業時間の都合と照らして柔軟に工夫すればよいと考える。模型も生徒全員にあることが理想だが，4人グループに1つでも模型があるのとないのとでは大きな違いである。可能なところからこうした活動を取り入れ，生徒の活動の質を高めることを考えたい。

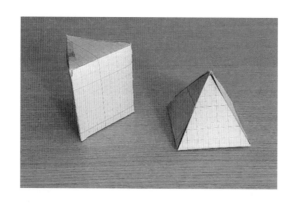

1

正の数と負の数

2

文字と式

3

一次方程式

4

変化と対応

5

平面図形

6

空間図形

7

データの活用

2　見方・考え方のよさを実感できるように

　活動は，ねらいとなる学習内容や見方・考え方に迫り，そのよさがわかるようなものにしたい。学習内容や見方・考え方のよさを実感することは，学びをより深くし，学習した知識や見方・考え方を活用できるものにするとともに，主体的に学習する態度の育成にもつながると期待できるからである。本提案では，こうしたよさの実感も配慮して問題や活動を吟味している。

　例えば，第8時の展開図の導入では「側面にかけたひもの最短の長さを調べる」問題を扱う。展開図を学習した後の利用の場面で扱うことも考えられるが，展開図の導入教材に位置付けることにした。展開図を学んでからそのよさを知るのではなく，展開図を学びながらそのよさを知り，それをその後の学習にいかせるようにしたいと考えたからである。ここでは，立体のままでは最短にするひものかけ方やその長さがわかりにくいことから展開図を導入し，実際の形や長さを表す展開図のよさや平面に表す考えのよさを実感できるようにしたい。

　第11時「投影図」の授業では，「円錐の模型の高さを調べる」問題を扱う。投影図の指導は，まず投影図を教え，それから投影図をかいたりよんだりする活動に展開することが多い。そうではなく，投影図につながる見方を生徒から引き出し，それをもとに投影図を導入したいと考え，この問題を位置付けた。円錐の模型の高さを調べるにも，高さにものさしを直接当てることができないため，およその高さしかわからない。そこで，正確に調べるための方法を問題にし，実際の高さをみるには正面から見ればよいという見方を生徒から引き出して立面図を導入するのである。こうした活動により，立体を平面に表すよさ，画面と平行な面の実際の形，大きさを表すという投影図のよさを生徒に感じさせながら投影図を導入したいと考えるのである。

　このように，本提案では，ねらいとする学習内容や見方・考え方をいかして問題を解決することを通して，そのよさを感得しながら学びを進めることを意図し，教材や板書を示している。しかしこの意図を実現するには，加えて，発問の吟味が欠かせない。本提案では，平たく言えば「深める発問」が示してある。生徒にとって問題になりうることやねらいとする内容や見方・考え方に焦点化することを意図した発問である。発問は生徒の思考を方向付ける重要な手立てである。授業づくりでは，教材とともに十分に吟味しておきたいことである。

7 データの活用 （13時間扱い）

単元の目標

・目的に応じてデータを収集し，ヒストグラムや相対度数などをもとにその傾向を読み取るとともに，相対度数をもとに未来の傾向を予測し，判断し表現することができる。

評価規準

知識・技能	①ヒストグラムや相対度数などの必要性と意味を理解している。 ②統計ソフトを使うなどして表やグラフに整理することができる。 ③多数の観察や多数回の試行によって得られる確率の必要性と意味を理解している。
思考・判断・表現	①目的に応じてデータを収集して分析し，そのデータの分布の傾向を読み取り，批判的に考察し判断することができる。 ②多数の観察や多数回の試行の結果をもとにして，不確定な事象の起こりやすさの傾向を読み取り表現することができる。
主体的に学習に取り組む態度	①ヒストグラムや相対度数，確率などのよさに気付いて粘り強く考え，学んだことを生活や学習に生かそうとしたり，活用した問題解決の過程を振り返って検討しようとしたりしている。

指導計画 全13時間

次	時	主な学習活動
第1次 データの分布 （ヒストグラム，代表値，範囲，度数折れ線，分布の形，相対度数，累積度数，累積相対度数）	1	単元の大まかな学習内容を見通す。実験のルールを考える。データを収集して，知りたいことを挙げる。
	2	集団における自分の位置を知るための指標を考える。
	3・4	自他のクラスの傾向を比べ，共通点や相違点を説明する。
	5	分布の異なる集団を度数折れ線で比較し，代表値の位置関係について考察し，特徴を見いだす。
	6・7	コンピュータを使ってデータを整理し，2つの集団の傾向を比較する。より深く分析するために，層別分析を行う。
	8	基準値未満の階級の度数に着目して問題を解決する。
	9	問題演習を通して知識・技能の定着を図る。
第2次 事柄の起こりやすさとデータの活用・説明 （多数の観察や多数回）	10	多数回試行の結果をもとに統計的確率について理解する。
	11	相対度数を確率とみなして問題解決する。
	12・13	データに基づく判断について根拠を明らかにして説明する。

1	正の数と負の数
2	文字と式
3	一次方程式
4	変化と対応
5	平面図形
6	空間図形
7	データの活用

単元の基礎・基本と見方・考え方

(1)統計的な問題解決を通した知識及び技能の獲得

　本単元は，「データの活用」という領域名からもわかるとおり，学習したことを実際の場面で活用できることが求められている。それゆえ，学習指導要領の「基礎的・基本的な知識及び技能」では，その「必要性」が強調されている。そのため，数学的活動を通して活用に向けて知識・技能を獲得するとともに，その次時以降の学習では別の問題解決の過程で繰り返し活用し定着を図っていくことが大切である。

　ここで，統計的な問題解決では，例えば，問題を設定する（Problem），解決の計画を立てる（Plan），データを収集し整理する（Data），データを分析する（Analysis），結論を得る（Conclusion）といった統計的探究プロセス（PPDAC サイクル）を経験しながら学習を進めていくことが大切である。このプロセスは，生徒は小学校算数科で経験してきている。中学校では生徒の過去の経験の上に新たな活動を積み重ね，このようなサイクルを生徒自ら推し進めていけることを目指したい。そのためには，複数の問題解決の過程を振り返って，学習した内容のみならず，「何をどのように使えばよいか」といった方法（いわゆる方法知）を授業の中で整理し，自覚化を促すことも大切である。

(2)働かせたい見方・考え方

　本単元では，問題解決に向けてデータの分布に着目し，代表値やグラフ，相対度数，確率などと関連付けてデータの分布について考える数学的な見方・考え方を，主に働かせることができるようにする。単元における教材の配列に当たっては，生徒が数学的な見方・考え方を働かせて問題解決に取り組めるようにすること，そして問題解決を通して学ばせたい知識・技能を見いだしたり活用したりできるようにすることが必要である。なお，本単元では自他を納得させられるような的確な表現が求められる。それゆえ，他者との言語活動を通して思考や表現を巡らせ，数学的な見方・考え方のよさを感得し，見方・考え方を一層豊かなもの，確かなものに成長させていきたい。

(3) ICT の活用

　生徒が数学的な見方・考え方を働かせて問題を解決しようとする際，代表値を求めたりグラフをかいたりする技能の負担が過度にかかっては，円滑に進めづらい。そこで，本単元では生徒が統計ソフトや表計算ソフトを積極的に活用できるようにする。確かな知識に裏付けられた技能を定着させるには，グラフなどを手がきすることが肝要であるが，活用して考える際には積極的に統計ソフトなどを利用し，見方・考え方に基づいた統計的探究プロセスを生徒自身で進められるようにする。

　デジタル教科書に付随したアプリや一般的な表計算ソフトの他に，無料で使用できる学校教育用の統計ソフトとして，Statlook，SGRAPA，GeoGebra，3-histgrams などがよく使われている。端末やブラウザとの相性などを踏まえて選び，単元前半では教師が実際に使って見せて，単元中盤・後半では徐々に生徒自身が活用する場面を設けていく単元を計画したい。なお，代表値の求め方やグラフのかき方（2 年であれば四分位数の求め方）などが教科書と異なっていないかどうかを，念のため事前に確認しておくことも必要である。

　また，ICT を用いて問題を解決した過程などを生徒がレポートする際，印刷してノートに貼り付けることは煩雑である。そこで，事前に教師がプレゼンテーションソフトなどでワークシートを用意しておき，グラフなどを端末上で貼り付けて作成，提出させると円滑である。

本時案

反射神経を測る実験をしよう

本時の目標

・社会における統計や確率の必要性を知り，小学校での学習とのつながりを大まかに理解する。
・実験から妥当性の高いデータを収集するための方法を考察することができる。

授業の流れ

1　小学校での学習を振り返ろう

データの活用は，中学校で初めての学習で，単元での学習のイメージをもち，大まかなゴールを見据えることが大切である。

そのために，日常用語「統計」「確率」に関わりそうな既習の知識を思い出し，書き出してみることで，どんな学習をもとにするのかに気付けるようにする。また，「小学校ではデータを集めて調べる活動はしましたか？」などと問いかけ，どんな統計的探究プロセスを経験しているかを聞き取るとよい。単元のデザインや改善などにいかし，経験の上に本単元の学習を積み重ねて学びの深まりや広がりを出せるようにする。

○／○（○）
統計データを集めよう！

小学校での学習
データ…棒グラフ，帯グラフ，
　　　　折れ線グラフ，円グラフ，
　　　　ドットプロット，
　　　　柱状グラフ，平均値，
　　　　中央値，最頻値
　　→データの特徴を把握・
　　　分析する！

根拠に基づいて
意思決定に活かしていく大切な学習

例）コンビニの POS データ，
　　自分の進学先，天気予報

2　実験で気を付けることは何かな？

S：まず，実験のルールはそろえなきゃ。
T：なぜそう思いましたか？
S：揃えないと不公平です。あと，理科の実験でも観察や測定の仕方は同じにしています。
S：みんなが気持ちよく学習に取り組めるように，ひどいことを言わないようにね。

ルーラーキャッチは生徒が抵抗感なく楽しく取り組める。価値あるデータを安心して扱いたい。

対話指導のポイント

せっかくデータが得られても，それが信頼できないものだと問題解決の意味がなくなってしまう。実験のルールを教師から一方的に下ろすのではなく，生徒との対話を通してデータの収集方法の重要性に気付き，ルールについて合意形成していきたい。

試しに実験をやってみて実感をもちながら，多くの生徒を巻き込んで，ルールについての意見を集約する。なお，他クラスとの比較ができるようにルールの整合を図れるよう教師が誘導することも必要である。

---

1 正の数と負の数

2 文字と式

3 一次方程式

4 変化と対応

5 平面図形

6 空間図形

7 データの活用

本時の評価

・単純反応時間を長さに置き換えて測定する実験「ルーラーキャッチ」
を実施する上で，必要なルールを考察することができたか。

準備物

・50cm 直定規
（2人1組で使用する
ため，生徒の半数の本
数があるとよい）

楽しく学ぼう！

反射神経はよい方？
反応時間の実験をしてみよう！
（★時間→長さ（cm）に置き換える。）

理科でやった
定規を落として瞬時につかむ実験
「ルーラーキャッチ」

実験をするときに気を付けるべき
ことは何だろう？

・他の人とルールをそろえる。
・ズルをしない。
・回数をそろえる。
・データでばかにしない！

《ルーラーキャッチの実験のルール》

・指を90°開いて指のスレスレから落下
・利き手の手首を机に置いて固定する。
・合図から10秒以内のどこかで落とす。
・見る場所は自由
・3回の平均
・落としたらもう1回。

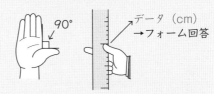

データ（cm）
→フォーム回答

調べてみたいこと
クラスの平均
他クラスとの比較　自分の位置
グラフがどんな感じか
どの辺に人が集まっているか
男女などの比較（次回以降）

3 実験をやってみよう

　決めたルールにしたがって，実際に2人1
組で実験を行う。実験が始まると夢中になって
しまうので，黒板にあるルールを互いに見て確
認しながら実施できるとよい。落下した距離を
定規から mm 単位まで読み取り，cm 換算値を
各自の端末でフォーム
回答するとデータの収
集が楽である。ICT

4 データから調べたいことはある？

　本単元の前半では，小学校での既習事項と関
連付けて新たな知識等の必要性と意味について
学ぶ。その際，ルーラーキャッチのデータを取
り上げ，問いを広げながら実施していく。本時
は，単元の学習に向けて生徒の関心を広げる
「種まき」の場面と言える。

　調べたいこととして，板書の右下のことなど
が予想されるが，あまり出ないようなら教師か
ら提案し，生徒からの共感を得たい。

本時案

集団での自分の
位置を調べよう！

本時の目標

・度数分布表やヒストグラム，中央値，平均値
などの必要性と意味を理解している。

> データは昇順にしていない一覧表を提示。
> 昇順にする発想を引き出した後，昇順に並
> べ替えたものに貼り替える。

スクリーン・電子黒板

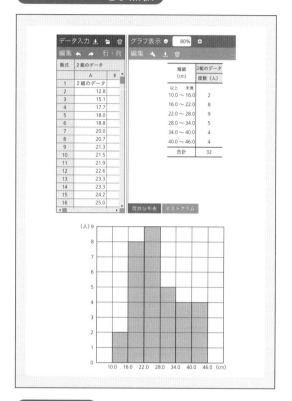

○／○（○）
集団における位置を調べよう！

| ２組のデータの全体像をつかむには
どうすればよいだろうか？ |

40.5	18.8	21.5	23.3	25.3	29.3	36.0	28.1
20.0	12.8	21.9	24.2	26.0	31.3	37.1	40.9
17.7	20.7	22.6	25.0	27.5	32.3	37.5	33.0
18.0	21.3	23.3	25.2	41.5	15.1	39.3	45.5

表 や グラフ に表そう！
《度数分布表》

階級（cm）	度数（人）
以上 未満	
10 ～ 16	2
16 ～ 22	8
22 ～ 28	9
28 ～ 34	5
34 ～ 40	4
40 ～ 46	4
合計	32

階級幅 6 cm

×

《棒グラフ》

授業の流れ

1 表やグラフに整理しよう

　度数分布表，ヒストグラムを中１で学習す
るが，小６でも類似の学習を終えている。質
的データは棒グラフ，量的データはヒストグラ
ム（柱状グラフ）でそれぞれ表すことを，改め
て区別したい。
　質的データ：好きな献立の種類や起こったケ
ガの種類など，項目で表されたデータ。
　量的データ：長さや人数など，数値で表され
たデータ。

2 あれ？　棒グラフ？

T：このような数値のデータは，どんなグラフ
　にすればよいかな？
S：棒グラフ？　あれ？　なんだっけ？
T：前回のノートに書いてあるかな？
S：あった。柱状グラフだ！
　本単元は他よりも学習する用語が多い。既習
事項をノートや教科書で自ら検索し，関連付け
る習慣をつけるようにしたい。

集団での自分の位置を調べよう！

1　正の数と負の数

2　文字と式

3　一次方程式

4　変化と対応

5　平面図形

6　空間図形

7　データの活用

本時の評価

・集団の全体像を捉えるためにデータを度数分布表やヒストグラムに手がきして整理することを通して，その必要性と意味を理解できたか。
・集団における特定のデータの位置を知るための指標について検討したり，中央値などと比較して説明したりすることを通して，中央値などの必要性と意味を理解できたか。

準備物

・2組のデータの一覧表（昇順でないもの，昇順に並べ替えたものの2種類）
・教師用端末

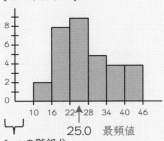

○《ヒストグラム》

1つの階級分は間を空ける。
25.0　最頻値
→（①最も多く出る値（小学校））
　②度数が最大である階級の真ん中の値（階級値）

説明してみよう！

由実さんのデータ17.0を中央値と比べると・・・
中央値25.25cmに比べて17.0は8.25cm短いので，
2組の中でかなり短い方である。

由実さんのデータがクラスの中で短い方かどうかを判定するにはどうすればよいだろうか？

データの"真ん中"と比べればいい…
・平均値と比べる。　…27.6cm
　[弱点] かけ離れた値（外れ値）があると，影響を強く受けて"真ん中"にはならない。
⊙中央値と比べる。
　※正真正銘の真ん中
　→並べ替えて真ん中にあたる値
　　2組は32人なので
　　16番目と17番目の間…25.25cm
　　（25.0cm）（25.5cm）
　※並べ替えて順位を知るのもよい。
・最頻値は？→"真ん中"とは限らない。
　　　　　（①②の2種類！）

自分のデータについても，代表値と比べて短い方かどうかをノートに記述するように促す。

3　何それ!?　使ってみたい！

　本時では，アナログでのデータの整理がねらいなので，授業の最初から統計ソフトを提示することはしない。しかし単元の中では，生徒が統計ソフトを使いこなして問題を解決する活動を設けるので，適切なタイミングで提示して，その存在や有効性について知る必要もある。
　そこで，本時で生徒が表やグラフを手がきした後，その確認として統計ソフトを提示する。一瞬でデータを整理できる統計ソフトに，一気に関心が高まることが期待される。**ICT**

4　自分が短い方か判定するには？

S：真ん中の値と比べればいい。
T：そうそう，真ん中。平均値です。
S：いや，中央値でしょ，真ん中は。
S：平均値は真ん中になるとは限らないよ。
T：よし，ちょっと知識を整理しましょうね。
　感覚的な表現"真ん中"と専門用語とを改めて関連付け，小学校で既習である代表値の意味や特徴の理解をより確かなものにする。

本時案

他クラスと傾向を比較しよう！①

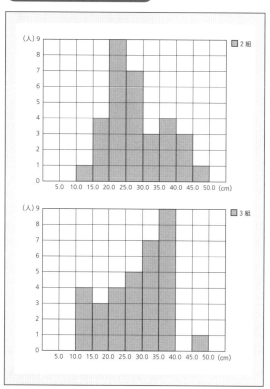

3/13

スクリーン・電子黒板

○／○（○）
他クラスと比較しよう！

> 2組と3組の傾向を比べて，
> 共通点と相違点を説明しよう！

どうやって比べる？
・どの辺に集まっているか？
・密集しているか，広がっているか？
・ヒストグラムを並べる。
　（縦に並べる？　横に並べる？）
・階級幅をそろえた方がよい。
・最初の階級の区切りの値もそろえた方がよい。
・代表値でどちらが反応時間がよいかを比べたい。→どの程度よいのか？？

★各自で考えて表現しよう！

> 見通しをもって共通点と相違点を見いだすようにする。

授業の流れ

1 他クラスと比較しよう

　第1時で生徒から引き出した「調べてみたいこと」のうちの1つを取り上げる。前時では，集団における位置を調べることを問いとして取り上げたが，知的好奇心に基づいてさらに関心の範囲を広げ，複数の集団の傾向を比較し，説明することを通して既習の知識に基づいて説明する方法を学ぶとともに，新たな分析の視点に気付く機会とする。

2 どうやって比べる？

S：どの辺に集まってるかを知りたい。
S：密集具合の違いを知りたいです。
T：比べやすくするにはどうすればいい？
S：階級幅をそろえた方がいいです。
T：なぜそう思ったのですか？
S：グラフの形が変わると思ったからです。
S：最初の階級もそろえましょう。
S：代表値でも比べてみたいです。

1 正の数と負の数

2 文字と式

3 一次方程式

4 変化と対応

5 平面図形

6 空間図形

7 データの活用

本時の評価

・2組と3組の傾向を比べて，共通点と相違点を見いだし，自分なり
に表現することができたか。

準備物

・2組と3組のグラフと
最大値，最小値，代表
値のプリント
（ノートに貼り付ける）
・教師用端末

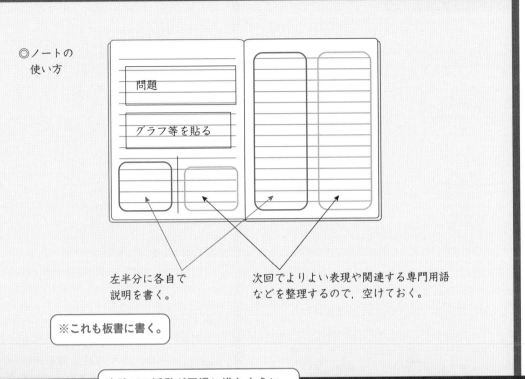

◎ノートの
使い方

問題

グラフ等を貼る

左半分に各自で
説明を書く。

次回でよりよい表現や関連する専門用語
などを整理するので，空けておく。

※これも板書に書く。

次時での活動が円滑に進むように，
ノートの使い方を指定する。

3 そんなことできるの？ 使いたい！

生徒から「階級幅をそろえた方がいいです」
などという意見が出された後，階級幅を変えた
グラフを手がきでつくって比較することは難し
い。そこで，統計ソフトを使って階級幅などを
変えて提示し，そこから読み取ることのできる
情報が元と比べて変わることを，実感を伴って
理解できるようにしたい。

**4 どんな共通点，相違点があるか
な？**

単元の中でこれまで学習したことを活用して
表現する機会として本時を位置付ける。うろ覚
えの用語や知識などがあって当然なので，用語
などを正しく使えていない生徒にはそれまでの
ノートや教科書をめくって復習しながら進める
ように促すことで，記述での表現をできるだけ
的確にできるようにさせたい。

本時案

他クラスと傾向を比較しよう！②

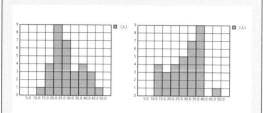 4/13

スクリーン・電子黒板

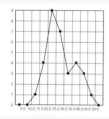
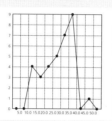

分布の形が異なる2つの集団を取り上げることで，生徒は考察と表現の意欲が高まると期待される。実データの分布の違いが明確に出ない場合，過去の生徒のデータや架空のデータを取り上げることも考えられる。

○／○（○）
他クラスと比較しよう！

2組と3組の傾向を比べて，共通点と相違点を説明しよう！

〔授業の流れ〕
1．4人班で共有し，よりよい表現に！
2．班ごとに発表！

・2組の方が3組よりも密集している。
↓
（（分布の）範囲）＝（最大値）−（最小値）
2組　45.5−12.8＝32.7（cm）
3組　46.5−10.1＝36.4（cm）
・分布の範囲は2組が32.7cmで3組は36.4cmなので，2組の方が密集している。

散らばり具合を数値化する方法は，2年の四分位範囲につながる。できるだけ生徒の考えをもとに数値化したい。

授業の流れ

1 班で考えを共有しましょう

　ノートを見せながら1人ずつ班で発表することを通して，2つの集団の傾向を比較して見いだした事柄の表現の違いに気付けるようにする。

　話し手は対面の生徒にノートを向けて指差しながら話すようにさせる。聴き手は自分の記述と比較しながら聴き，表現の違いを話題にするように促す。よりよい表現はノートに加筆するように指示する。

2 3組の方が本当に広がっている？

S：2組の方が密集しています。
T：なぜ，そう言えますか？
S：グラフから何となく。
S：3組の方が階級が1つ多いです。
T：その散らばりの大きさを数値化できないでしょうか。
S：最大値から最小値をひいた差で比べる？
T：実は，その値を分布の範囲といいます。

1 正の数と負の数

2 文字と式

3 一次方程式

4 変化と対応

5 平面図形

6 空間図形

7 データの活用

本時の評価

・2組と3組の傾向を比較して見いだした事柄を表現する方法について，他者と意見交換したり教師から教わったりすることを通して理解できたか。
・範囲や最頻値，度数折れ線などの必要性と意味を理解できたか。

準備物

・教師用端末

・平均値は2組の方が小さい。
　　どれくらい？　↓
・平均値は2組は27.6cm，3組は28.0cmなので，2組が0.4cm短い。よって反応時間はほぼ変わらないと言える。
◎値や差を出すことで根拠が明らかになって的確に表現できる。

・中央値は2組が25.25㎝で。3組が29.3㎝なので，2組の方が4.05㎝短い。よって，2組の方が反応時間が短いと言える。
◎用いる根拠によって結論が変わる！

・山の頂上が左に寄っている。
　柱のてっぺんを線で結ぶと折れ線になって，散らばっている様子が見やすい。
　→度数折れ線（度数分布多角形）という。
　◎分布の形がわかりやすい。

※最頻値の位置が異なる！

> 度数折れ線は，教師がフリーハンド等で板書して生徒のイメージを促す程度にとどめ，生徒が正確にかく次時につなげる。

---

3 平均値はどれくらい違うの？

S：平均値は2組の方が小さいです。
T：小さい度合いはちょっと？　いっぱい？
S：えーっと……。
S：ちょっとです。2組は27.6cm，3組は28.0cmなので，2組が0.4cm短いです。ほとんど変わりません。
T：差がどのくらいなのかは，結論に大きく関わりますね。説明には値や差を入れると根拠が明確になります。

4 折れ線にしたら形がよくわかる！

　「山が左に寄っている」「山のすそ野が右に伸びる」など，分布の形に着目して感覚的な表現を用いる生徒が多くいると予想される。生徒なりの素朴な表現をもとに，度数折れ線の「分布の形がわかりやすい」というよさに触れる。本時では教師による提示だけにとどめ，後の授業で生徒が手がきする時間をきちんと設けたい。

本時案

度数折れ線について深めよう！

5/13

本時の目標

・度数折れ線の必要性と意味を理解している。
・分布の形による代表値の関係について理解している。

スクリーン・電子黒板

データの分布の偏りによって、山の形が変わります。またそれにより、代表値の大小関係も変わります。

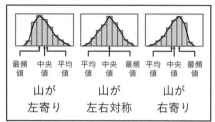

自作のスライドやデジタル教科書で説明する。印刷した小さなプリントを配り，生徒がノートに貼る。

○/○(○)
度数折れ線について深めよう！

2組と3組のヒストグラムに，度数折れ線を重ねてかいてみよう。

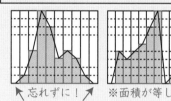

◀忘れずに！▶　※面積が等しい

平均値と中央値の大小関係にきまりはあるだろうか？

山が左寄りの分布（2組）では
　　　　平均値＞中央値
山が右寄りの分布（3組）では
　　　　中央値＜平均値　　　になる。
　　　　　　　→教科書 p.○コラム

授業の流れ

1 度数折れ線をかいてみよう

　統計的な図表の仕組みを理解するには，手がきする経験が大切である。ヒストグラムに比べて分布の形の違いが視覚的に把握しやすくなる。複数の度数折れ線を重ねてかくことで，より一層理解できるであろう。

　また，手がきする際，ヒストグラムに重ねてかくことにより，かく作業が効率化されるとともに，仕組みがよく理解できたり，面積が等しいことに気付いたりしやすくなる。

2 きまりはあるかな？

　これまで，グラフや代表値を現実的な事象の問題解決の手段として何度も用いてきた。本時では，そのグラフや代表値のふるまいを数学的な事象として考察の対象とし，平均値，中央値の大小関係を考える。それにより，問題解決を場当たり的なものにせず，データの分布の確かな理解に基づいて一層理論的にできるようになると期待できる。度数折れ線は，分布の形がわかりやすい表現である。

1	正の数と負の数
2	文字と式
3	一次方程式
4	変化と対応
5	平面図形
6	空間図形
7	データの活用

本時の評価

・ヒストグラムと重ねて度数折れ線をかいたり，複数の度数分布表を比較して代表値の特徴を見いだしたりする活動を通して，度数折れ線の必要性と意味を理解できたか。

準備物

・プリント，教師用端末

練習　次の表は，1人の女性が一生に産む子供の数（合計特殊出生率）を都道府県ごとに調べたデータを度数分布表にまとめたものです。これを基に度数折れ線をかき，分布の違いから読み取れる事柄を説明しなさい。

	都道府県数	
合計特殊出生率（人）	1990年	2020年
以上　未満 1.1〜1.2	0	1
1.2〜1.3	1	7
1.3〜1.4	0	7
1.4〜1.5	6	18
1.5〜1.6	13	6
1.6〜1.7	15	7
1.7〜1.8	9	0
1.8〜1.9	2	1
1.9〜2.0	1	0
計	47	47

「人口動態統計」（厚生労働省）

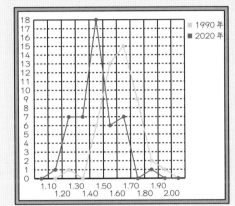

度数折れ線を重ねると分布の形の違いが見やすい！

《読み取れる事柄》
　1990年に比べて2020年は1人の女性が一生に産む子供の数は減っている。なぜなら，30年の間に分布の山が全体的に大きく左へずれており，最頻値は1.65人から1.45人に1割以上減っているからである。

> 教科書やそのアレンジ問題を使って，度数折れ線などから傾向を読み取る練習をする。社会的なデータも扱いたい。

3　どんなきまりがあるかな？

S：左寄りより右寄りが，平均値が小さい。

S：中央値もそうなるよ，きっと。

T：じゃあ，左寄りの分布で，平均値と中央値ではどっちが大きくなりそう？

S：平均は，ならされるから…。

S：中央値は半分だから，面積が半分になるくらいのところになるはずだよ。

S：前回の2組の分布ではそうなってる！

S：じゃあ，3組だときっと逆だね。

4　こんなことまで統計で！？

　本単元で身に付けた資質・能力は，総合的な学習の時間や社会科，理科などの他教科等で活用できるようにしたい。そのために，統計的な問題解決を通して目の前の事象の見え方が変わる経験を積ませたい。

　これまでとは異なる，社会的なデータを取り上げ，社会の価値観や行動の変化を量的データをもとに考察，説明する機会を設け，統計の活用できる範囲の広がりを実感させたい。

大人と 比較しよう！①

6/13

本時の目標

・コンピュータなどの情報手段を用いるなどしてデータを表やグラフに整理することができる。
・相対度数の必要性と意味を理解している。

スクリーン・電子黒板

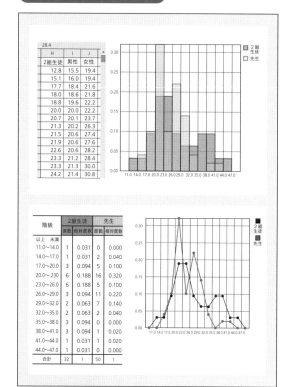

○／○（○）大人と比較しよう！

1年2組の生徒と先生とでは，どちらの反応時間が短いと言えるだろうか？

《先生50人のデータ》
※用務員さん，事務の先生を含む。

15.5	20.6	21.9	26.3	30.0
16.0	20.6	22.2	26.7	30.0
18.4	20.6	22.2	27.2	30.8
18.6	21.2	23.3	27.4	30.8
19.4	21.3	23.3	27.4	31.7
19.4	21.4	23.7	27.6	31.9
19.6	21.6	24.1	28.2	32.4
20.0	21.6	25.8	28.2	33.4
20.1	21.8	26.0	28.4	38.3
20.2	21.8	26.3	29.0	43.5

階級幅等を工夫しよう！

どう比べる？

・グラフを重ねてみたい。　・割合で！
・平均値や中央値で比べたい。

実際にソフトを操作して，階級幅を変えるとヒストグラムなどの見え方が変わることに気付けるようにする。

授業の流れ

1 反応時間はどちらが短いと思う？

　先生のデータは必ずしも双峰型になるとは限らない。そこで指導のねらいに合わせて実データを加工したり板書のデータを扱ったりすることも考えられる。

　どちらが短いかの予想を促し，どうすれば比較できるかを検討する機会を設ける。初めて統計ソフトを用いて分析するので，目的を忘れないようにある程度の活動の道筋を立て，板書してから操作に取り組ませたい。

統計ソフトを用いて分析するポイント

　統計ソフトの操作は，データ入力ができればグラフ描画等は容易にできる。必要な指示があるときは，いったん手を止め，黒板やノートを使って教師の話を聴けるように留意する。

　生徒の画面のグラフ等を記録する際，プレゼンテーションアプリ等に貼り付けて保存することが考えられる。次時以降の学習に生かせるよう，印刷して次時に配付するか，あらかじめ印刷しておいたグラフ等を本時に配付するかし，各自のノートに貼り付けさせたい。**ICT**

- ・生徒と大人のデータを比較する活動を通して，統計ソフトを用いてデータを表やグラフに整理したり相対度数を出したりすることができたか。
- ・データの分布についてこれまで学んだことを，生徒と大人のデータを比較する問題の解決に生かそうとしていたか。

準備物
- ・生徒・教師用の端末

「相対度数」ボタンを押すと…

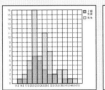 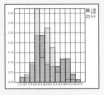

縦軸：度数　　　　縦軸：相対度数

相対度数：総度数に対する度数の割合

◎総度数が大きく異なるときに便利！

度数折れ線で表すと…　◎見やすい！

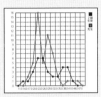 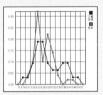

どちらが短いかはっきりしない…。
代表値を比べてみよう！

根拠を明らかにして説明しよう！

- ・中央値は 2 組が 25.25cm，先生は 23.50cm で，先生の方が 1.75cm 短いので，反応時間は先生の方が短いと言える。
- ・平均値は 2 組が 27.6cm，先生は 25.0cm で，先生の方が 2.6cm 短いので，反応時間は先生の方が短いと言える。

→中央値も平均値もあまり差がない。

◎値や差を出して説明すると根拠が明らか！

- ・最頻値は…　→先生のデータがふたこぶの分布なので，「異なる 2 つの集団が混じっているので，分けて分析すべき」と考えよう。（NEW！）

先生の短い／長いは何によって変わる？

予想：運動経験？　男女？　年齢？

相対度数については，第 8 時に改めて意味を確認して復習する機会を設ける。本時では必要性の指導に力点を置く。

---

2 人数の違いをそろえるには？

S：2組は32人，先生は50人だから，2組の度数を $\frac{5}{3}$ 倍すればほぼ同じ人数になる。

S：度数を，％や割合にすればいい。

T：どういうことですか？

S：例えば先生の14cm 以上17cm 未満の度数は 2 なので，2÷50で 4 ％になります。

S：なるほど。人数差が気にならない。

T：素晴らしい。それを専門用語で「相対度数」といい，（度数）÷（総度数）で求めます。

3 結論を説明しよう

　第 4 時に，2 つの集団の傾向を比較して説明する際に，値や差を明示することで根拠を明確にして表現できることを学んでいる。この経験を生かして的確に説明できるようにする。この本時での経験をさらに，第 7 時や第13時などに生かせるようにつなげたい。

　なお，分布の形を批判的に捉え，先生の分布の双峰性に着目し，異なる 2 つの集団が混在していると捉え，層別分析につなげる。

1 正の数と負の数
2 文字と式
3 一次方程式
4 変化と対応
5 平面図形
6 空間図形
7 データの活用

本時案

大人と
比較しよう！②

本時の目標

・目的に応じて収集したデータの分布の傾向を比較して読み取り，批判的に考察・判断して表現することができる。

スクリーン・電子黒板

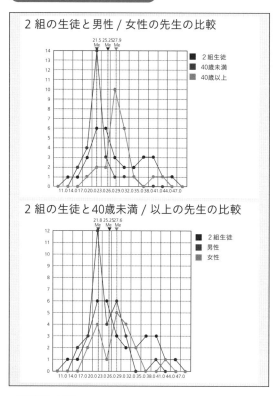

○/○(○)

大人と比較しよう！

1年2組の生徒と先生とでは，どちらの反応時間が短いと言えるだろうか？

《前回》

先生の短い/長いは何によって変わる？

予想：運動経験？　男女？　年齢？
└ データ無し

スライドにグラフなどを貼り付け，レポートを作ろう！

問題		名前
（グラフなどを貼る）		結論と根拠

的確な説明の仕方については，前時までの学習を生かすように伝える。

授業の流れ

1 先生の短い/長いの要因を探ろう

S：中学生も身体の性によって運動能力は違うから，男女について調べてみたい。

S：年齢の方が明確に変わるんじゃないかな。

T：男女別のデータと40歳未満/以上のデータを Classroom にアップしました。好きな方を選び，2組と比較して分析しましょう。そして，表やグラフをスライドに貼り付け，根拠を明らかにして説明を打ち込み，レポートを作り，提出しましょう。

2 結論の見通しは立っていますか？

T：先生のデータを2種類の項目で分けてみて，ふたこぶの分布だったのが，それぞれひとこぶの分布になっていればよいのです。

S：なるほど。そうすれば代表値も変わる！

S：あ，結論はもしかしたら「○○は2組よりも短いけど，△△は2組よりも長い」みたいになるかもしれないね。

S：早速調べてみよう！

1 正の数と負の数

2 文字と式

3 一次方程式

4 変化と対応

5 平面図形

6 空間図形

7 データの活用

本時の評価

・目的に応じて収集した2組と先生のデータの分布の傾向を比較して読み取り，どちらの反応時間が短いかを批判的に考察・判断して表現することができたか。

準備物

・生徒・教師用の端末

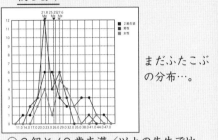

○2組と男性の先生，女性の先生で比較しよう

まだふたこぶの分布…。

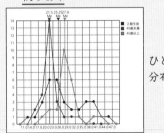

○2組と40歳未満／以上の先生で比較しよう

ひとこぶの分布に！

層別分析をすることにより，最初に比べて一歩踏み込んだ結論が得られたことをクラスの財産としたい。

生徒の端末の画面

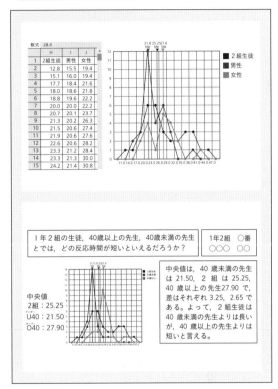

1年2組の生徒，40歳以上の先生，40歳未満の先生とでは，どの反応時間が短いといえるだろうか？

中央値は，40歳未満の先生は21.50，2組は25.25，40歳以上の先生27.90で，差はそれぞれ3.25，2.65である。よって，2組生徒は40歳未満の先生よりは長いが，40歳以上の先生よりは短いと言える。

中央値
2組：25.25
U40：21.50
O40：27.90

スライドでのレポート作成のポイント

生徒が端末上で円滑にレポートを作成できるように，共通のスライドをあらかじめ準備しておくとよい。他者の進捗状況を確認しながら安心して取り組めるように，例えば4人班で1つのファイルを協働編集する形にし，1人が1枚のスライドを使用するとよい。

また，統計ソフトの画面をキャプチャしてスライドに貼り付ける方法は，あらかじめ全体で確認しておく。時間が許せば，互いのレポートを読み合い，意見交換したい。

3 それぞれの分布はどうなってる？

S：中央値だとどう？

S：男性21.80cm，女性27.60cm。結構違いがあるね。間に2組25.25cmが入るよ。

S：おお，結論が得られそうだね。

S：ただ，分布が男女ともふたこぶなんだよ。

S：さらに分ける必要があるね。年齢は？

S：分布は両方ともひとこぶだよ。40歳未満21.50cm，40歳以上27.90cmで，間に2組が入る。結論が得られそうだ。

本時案

お小遣いアップ大作戦

 8/13

スクリーン・電子黒板

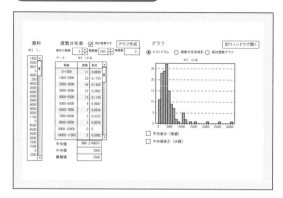

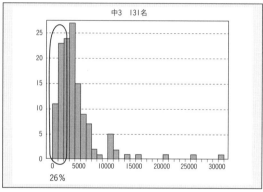

中3　131名

26%

○／○（○）

お小遣いアップ大作戦

毎月 2000 円のお小遣いをもらっている中3の麻衣さん。「お小遣いアップ大作戦」として，思い切って学年の生徒全員を対象にアンケートを実施し，データを集めました。統計を使って「自分のお小遣いの金額が少な過ぎる」と親に訴える方法を考えよう！

［例］
麻衣さん「平均値 3881 円より 1881 円　　　　　低いよ！」
親「極端にかけ離れた値がどうせあるんでしょ。」
麻衣さん「え…。（親には平均値は使えないな。）」

班で新しい根拠を考えよう！

小遣いの扱いは家庭により多様であるため，配慮が必要である。主人公を中3とし，近い将来ありえそうな問題場面に設定した。

授業の流れ

1 新しい根拠を見つけよう

T：このように，平均値を根拠にしようとした麻衣さんは親に一蹴されました。
S：えー，親はそんなこと言わない。
T：でも，皆さんが親になったら，そう言うんじゃないですか？
S：確かに。いま勉強しているし。
T：では本時では，平均値以外の新しい方法を考えてほしいと思います。

2 少なすぎることを示すには？

S：中央値をもとにすればいいんじゃない？
S：別の新しい根拠も考えようよ。
S：あ，麻衣さんの額は2000円だから，それより低い人数を根拠にしたらそう？
S：それ，いいね。34人しかいない！
T：ほほぉ，それは新しい着眼点ですね。何を言いたいんだろうね？
S：自分より低い人は少なすぎるってこと？
S：あ，割合で表せばそれが示せるかも！

1 正の数と負の数

2 文字と式

3 一次方程式

4 変化と対応

5 平面図形

6 空間図形

7 データの活用

本時の評価

- ある基準値よりも小さい階級における度数や相対度数の和に着目して説明する活動を通して，累積度数や累積相対度数の必要性を見いだせたか。
- 累積度数や累積相対度数を用いた説明の仕方に向けて，よりよい説明の根拠を表現するために評価・改善しようとしていたか。

準備物

- 問題と統計ソフトの画面が印刷されたプリント

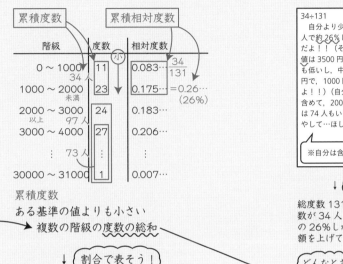

累積度数

ある基準の値よりも小さい複数の階級の度数の総和

↓ 割合で表そう！

累積相対度数

ある基準の値よりも小さい複数の階級の相対度数の総和

34÷131　D班
自分より少ない人は34人で約26％しかいないんだよ！！（それに，最頻値は3500円で，1500円も低いし，中央値も3000円で，1000円も低いんだよ！！）（自分と同じ人も含めて，2000円以上の人は74人もいるんだよ！増やして…ほしい…なぁ…）

※自分は含めません

H班
・最頻値や中央値ははずれ値に影響をうけにくいけどぼくより1000～1500円も多いんだよ！！
・ぼくよりもおこづかいを多くもらっているのは70％以上（97人）もいて少ない人は30％以下（34人）しかいなかったんだよぉ！
・調整平均

2000円以上の階級

↓ 専門用語を使うと…

総度数131人のうち，2000円未満の累積度数が34人しかいない。累積相対度数はたったの26％しかいないんだよ！だからお小遣いの額を上げてよ！

どんなときに使えそう？

- データの中で自分が低すぎることを主張するとき
- 割合がわかりやすい！
- 他の代表値と合わせて使うと効果的！

26%　74%

> ホワイトボードに貼る。学習支援アプリでスクリーン等に映し出してもよい。ノートには記録を残したい。

では，○班は発表してください

班の考えを共有する際，ひと班ずつ同じ時間ずつ発表すると冗長である。そこで，最初の班の発表を基にして「同じ考えの班はある？」「どこが同じかな？」「違う点はあるかな？」などと問いかけ，焦点を絞りながら全ての班の考えに触れると短時間で済む。適宜「新しい根拠はどれかな？」などと問いかけ，生徒の記述の要点に赤の下線を引くなどすると，強調されて自覚化されやすくなる。

生徒の問題解決のプロセスを見取る工夫

最後に，問題解決の過程を振り返って自身の変容を記述する機会を設ける。書くことが苦手な生徒には「はじめは～」「途中で～」「○○さんのおかげで～」といった書き出しを例示すると，表現しやすくなる。文の話型を評価するのではなく，「自分が低すぎることを言うために」「全体の中での位置を示すために」どうしたかなど，工夫点に着目して評価する。

本時案

学んだ知識などを
整理しよう！

9/13

本時の目標

・ヒストグラムや相対度数，累積度数，累積相
　対度数などの意味を理解している。

練習プリント 知識などを整理しよう！

問1　次の記録は，A中学校の生徒10人が反復横とび
　　　を20回行った結果（単位：回）です。

| 42 | 56 | 54 | 53 | 54 | 48 | 47 | 55 | 54 | 44 |

このとき，反復横とびの範囲と中央値を求めな
さい。

問2　次の度数分布表とヒストグラムは，ある中学校
　　　の1年生40名の50m走の記録を整理したもの
　　　です。

階級（秒）	度数（人）
以上　　未満	
〜	1
7.0 〜 7.4	3
7.4 〜 7.8	10
7.8 〜 8.2	11
8.2 〜 8.6	9
8.6 〜 9.0	4
9.0 〜 9.4	2
計	40

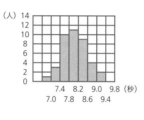

このとき，最頻値を求めなさい。

また，上のヒストグラムに重ねて度数折れ線を
かきなさい。

問3　ある市の令和3年6月1日から6月30日までについて，
　　　日ごとの最高気温の記録を調べました。下の表はその結
　　　果を途中までまとめたものです。

階級 （℃）	度数 （日）	相対 度数	累積度数 （日）	累積相対 度数
以上　　未満				
22 〜 24	3			
24 〜 26	8			
26 〜 28	7			
28 〜 30	6			
30 〜 32	5			
32 〜 34	1			
合計	30			

電卓や端末を使って必要な計算を行い，表を完成させな
さい。（相対度数と累積相対度数は小数第二位まで）

また，相対度数折れ線を下の図にかきなさい。

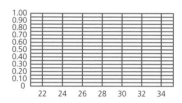

授業の流れ

1　累積相対度数折れ線といいます

　前時の学習を踏まえ，小遣いのデータの累積
度数折れ線と累積相対度数折れ線に整理したプ
リントを配付し，紹介する。自分でかいてみる
など，深入りする必要はない。ノートにのり付
けしておくようにする。

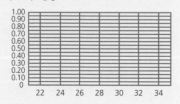

知識及び技能の習得の強化に向けて

　本単元では前時まで，数学的活動を通して問
題解決的に，多くの知識及び技能を獲得したり
活用したりしてきた。統計に関する知識及び技
能を活用できるように，その必要性と意味を
セットにして学んできたわけである。

　本時では改めてこれらの知識及び技能を整理
して定着させるために，問題演習の機会を設け
る。本時では教師の自作プリントに取り組む形
にしたが，教科書の本文や章末にある良問を適
宜取り上げることも有効である。

1	正の数と負の数
2	文字と式
3	一次方程式
4	変化と対応
5	平面図形
6	空間図形
7	データの活用

本時の評価

・範囲，中央値，最頻値，度数折れ線，相対度数，累積度数，累積相対度数の意味を理解できたか。
・目的に応じて収集したデータの傾向を読み取るための根拠を，既習の知識と関連付けることができたか。

準備物

・練習プリント
・「学びの足跡」シート

問4　ハンドボール投げの記録の分布がどうなっているかを調べるために，厚志さんは記録のデータからヒストグラムに表しました。また，表は，最小値や最大値や代表値などを記録からまとめたものです。

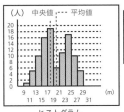

最小値	10.0
最大値	27.5
平均値	19.4
中央値	18.0
最頻値	18.5

代表値など

ヒストグラム

このとき，次の（1）～（4）について，表やヒストグラムから読み取れる結論として正しいものに○をつけなさい。また，正しいものについては，その根拠を考えて，下の [　　] からそれぞれ1つずつ選び，記号で答えなさい。
（1）17.5mの間に記録が散らばっている。
（2）17.0m以上19.0m未満が最も人数が多い。
（3）「ふた山」（ふたこぶ）の分布であり，質の異なる2つの集団に分けられる可能性がある。
（4）18.0m以上投げた人は，全体の半分よりも記録がよい方である。

ア．最頻値	イ．中央値　ウ．階級幅
エ．度数分布表	オ．度数折れ線　カ．範囲
キ．ヒストグラムの形	ク．最小値　ケ．最大値
コ．平均値	

学びの足跡～データの分布と確率～

単元の目標：データを基に傾向を分析したり，分析を基に未来を予測して説明したりできるようになろう！
単元の問い：データから傾向を分析したり，データから未来を予測したりすることはできるか？

わかったこと ・大切な考え方など	まだはっきりしないこと ・知りたいこと
小単元1　過去のデータから傾向を分析するには？	
小単元2	
小単元3	

統計や確率をも用いて問題を解決したり説明したりするときに使いこなせそうなワザをまとめておこう！

最後に「学びの足跡」シートを配付し，記入させ，回収する。教師は必要に応じてコメントを記入する。扱い方については，国立教育政策研究所の学習評価についての参考資料を参照のこと。

2　学んだ知識などを整理しよう

T：今日で単元は9時間目です。単元で学んだ知識にはどんなものがあったかな？
S：ヒストグラム。度数折れ線も学びました。
S　平均値，中央値，最頻値といった代表値も使いました。
T：ノートや教科書を開いて見てみよう。
S：相対度数や累積度数，累積相対度数も。
T：どんな場面で使えたのかを振り返りながら，問題演習をして知識の定着を図ろう。

単元を探究的に学ぶための工夫

生徒が小単元ごとに「学びの足跡」シートを記入することで，ある期間の学習の成果と課題を振り返り，その先を展望する機会とし，学ぶ意義を感じながら単元を探究的に学ぶ一助とする。また，「主体的に学習に取り組む態度」の評価資料としても用いる。

小単元の問いは，生徒とのやり取りを経て，生徒自身に書かせるとよい。本時では，単元の目標と問いを確認した上で，小単元1欄を，ノートをめくりながら記入させる。

本時案

さいころを
振って調べよう

・多数の観察や多数回の試行によって得られる
　確率の必要性と意味を理解している。

スクリーン・電子黒板

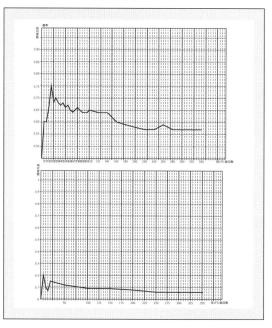

いかさまダイス
（8個2000～3000円程度）

○／○（○）
確率についてさいころを使って
調べよう！

確率といえば…
ライブのチケット，降水確率，さい
ころ，宝くじ，場合の数，クレーン
ゲーム，運命の人に出会う確率，地
震（首都直下地震（M7級）が30
年以内に起こる確率は70％）

未来に向けて意思決定するために，
ある事象の「起こりやすさ」を数値
化した指標

90％：同じような気象条件が100
　　　回あったときに90回は降る。

表計算ソフトで折れ線グラフ
をつくれば，複数の班の結果
をPC等で観察しやすくなる。

授業の流れ

1 さいころの1の目が出る確率
は？

　この問いに生徒はすぐ「$\frac{1}{6}$」と答えるが，
本時では重心に偏りのある立方体の手品用のさ
いころ「いかさまダイス」を4人程度の班に
1個ずつ配って実験をする。意表を突く結果
の連続に，生徒は目的意識を高め，実験や記録
を何度も正確にしたくなる。

　なお，正しいさいころを使うと2年の内容
である数学的確率の学習になる。本時では，統
計的確率に重点を置いて展開する。

2 先生，大変です！

S：ちょっとこれ，奇跡のさいころです！

S：怖い，1ばかりが出る!!

T：またまた…。そんなわけないでしょう。祈
　りながら振っているからですよ。

S：祈っても祈らなくても1が出ます。

T：そんなに1が出るなら，どの程度出やす
　いのかを表現してください。

S：10回中6回出たよ。$\frac{6}{10}$だ。

S：もっとたくさん振らなきゃだめでしょ。

1 正の数と負の数

2 文字と式

3 一次方程式

4 変化と対応

5 平面図形

6 空間図形

7 データの活用

本時の評価

・多数の観察や多数回の試行によって得られる確率の必要性と意味を理解できたか。

準備物

・いかさまダイス
・実験記録用ワークシート（または入力用の生徒端末）

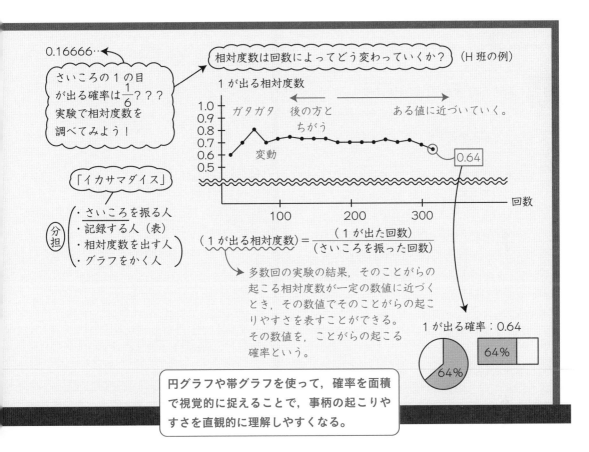

0.16666…

さいころの1の目が出る確率は $\frac{1}{6}$ ？？？実験で相対度数を調べてみよう！

相対度数は回数によってどう変わっていくか？（H班の例）

1が出る相対度数

ガタガタ　後の方とちがう　ある値に近づいていく。

変動

「イカサマダイス」

分担
・さいころを振る人
・記録する人（表）
・相対度数を出す人
・グラフをかく人

$$（1が出る相対度数）=\frac{（1が出た回数）}{（さいころを振った回数）}$$

多数回の実験の結果，そのことがらの起こる相対度数が一定の数値に近づくとき，その数値でそのことがらの起こりやすさを表すことができる。その数値を，ことがらの起こる確率という。

1が出る確率：0.64

64%　64%

円グラフや帯グラフを使って，確率を面積で視覚的に捉えることで，事柄の起こりやすさを直観的に理解しやすくなる。

3 相対度数はずっと同じですか？

S：変わります。最初はガタガタ。
S：たくさん振るとまっすぐになってくる。
T：その先っぽはいくつくらいですか？
S：0.64くらいです。
S：近づいていっているように見えます。

　複数の班の結果を観察し，相対度数のふるまいを表現する「ガタガタ」「ある値」「近づく」などの言葉を引き出し，強調したい。

4 これを確率といいます

　実験から得られた相対度数の具体的な値をもとに，確率の意味と求め方を紹介し，ともに理解できるようにする。授業の最後には，降水確率など，冒頭で触れた統計的確率の例と関連付ける。それにより，傘を持っていくかどうかや体育祭を開催するかどうかなど，過去のデータをもとにした確率が意思決定の根拠として生かされることを理解できるようにし，学習の動機付けを行いたい。

本時案

靴を 買い替えよう

11/13

本時の目標

・多数回の試行の結果をもとにして，不確定な事象の起こりやすさの傾向を読み取り表現することができる。

授業の流れ

1 皆さんは会計の担当者です

T：ボウリング場の靴を全て新しいものに買い替えてほしいと思います。

S：テキトーに決めてもいいですか。

S：上司に説明できるようにしなきゃ。

T：根拠を明らかにして決めましょう。

　過去のデータから未来の状況を予測して意思決定することは，将来生徒が実際に行う可能性が高い。ここではボウリング場の会計担当という立場を明確にして，問題解決の必要性を感じさせるようにする。

2 解決に向けて知りたい情報は？

S：元々何足あったのかが知りたいです。

S：サイズごとの使われた頻度。

T：このボウリング場には全部で200足ありました。繁忙期の8月に各サイズが借りられた回数のデータがあります。

S：各サイズが使われた割合…あ，相対度数を求めればいい。先生，パソコンのExcelを使っていいですか？ ICT

　多くの情報を生徒から引き出し，互いの関連を確認したり，いくつかに焦点化したりして，生徒が見通しをもてるようにする。

○/○ (○) 靴を買い替えよう

あなたはボウリング場の会計を担当しています。貸し出し靴を全て新しいものに買い替えなくてはなりません。あなたはどのサイズを何足買い替えますか？

〈何がわかればよい？〉

（元々あった足数） 予算　収容人数

（サイズごとの使われた頻度）

今まで借りられた最小・最大サイズ

班で考えよう

○貸し出し用の靴の総数　200足
○貸し出された回数の合計　7260回
○貸し出された靴のサイズの平均値 24.5cm
○靴のサイズごとの貸し出された回数のグラフ

（回）
貸し出された回数

1100
1000　　　　　　　　1087
900　　913
800　　　　　　　　　837
700　661　　　　　　　694
600　　　524
500　405　　419　474
400　　　213　　　182　　　396
300
200　　　　　　　　　　207
100　26 54　　　　　　　　62
　20.0 21.0 22.0 23.0 24.0 25.0 26.0 27.0 28.0 (cm)
　　20.5 21.5 22.5 23.5 24.5 25.5 26.5 27.5
靴のサイズ

問題とグラフを印刷した紙を配り，ノートに貼らせる。

机間指導で根拠を確認する

　班活動中には，机間を回り，「どうやって小数を自然数にしたの？」「ここはなぜ調整したの？」「どうして？」などと声をかけることで，生徒は自分たちの意思決定の根拠を一層明確に表現しようとするようになる。

　全体では，求めた相対度数に200をかけて微調整をしたA班とC班，「最低4足」を先に考えたF班，幼い子に配慮して小さいサイズを多めにしたG班を取り上げて発表させた。「似た考えの班はある？」と問いかけることで他班の考えにも触れられ，短時間で考えを共有できる。

1 正の数と負の数

2 文字と式

3 一次方程式

4 変化と対応

5 平面図形

6 空間図形

7 データの活用

本時の評価

・過去のデータをもとにして意思決定する活動を通して，多数回試行の結果から求めた相対度数をもとに，未知の事象の起こりやすさの傾向を予測して意思決定することができたか。

準備物

・電卓（PC）

考えの異なる班の結果と過程を意図的に取り上げる。

〈班の活動〉

	A	C	F	G
20.0	1		4	5
20.5	2(1)	1	4	5
21.0	3	3	6	5
21.5	6	6	9	5
22.0	11	11	11	10
22.5	18	18	16	21
23.0	25	25	20	21
23.5	14	14	13 +1	15
24.0	11	11	11	10
24.5	5	5 +1→6	7 +2	5
25.0	13	13	12 +1	15
25.5	30	30	23	21
26.0	23	23	19 +1	21
26.5	19	19	16	21
27.0	11	11	11	10
27.5	6	6	7	5
28.0	2	2	5	5

最低でも5足はあった方がいい。

A班 サイズ 20.5cm だと…

$$\frac{54}{7260} \times 200 = 1.4\cdots（足）$$

小数はどうする？

$$\frac{（各サイズの回数）}{7260} \times 200 =（足数）$$

相対度数

四捨五入して 1足。
合計199足なので2足に調整！

F班 最低4足あった方がいい。

$$200 - 4 \times 17_{(種類)} = 132_{（足）}$$

$$\frac{（各サイズの回数）}{7260} \times 132 =（足数）$$

調整どうする？

↓ 切り捨て，調整
（買う足数）

相対度数から起こりやすさの傾向を読み取り，未来のことを予測することができる。（より多くのデータ，より意味のあるデータがあればなおよい！）

3 買う足数をどう決めた？

S：小数になるので，困りました。
S：私は四捨五入して自然数にしました。
S：小さいサイズは最低5足にしました。
S：なんで最低5足なのですか。
S：足りなくなると困るので。
S：最低，何足くらいあるといいのかな。

　小数を自然数にする方法，実際の状況を加味する方法を意図的に取り上げるなど，論点を絞ると，考えの違いを明確に理解できる。

4 よりよい解決にするには？

S：もっと多くのデータが欲しい。
S：幼い子が 1 日にどのくらい来るか知りたい。
T：なぜそれを知りたいのですか？
S：増やす必要があったか確かめたい。
S：あと収容人数や予算も知りたいです。

　さらに必要な情報を問うことで，よりよい解決方法を考える機会が生まれる。過去のデータの相対度数に基づいて未来を予測していることの有効性と限界を実感させたい。

本時案

活用して
説明しよう！

本時の目標

・データを分析し，その傾向を読み取り，批判的に考察し表現できる。

練習プリント 活用して説明しよう！

問15　あるボウリングチームでは，大会の個人戦に出場する選手を1人決めることになりました。左の表は，候補の2人の選手が20ゲームずつ投げた得点の結果（高い順）です。また右の表は，左の表を度数分布表に整理したものです。

A選手		B選手	
193	176	204	174
188	176	193	173
185	175	189	173
182	174	188	172
182	173	184	170
181	171	181	169
179	170	179	168
178	167	178	168
178	166	177	165
177	164	174	162

得点の結果

階級（点）	A選手 度数（回）	B選手 度数（回）
160以上～165未満	1	1
165 ～ 170	2	4
170 ～ 175	4	6
175 ～ 180	7	3
180 ～ 185	3	2
185 ～ 190	2	2
190 ～ 195	1	1
195 ～ 200	0	0
200 ～ 205	0	1
計	20	20

度数分布表

また，下の2つの図はそれぞれA選手とB選手のヒストグラムです。

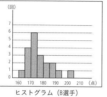

ヒストグラム（A選手）　　　ヒストグラム（B選手）

さらに，平均値は，A選手が176.8点，B選手が177.1点です。
このとき，あなたならどちらの選手を出場選手にするか，根拠を複数あげて説明しなさい。ただし，根拠は箇条書きにすること。

> 問題についての情報が多いため，プリントを配付する。ノートに貼って保管するのもよい。

○／○（○）活用して説明しよう！

A，Bの2選手の20ゲームの得点からボウリングの出場選手を決めよう。

私はBを選ぶ。
・平均値はAが176.8点，Bが177.1点で，Bが高い。
・分布の山がBの方が左に寄っている。

→ほぼ差がない？→そう見えるだけ？

Bを選ぶ。
・平均値はAが176.8点，Bが177.1点で，Bが0.3点高い。
・最大値はAは193点，Bは204点で，Bが11点高い。

→値や差が書かれていて明確

> 数名にホワイトボードに説明を書いてもらい，全体で共有する。生徒のプリントにも記録を残させる。

授業の流れ

1 まず自分で説明を書いてみよう

　本時では，単元で学習したことを総合的に活用して説明する機会を設ける。説明の根拠に何を用いるかについて，多面的に検討することが大切である。

　また，説明を書き終えた後，表現をよりよくしたり，別の視点で更に考えたり，他者の説明の妥当性を考えたりするなど，批判的に考察することができるように声掛けして促したい。

お互いの記述を読み合ってみよう

　班でプリントの記述を回し読みし，それぞれの説明について意見交換する活動を設ける。その際，「根拠が明らかになっているか」を視点に意見交換させることで，よりよい表現に目が向き，活動の質が高まる。また，学習支援アプリなどを使って自分の端末から全員の説明を閲覧し，コメントを互いに書き込み合う活動も有効である。

1	正の数と負の数
2	文字と式
3	一次方程式
4	変化と対応
5	平面図形
6	空間図形
7	データの活用

・目的に応じて収集されたデータを分析し，その傾向を読み取り，批判的に考察し表現することができたか。

・練習プリント

A を選ぶ。
・範囲は A が 29，B は 42 で，A の方が安定しているといえる。
・中央値は A が 176.5 点，B が 174.0 点で，A の方が 2.5 点高い。
・175 点未満の累積相対度数は A が 0.35，B が 0.55 で，A が 0.2 少ない。

→安定感まで考えていてすごい。
→累積相対度数を使っていてすごい。

◎価値観は人によって異なる。多面的に考え，根拠を明らかにして説明することが大切！！
◎データがもっと多かったら，前時のように相対度数を確率とみなせるかも。
（ある値に安定していれば…）

☆自分のベストな説明を
　　　書いておこう！

身の回りの問題を統計や確率を用いて解決するとき，どんな説明が「根拠が明らかな説明」だろう？

○統計（過去のデータの分析）
・習った知識・専門用語を使う。
・代表値などの値やその差を書く。
・（必要なら）グラフにする。
○確率（未来の予測）
・相対度数を未来のことを予測していることを書く。

2 どれが正解なの？

T：価値観によって正解は変わります。大切なのは，根拠が明らかかどうか，です。

　各自の視点に基づいた多様で主体的な意見交換を「やりっぱなし」にせず，何が重要なのかを"みんなの財産"として共有したい。その際，代表的な説明を取り上げて，よい点や不足点を確認し，板書に残すことで，生徒はノートに書き残すようになる。

3 どんな説明がよい説明？

　次時には生徒がパフォーマンス課題に取り組む機会を設ける。その前段階として，本時を含めた単元の学習をノートを見直しながら思い出し，どんな説明が根拠を明らかにしたものかについて意見交換させる。それにより生徒の活動が方向付けられ，質の向上につながるとともに，ルーブリック（評価規準）ができ，意識化される。本時の学習活動を踏まえ，最後に取り上げたい。

本時案

根拠を明らかに
して説明しよう！

本時の目標

・問題の解決のために，相対度数をもとに根拠を明らかにして説明することができる。

○／○（○）

根拠を明らかにして説明しよう！

前時の意見を踏まえた評価基準

	過去の分析	未来の予測
B	解決に向けて統計的な根拠を適切に選べている。	統計的な分析を基に未来の傾向を予測している。
A の例	Bの状況に加え，用語やその値などを書いている。	Bの状況に加え，未来を予測する根拠を詳しく書いている。

ゆりさんは，2つの耳鼻科A，Bのうち，待ち時間の短くなりそうな方を選んで通おうとしています。右の度数分布表は，ゆりさんが通おうとしている曜日・時間帯に，耳鼻科Aと耳鼻科Bのそれぞれで受診した患者さん一人一人の待ち時間のデータを各耳鼻科が整理し公表しているものです。この表からどちらの耳鼻科に通うべきかを判断し，根拠を明らかにしてゆりさんにアドバイスしよう！

※25分後に回収する。
※ノートや教科書，電卓，端末は自由に使ってよい。

> 生徒に示す評価規準は生徒がわかりやすい表現にして黒板に貼る。生徒に気付かせたい「累積相対度数」などは示さない。

授業の流れ

パフォーマンス課題のルーブリック

教師用には下線部を入れておく。

	過去の分析	未来の予測
B	基準になる値を決めて累積相対度数を求めて分析している。	累積相対度数を確率のように捉えて，未来の傾向を予測している。
A の例	Bの状況に加え，用語「累積相対度数」やその値などを書いている。	Bの状況に加え，確率のように捉えている旨を書いている。

1 今日は単元の集大成の授業です

T：これまでの学習を踏まえ，ある身の回りの問題に対して，25分ほどでミニレポートを作成してほしいと思います。

S：ポイントは前時の最後，「根拠を明らかにすること」ですね。

T：そうです。前回の意見を踏まえたAとBの評価規準を，大まかに示しますね。

S：助かります！　で，どんな問題ですか？

T：はい，プリントを配ります。

1 正の数と負の数

2 文字と式

3 一次方程式

4 変化と対応

5 平面図形

6 空間図形

7 データの活用

本時の評価

・待ち時間が短い病院を判断するために，データの累積相対度数などを求め，これを待ち時間が35分未満になる確率のように捉えて予測し表現することができたか。
・単元で学んだことのよさに気付いて粘り強く考え，生活や学習に生かそうとしていたか。

準備物

・掲示用の生徒向け評価規準
・ミニレポートの用紙
・「学びの足跡」シート（小単元1までは記入済み）

2つの耳鼻科の待ち時間の分布

階級（分間）	耳鼻科A 度数	耳鼻科B 度数
以上　未満		
5－15	6	8
15－25	13	15
25－35	21	27
35－45	23	36
45－55	14	23
55－65	7	16
65－75	4	7
合計	88	132

◎ミニレポートを作成しよう！　また，よりよい説明にするために，工夫した点を最後に書こう！
◎提出後，「学びの足跡」を記入

学びの足跡〜データの分布と確率〜

単元の目標：データを基に傾向を分析したり，分析を基に未来を予測して説明したりできるようになろう！
単元の問い：データから傾向を分析したり，データから未来を予測したりすることはできるか？

わかったこと ・大切な考え方など	まだはっきりしないこと ・知りたいこと
小単元1　過去のデータから傾向を分析するには？	
（生徒は記述済み）	（生徒は記述済み）
小単元2　データから未来の傾向を予測するには？	
小単元3　学習したことを活用して問題を解決しよう！	

統計や確率をも用いて問題を解決したり説明したりするときに使いこなせそうなワザをまとめておこう！

「学びの足跡」シートを配付し，第10時以降のノートを見直して小単元2，3の欄とワザの欄に記入する。

2　データの提示の仕方

　累積相対度数を求め，これをもとに2つの耳鼻科の待ち時間の傾向を分析したり，今後の待ち時間の傾向を予測したりして，判断し説明する機会を設ける。板書の度数分布表でデータを生徒に提示する場合は，電卓を使ってレポートを手書きで作成させるとよい。待ち時間の個々のデータを提示する場合は表計算ソフトのファイルで提示し，プレゼンテーションソフト等でレポートさせるとよい。

妥当性のある学習評価に向けて

　ルーブリックに沿って，具体的な記述例をあらかじめ想定しておく。例えば，「十分満足できる」（A）状況は「待ち時間の35分未満の累積相対度数はAが0.45，Bは0.38である。それぞれの累積相対度数を確率とみなすと，同じ曜日，同じ時間帯で待ち時間が35分未満になる確率はAが0.46，Bが0.37であり，Bの方が0.09だけ小さい。よってBに通うべきである。」である。回収後に模範解答とともに返却し，よりよい説明を考えさせる。

1 生徒同士で双方向の対話を生む

　資質・能力を育むために対話を学習活動に位置付けるためには，生徒が誰かと話す機会を単に多く設けるのでは不十分である。例えば，「答えや考えが他の人と同じかどうかが気になる」「途中までわかったがその先を教えてほしい」「見つけたことを誰かに話したい」「他にどんな考えがあるか知りたい」など，対話する必要性を生徒が感じるように位置付けることが，まずもって必要である。また，実際に生徒の活動の質を高めるには，「隣の人とノートを交換して分析の仕方の違いについて 2 分間で読み合いましょう」「結論の根拠の妥当性について 4 人で 2 分ずつ順に発表して意見交換しましょう」など，何に着目してどのように対話するのかといった指示を明確にすることも大切である。生徒が対話する相手は，他の生徒，先生，先哲，教材，自分自身など多岐にわたるが，本稿では生徒同士の双方向の対話に焦点を当てる。

　例えば，4 人程度の班で各自が考えたことを発表する場面で，ノートを手に持って立てて，他者に見せながら発表する姿が見受けられる。しかし，他の生徒からはノートがよく見えず，わかりづらいことが多い。有意義な言語活動にするため，発表者は対角の生徒にノートを向けて机に置き，指差ししながら発表させるようにすると，他の 3 人にも話す内容がよく伝わりやすくなる。発表者にはノートの字が反対向きになるが，自分で考えたことなので話せる。右の画像は，左の発表者の発表後に，聴いていた右下の生徒が「ここは私と違う。どうしてだろう？」と指差して他の 3 人に問いかけている様子である。

　また，生徒が黒板の前で発表する際，授業者がその真横で発表者だけを向いて聴いている光景が散見される。授業者は，発表者が他の生徒に向かって発表できる体の位置と向きを確保し，教室の側面あたりに立って，他の生徒はどのような表情で聴いているかなどをうかがいながら聴くべきである。発表内容の理解が不十分そうな場合は，発表を途中で止めて理解度を確認したり，発表の速度を緩めさせたり，最低限の補足を授業者がしたりすることも必要である。第 8 時のように，班のホワイトボードの記述を，その共通性などに着目して効率的に共有する工夫なども考えられる。

　以上の対話指導のポイントは，「D データの活用」領域で批判的思考を促す学習活動を含め，どの領域の学習指導においても共通することではないだろうか。

2 効果的な対話に ICT を生かす

　これからの「D データの活用」領域の学習指導では，問題をよりよく解決するために，いったん作ったグラフの多峰性などに着目して最小の階級や階級幅を変えたり，目的に沿って相対度数や累積度数を度数分布表に加えたりするなど，PPDAC サイクルを批判的に遂行していく力を身に付けることが大切である。特に，必要な統計的な処理の時間を削減し，考察・判断の時間を十分に確保するためには，1 人 1 台端末環境を生かして生徒が統計ソフトや表計算ソフトを活用するとよい。「一旦か

いたグラフのここをこう変えたい」などと生徒がよい着想を得ても，手作業だけでは「やっぱり面倒くさいからやめておこう」と気持ちが萎えてしまう。自己内対話をもとに，自らの取組に対して批判的思考を働かせ，統計的問題解決をよりよく円滑に実行していくためには，瞬時に様々な統計的な作業を代行してくれるソフトの活用が有効である。

　また，他者の取組に対して批判的思考を働かせるためには，互いの成果物を必要に応じて互いに閲覧できるとよい。閲覧することで，自分では気付かなかったことに気付いたり，新たな疑問や意見を抱いて表現したりすることが期待できる。紙のレポートではなく，第7時のようにプレゼンテーションソフトでレポート作成することで，統計ソフトを使った成果物作成が円滑にでき，他者との同時の共有が容易になる。

　例えば，下の図は本単元で，生徒が収集した実験データを統計ソフト stathist で読み込み，度数分布表や度数折れ線を PC の画面に表示させた後，その画面をキャプチャして PowerPoint のスライドに貼り付け，分析し結論を記述したものである。ソフトのコメント機能を使えば，分析の仕方や根拠，結論などについて，よい点や改善点などを批判的にコメントすることが同時に行えて，短時間で実現する。また，工夫点や感想も2枚目のスライドに書くようにしておけば，活動の成果のみならず活動の過程が自他の生徒も教師も一層見取りやすくなる。教師は「主体的に学習に取り組む態度」の評価資料の一つにもすることができよう。具体的な取組の詳細や授業で使いやすい統計データについては，「お茶の水女子大学附属学校園　教材・論文データベース」及び「お茶の水女子大学附属学校連携研究算数・数学部会」の Web サイトを参考にされたい。

　なお，統計ソフトとしては，stathist 以外にも statlook，SGRAPA，simplebox，3–Histgrams，アメリカの CODAP，韓国の eStat などがフリーで使いやすい。Web サイト「お茶の水女子大学附属学校園連携研究算数・数学部会」でこれらのリンクを集めているので参照されたい。

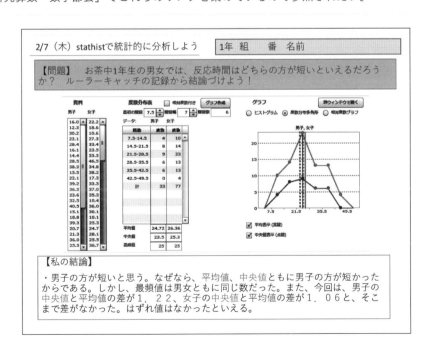

1 正の数と負の数

2 文字と式

3 一次方程式

4 変化と対応

5 平面図形

6 空間図形

7 データの活用

批判的に考察し判断する力をつける対話指導

監修者・編著者紹介

[監修者]

池田　敏和（いけだ　としかず）

横浜国立大学教授。教育学博士。横浜国立大学教育学部附属鎌倉小中学校長，神奈川県数学教育研究会連合会会長，日本数学教育学会常任理事，新算数教育研究会副会長，ICTMA 国際組織委員（2005〜2017），PISA2012年調査・数学的リテラシー国際専門委員（2009〜2012），主な著書に『モデルを志向した数学教育の展開』『いまなぜ授業研究か』（東洋館出版社），『数学的活動の再考』（学校図書），『数学的思考に基づく教材研究のストラテジー24』（明治図書）等がある。

田中　博史（たなか　ひろし）

真の授業人を育てる職人教師塾「授業・人」塾主宰。元筑波大学附属小学校副校長，元全国算数授業研究会会長，学校図書教科書「小学校算数」監修委員。主な著書に『子どもが変わる接し方』『子どもが変わる授業』『写真と対話全記録で追う！ 田中博史の算数授業実況中継』『学級通信で見る！ 田中博史の学級づくり１年生』（東洋館出版社），『子どもの「困り方」に寄り添う算数授業』（文溪堂），監修に『板書で見る 全単元・全時間の授業のすべて 算数』（小学校１〜６年，東洋館出版社）等がある。

[編著者]

藤原　大樹（ふじわら　だいき）

お茶の水女子大学附属中学校教諭，お茶の水女子大学非常勤講師。教育学修士。日本数学教育学会実践研究推進部中学校部会幹事，文部科学省学習指導要領等の改善に係る検討に必要な専門的作業等協力者（2016〜2017），国立教育政策研究所学習評価に関する参考資料作成協力者会議委員（2019〜2020），主な著書に『「単元を貫く数学的活動」でつくる中学校数学の新授業プラン』（明治図書），『数学的活動の再考』（学校図書）等がある。

執筆者紹介（執筆順）

赤本　純基（あかもと　じゅんき）　北海道教育大学附属釧路義務教育学校後期課程
単元1「正の数と負の数」

池田　純（いけだ　じゅん）　横浜国立大学教育学部附属横浜中学校
単元2「文字と式」

関野　真（せきの　まこと）　横浜市立日野南中学校
単元3「一次方程式」

大塚みずほ（おおつか　みずほ）　お茶の水女子大学附属中学校
単元4「変化と対応」

菅原　大（すがらわ　だい）　北海道教育大学附属旭川中学校
単元5「平面図形」

小岩　大（こいわ　だい）　東京学芸大学附属竹早中学校
単元6「空間図形」

藤原　大樹（ふじわら　だいき）　お茶の水女子大学附属中学校
単元7「データの活用」

全3巻単元一覧

第1学年	第2学年	第3学年
1　正の数と負の数	1　式の計算	1　式の展開と因数分解
2　文字と式	2　連立方程式	2　平方根
3　一次方程式	3　一次関数	3　二次方程式
4　変化と対応	4　図形の調べ方	4　関数 $y = ax^2$
5　平面図形	5　図形の性質と証明	5　図形と相似
6　空間図形	6　場合の数と確率	6　円の性質
7　データの活用	7　箱ひげ図とデータの活用	7　三平方の定理
		8　標本調査

板書で見る全単元・全時間の授業のすべて

数学 中学校1年

〜令和3年度全面実施学習指導要領対応〜

2022（令和4）年3月20日　初版第1刷発行

監 修 者：池田　敏和・田中　博史
編 著 者：藤原　大樹
発 行 者：錦織　圭之介
発 行 所：株式会社東洋館出版社
　　　　　〒113-0021　東京都文京区本駒込5丁目16番7号
　　　　　営 業 部　電話 03-3823-9206　FAX 03-3823-9208
　　　　　編 集 部　電話 03-3823-9207　FAX 03-3823-9209
　　　　　振　　替　00180-7-96823
　　　　　U　R　L　https://www.toyokan.co.jp

印刷・製本：藤原印刷株式会社

装丁デザイン：小口翔平＋後藤司（tobufune）
本文デザイン：藤原印刷株式会社

ISBN978-4-491-04778-2　　　　　　　　　　Printed in Japan